MIRIAM GEBHARDT

Alice im Niemandsland

MIRIAM GEBHARDT

ALICE im Niemandsland

Wie die deutsche Frauenbewegung die Frauen verlor

Deutsche Verlags-Anstalt

Das für dieses Buch verwendete FSC®-zertifizierte Papier
Munken Premium Cream liefert Arctic Paper Munkedals AB, Schweden.

1. Auflage

Typografie und Satz: Brigitte Müller, DVA
Gesetzt aus der Jenson
Druck und Bindearbeit: GGP Media GmbH, Pößneck
Printed in Germany
ISBN 978-3-421-04411-2

www.dva.de

Für Anthony

Inhalt

Vorwort

Das Geisterschiff

Ausgangspunkt dieser Erkundung ist die Frage, warum von der einst so stolzen deutschen Frauenbewegung nur noch ein trauriger Rest übrig ist. Um 1900 befuhr der Feminismus als prächtiger Schoner die Weltmeere, hundert Jahre später drängt sich das Bild eines Geisterschiffes auf, die Steuerfrau hat sich am Ruder fest gebunden, von der Besatzung nichts zu sehen, Rettungsboote fehlen. Anfang des 20. Jahrhunderts war die Frauenbewegung in Deutschland Avantgarde. Die Frauen kämpften um sexuelle Selbstbestimmung und um Betreuungsmöglichkeiten für ihre Kinder, um das Frauenstimmrecht und um gleichen Lohn für gleiche Arbeit. Sie eröffneten ein ideologisches Spektrum, in dem Frauen verschiedener Religion und Herkunft, bürgerliche Hausfrauen, Arbeiterinnen, Wissenschaftlerinnen, Mütter, Lesben, Linke, Konservative, Internationalistinnen und Traditionalistinnen einen Platz fanden. Die Frauenbewegung war streitbar, notgedrungen pluralistisch und aufregend. Und heute? Heute ist die Frauenbewegung programmatisch unbedeutend, organisatorisch unsichtbar und auf eine Symbolfigur zusammengeschrumpft. Inhaltliches Denken spielt sich in akademischen Enklaven und Blogs ab, was bleibt ist reflexhaftes Zucken, wenn mal wieder eine gesellschaftspolitische Herausforderung nur eine einzige und zwar immer dieselbe feministische Antwort findet – »die Antwort« von Alice Schwarzer.[1]

Seit ich denken kann, ist das Thema von ihr mit Beschlag belegt. Als ich neun Jahre alt war, trat Alice Schwarzer mit einer Selbstbezichtigungskampagne gegen den Paragraphen 218 öffentlich in Erscheinung. Als ich dreizehn war, bezeichnete ihr Buch »Der ›kleine Unterschied‹ und seine großen Folgen« die Penetration als Gewaltakt. Im selben Jahr, wir haben 1975, stritt sie mit Esther Vilar im Fernsehen und bezeichnete die Tochter deutsch-jüdischer Emigranten vor laufender Kamera als »Faschistin« – das brachte ihr den Durchbruch zur Berufsfeministin. Als ich fünfzehn war, gründete sie »Emma« als Zentralorgan des Patriarchatsmythos, ein Jahr später verklagte sie den »Stern« wegen sexistischer Titelgestaltung. Als ich 25 war, kämpfte sie um ein Anti-Porno-Gesetz, sechs Jahre später bezeichnete sie Helmut Newtons Aktfotografie als sexistisch, rassistisch und faschistoid. Spätestens da hätte ihr mal jemand in den Arm fallen können. Aber stattdessen ging es immer so weiter.

Heute bin ich ein halbes Jahrhundert alt und, wenn ich den Fernseher einschalte, behauptet immer noch ein und dieselbe Frau, meine Anliegen zu vertreten. Verglichen mit anderen Ländern ist Deutschland ein feministischer Erbhof. Es bescheidet sich mit einer Frau für alle Zeiten. Die deutsche Frauenbewegung ist zum Ein-Punkt-Programm geschrumpft, und das heißt Alice Schwarzer. Was zur Konsequenz hat, dass, sollte sie einmal abtreten, ein seit den frühen siebziger Jahren nicht mehr gelüfteter Feminismus übrig bleiben wird. Er wird das Schicksal der Vampire erleiden, fürchte ich – sobald der erste Sonnenstrahl darauf scheint, zerfällt er zu Staub.

Alice Schwarzer ist es in den vierzig Jahren, die sie dem deutschen Feminismus ein Mediengesicht gegeben hat, weder gelungen, Schwestern im Kampfe zu finden, noch würdige

Rivalinnen. Sie hat keine Nachfolgerin, geschweige denn eine Enkelin. Will sie auch nicht, lässt sie uns trotzig wissen. Alice Schwarzers Standardreplik lautet, sie selbst habe auch keine Mutter gehabt, deshalb gingen ihr die »jammernden jungen Frauen«, die an ihren Rockschößen hingen, so auf die Nerven. Als Mutter stehe sie nicht zur Verfügung, auch nicht als Übermutter. Ja, sie suche schon deshalb keine Nachfolgerin, weil es gar keine geben könne. So wie ihr die Zeitschrift »Emma« gehört, so scheint sie auch das öffentliche Bild der Frauenbewegung nach Gutsherrinnenart zu bestimmen. Auf die Nachfolgeproblematik angesprochen, erklärt sie bündig: »Wenn die Schwarzer einmal nicht mehr sein sollte …, dann bleibt ihr Stuhl leer. Das ist nämlich der Stuhl von Alice.«[2]

Außerdem sei sie nicht die Präsidentin der deutschen Frauenbewegung, niemand habe sie gewählt.[3] Das stimmt. Sie ist keine demokratisch gewählte Repräsentantin. Aber musste sie deshalb zu einem Relikt aus einer Zeit werden, als gesellschaftliche Meinungsbildung und Wertewandel noch mit einzelnen, herausragenden Köpfen verbunden wurden? Die Zeiten der Patriarchen wie Jürgen Habermas, Alfried Krupp oder Thomas Gottschalk sind schließlich auch vorbei, heute werden Diskurse auf vielen und dafür weniger exponierten Schultern verteilt, eben weil auch unsere Gesellschaft vielfältiger und vielstimmiger geworden ist. Nur nicht in der Frauenbewegung, die versteckt sich immer noch hinter einer Matriarchin.

Alice Schwarzer kann sich viele Verdienste zuschreiben. Ihre Leistung, den Feminismus aus den Hörsälen und Studentenkommunen befreit und in die Mitte der Gesellschaft, in die Schlafzimmer der Vororte, hineingetragen zu haben, ist Respekt einflößend. Doch bringt ihre Stellung nicht auch Verantwortung mit sich für das heutige Erscheinungsbild des

Projekts Gleichstellung von Frauen und Männern in Deutschland?

Die Forderungen der Abtreibungskampagne, mit der Schwarzer verbunden wird, sind vierzig Jahre später immer noch nicht erfüllt. In den DAX-Vorständen sitzen lediglich zwischen zwei und vier Prozent Frauen, je nach Branche. Höchstwahrscheinlich sind diese Exotinnen für die »weichen« Ressorts wie Personalentwicklung oder Nachhaltigkeit zuständig. Noch immer drängt ein erheblicher Anteil junger Frauen in klassische Frauenberufe wie Kindergärtnerin, Friseurin oder Krankenschwester, und auch in den anderen Berufen wirkt sich das Geschlecht beim Gehaltsscheck aus. Die Kinderfrage bleibt ungelöst. Während Amerika ein geschlechtsneutrales Wort für die Hausfrau beziehungsweise den Hausmann gefunden hat (homemaker), während es in Skandinavien Frauenquoten für Vorstände und Aufsichtsräte gibt, während französische Feministinnen öffentlichkeitswirksam vor einem Rückfall in den Mutti-Naturalismus warnen, während europäische Parlamentarierinnen »Vagina-Monologe« aufführen, während sich in England Lobbyistinnen für das Recht auf Hüftspeck versammeln, während sich überall auf der Welt unter der Burka feministischer Aufruhr äußert, ja, während sich das kleine Island zur Weltmacht des Feminismus erklärt und seine Sexindustrie austrocknet, wird in Deutschland diskutiert, wann die Lebensgefährtin des Bundespräsidenten endlich ihren Beruf aufgibt und heiratet.

Die Begleiterscheinungen des nicht nur in Deutschland aber hier besonders virulenten Backlashs sind allseits bekannt und lassen sich unter einen einzigen Begriff subsumieren: Schlusslicht. Schlusslicht oder beinahe Schlusslicht sind wir beim Anteil von Frauen in wissenschaftlichen und wirtschaftlichen

Führungspositionen, die Medien stagnieren in männlicher Umklammerung, hinten liegen wir bei der Bezahlung weiblicher Arbeit, zurück geblieben ist Deutschland bei der öffentlichen Förderung und Betreuung von Kleinkindern, abgehängt, und das ist die Ironie der Geschichte, bei den Geburtenquoten. In Deutschland machen Frauen, überspitzt formuliert, weder Karriere noch kriegen sie Kinder. Und wenn doch, dann auch noch besonders mittelmäßige, zumindest, was das Abschneiden bei PISA anbelangt.

Das alles ist nicht der Frauenbewegung anzukreiden. Aber wenn schon Kassensturz, dann bitte richtig. Für Alice Schwarzer sieht die Bilanz der zweiten Frauenbewegung, die ganz die ihre ist, rosig aus. In ihrer Autobiographie »Lebenslauf«, die sie ein Jahr vor ihrem 70. Geburtstag veröffentlich hat, schreitet sie von einem Höhepunkt zum nächsten. Kampf gegen: Abtreibungsverbot, Vergewaltigung, Pornographie, Lesbendiskriminierung und Kopftuch, das sind die Themen, die ihre Bilanz und damit schlussendlich auch die Bilanz der letzten vierzig Jahre Feminismus in Deutschland ausmachen sollen. Eine befremdliche Chronik, wie ich meine, angesichts einer im Westen einmalig benachteiligten Situation von Frauen auf dem Arbeitsmarkt, prekärer Lebensbedingungen für Alleinerziehende, einer um mehr als ein Drittel niedrigeren Frauenrente. Hat der historische Feminismus der siebziger Jahre wirklich die richtigen Themen in die Gegenwart getragen?

Der Gesprächsfaden zwischen den Frauengenerationen ist schon lange gerissen. Schwarzers Kachelmann-Berichterstattung in der »Bild«-Zeitung hat noch einmal viel Sympathie für den Feminismus gekostet, nicht nur bei denjenigen, die nicht an die Unschuld und Opferrolle aller Frauen glauben können, sondern vor allem bei den vielen jungen Mädchen, die eigentlich auf feministische Angebote warten, sich aber nicht in einem Revolverblatt ihre Meinung dazu bilden wollen. Auch Schwarzers Trittbrettfahrt mit »Schoßgebete«, dem Buch ihrer widerspenstigen Freundin Charlotte Roche, fand wenig Beifall. Am Tag ihres puritanischen offenen Briefes an die Autorin konnte sie in ihrem eigenen Blog folgenden Brief einer jungen Feministin lesen: »Liebe Alice Schwarzer, so sehr ich Sie schätze –, ich verstehe nicht ganz, worauf diese Kritik zielt? Handelt es sich bei Charlotte Roches Buch um Literatur, so ist der Ansatz verfehlt, denn Literatur hat nicht die Aufgabe ›Lösungen‹ für gesellschaftliche Probleme anzubieten, sondern ist Ausdrucks- und Darstellungsmedium mit eigenem Wahrheitsanspruch. Wenn also hier Gefühle und Vorstellungen angemessen in Worte gefasst werden können, ist es unangebracht, sie zu kritisieren, weil sie einer ›falschen‹ Ideologie Ausdruck verleihen.« Genau das ist das Problem. Die jungen Frauen wollen keine Lektion in Patriarchatsfeminismus mehr hören, sie wünschen keine Bewusstseinspolizei, sondern Lösungen für ihre konkreten Belange.

Das Kritische an der Kommunikationssperre zwischen den Frauengenerationen ist jedoch, dass es dann wieder heißt, die Sache der Frauenemanzipation habe sich eben überlebt. Dass eine Autorin in der »Zeit« schreiben kann, das Problem der Frauen seien die Frauen selbst, und sich deshalb einen Maulkorb für Feministinnen wünscht. Als ob durch Stillhalten etwas erreicht wäre. Einer Rechnung der Vereinten Nationen zufolge bräuchte die Gleichberechtigung noch ungefähr fünfhundert Jahre, wenn sie im jetzigen Tempo weiter ginge.[4] Da heißt es abwarten, Frauen haben ja offensichtlich einen langen Atem.

Allerdings ist das Fortschreiten der Emanzipation kein Automatismus. Wer die siebziger und achtziger Jahre mit der

Gegenwart vergleicht, nimmt außer vielen positiven auch subtile, aber schmerzhaft negative Veränderungen wahr. Umso unabhängiger Frauen gerade in jungen Jahren durch Bildung und Erwerbsarbeit geworden sind, umso abhängiger erscheinen sie heute von den selbstregulativen Regimen des Schönheits- und Mode-Komplexes. Die Angst vor dem männlichen Blick, der noch die Generation Schwarzer umtrieb, ist einer lebenslangen, wahrscheinlich noch größeren Angst vor dem eigenen Blick in den Spiegel gewichen. Die meisten jungen Frauen sind weit entfernt von dem, was sich eine Simone de Beauvoir vor über einem halben Jahrhundert als selbstverständliches Recht ausbedungen hat – das Recht, sich mit sich eins zu fühlen, unabhängig von den gesellschaftlichen Geschlechternormen.

Wie tief diese alten Bilder immer noch sitzen, ist mir persönlich bei einer Diskussion im Herbst 2011 klar geworden. Da sprachen die amerikanische Schriftstellerin Siri Hustvedt und der berühmte Gehirnforscher António Damásio gemeinsam mit Moderator Gert Scobel über Gehirn und Bewusstsein. Ich verfolgte den Verlauf des Gesprächs mit feuchten Händen. Was erlaubte sich diese strahlende, gut gestylte Blondine? Siri Hustvedt redete nicht nur über das Gebiet Gehirnforschung im Beisein eines Fachmanns, als wäre es das Selbstverständlichste auf der Welt, sie wartete auch nicht, bis sie gefragt wurde, sondern gab ganz unverkrampft ihre eigene Sichtweise zum Besten, korrigierte und ergänzte Damásios Ausführungen, glänzte mit eigenen Ideen – und am Ende konnte sie mehr Redezeit für sich verbuchen als der führende Gehirnforscher, und das auch noch auf äußerst charmante Art und Weise. Mein Erschrecken darüber – oder sollte es nur meine eigene Zurückhaltung gewesen sein? – zeigte mir, wie ungewöhnlich, ja sogar ungebührlich so ein selbstsicheres Auftreten von Frauen in einer Männerdomäne hierzulande immer noch ist. Als Wissenschaftlerin an einer deutschen Universität erlebe ich das Verhalten von klugen Frauen ganz anders; entweder sie fahren sozusagen mit angezogenen Handbremsen, oder sie reagieren gegen den Legitimationsdruck als Frau kontraphobisch, also mit einer vorauseilenden Grundaggressivität, die sie am Ende weder kompetent noch charmant wirken lässt.

Weil das so ist, weil Frauen und Männern in diesem Land immer noch ganz unterschiedliche Möglichkeiten und Verhaltensweisen zugestanden werden, können sich engagierte Frauen nicht wünschen, dass sich der Feminismus selbst erledigt. Was sie aber erwarten, ist, dass eine bestimmte, mit den siebziger Jahren identifizierte Ausprägung des Feminismus zu den Akten gelegt wird. Junge Frauen in meinen Lehrveranstaltungen zu Genderstudies und Geschlechtergeschichte sagen, sie könnten sich *wegen* Alice Schwarzer nicht selbst als Feministin beschreiben. Sie habe den Begriff unmöglich gemacht. Außerdem beschäftigen sie ganz andere Probleme als die in der »Emma« porträtierten Powerfrauen und angeblich unterdrückten Muslimas. Manch eine würde sich am liebsten selbst in einen Schleier hüllen. Ihre Lebenswirklichkeit hat mit dem vom Schwarzer-Feminismus an die Wand gemalten Patriarchat nichts mehr zu tun. Sie fühlen sich radikal auf ihr Selbst zurückgeworfen und nicht als kollektives Opfer, sie bespiegeln sich bis in die letzte Körperritze, sie wollen wissen, wie sie ein glückliches Leben führen können, mit oder ohne Karriere, und sie kümmern sich nicht darum, wenn sie von der großen Schwarzer als »Wellness-Feministinnen« beschimpft werden.

Mein Buch sucht Erklärungen für das schlechte Image der deutschen Frauenbewegung, dafür, dass die gesellschaftspolitische Entwicklung der letzten 25 Jahre schlicht über sie hinweggeschritten ist. Gewiss, auch anderswo streiten die Frauengenerationen, und es werden auch anderswo Errungenschaften von Frauen wieder zurückgenommen. Doch nirgendwo wird die Frauenbewegung »offiziell« nur von einer Frau verkörpert, die sich seit vierzig Jahren inhaltlich nicht mehr bewegt hat. Schwarzers Alleinstellung ist ein Symptom für den gesellschaftlichen Stellenwert des Feminismus, und dafür, dass in Deutschland, anders als in anderen Ländern, bestimmte Themen und Forderungen auf besonders fruchtbaren Boden gefallen sind, sodass sich eine bestimmte feministische Richtung durchsetzen konnte. Aber sie ist auch ein Symptom für einen Richtungsstreit, den Alice Schwarzer medial für sich entscheiden konnte und der noch immer die Bewegung lähmt.

Ich nenne die beiden aufeinanderprallenden Positionen den »Ändere dich gefälligst«-Feminismus und den »Werde, die du bist«-Feminismus. Beide sind so alt wie die Frauenbewegung. Schwarzer hat die erste Position besetzt, die glaubt, Frauen müssten sich so lange reformieren, bis sie nur noch Menschen sind. Die andere Position besagt, Frauen müssten sich so lange reformieren, bis sie zu ihrer wahren Weiblichkeit gefunden hätten. Beide Haltungen kommen mir als normative Zumutungen vor. Mein Buch ist also ein historisches Debattenbuch; historisch, weil die Kenntnis der Vergangenheit immer den Blick klärt und die heutigen Positionen relativiert. Mein Anspruch ist, herauszufinden, wie wir dahin gekommen sind, wo wir heute stehen. Dafür ist es nötig, sich auf eine weite Reise zurück an den Anfang der Moderne zu begeben. Ich werde den Faden am Anfang aufgreifen und versuchen, die Konzepte der wichtigsten deutschen Feministin, Alice Schwarzer, gegen andere historische und internationale Positionen zu stellen. Am Ende hoffe ich herauszufinden, wo die wegweisenden Richtungsentscheidungen lagen, welche Flauten, Stürme und Untiefen es gab, welche Routen nicht befahren wurden. Damit kann sich auch eine Perspektive in die Zukunft eröffnen – wohin soll die Reise gehen nach Alice Schwarzer?

Kapitel 1
Die große Flaute

Noch zu Jahresbeginn 2011 stieß Alice Schwarzer bei den meisten Menschen, die ich sprach, auf heftiges Unverständnis. Mit ihrer Kommentierung des Prozesses gegen den Meteorologen Jörg Kachelmann schien sie sich erneut ins feministische Mittelalter verabschiedet zu haben. Nicht nur hatte sie die zivilisatorische Errungenschaft der Nichteinmischung in laufende Verfahren ignoriert, den Begriff »Unschuldsvermutung« zum Unwort erhoben, nicht nur hatte sie wieder den alten Patriarchatsfeminismus an die Wand gemalt, wonach Frauen immer die Opfer zu sein haben, nein, sie musste das auch noch bei ihrem ehemaligen Todfeind, der »Bild«-Zeitung, tun, sie, die Jahrzehnte lang von den Boulevardjournalisten Verfemte. Gerade der letzte Punkt war besonders jungen Frauen, die mit Altersabgeklärtheit nicht viel am Hut haben, besonders arg. Wie konnte sie nur!

Und dann, ein halbes Jahr später, war alles wieder gut. Mit ihrer Autobiographie »Lebenslauf« schrieb sich Schwarzer blitzschnell in die Herzen der Deutschen. Plötzlich war sie wieder auf allen Sendern gleichzeitig zu sehen, und niemand hatte an der Frontfrau des deutschen Feminismus irgendetwas auszusetzen. Die offensichtliche Geschichtsklitterung, wonach sie mit der Abtreibungskampagne die Frauenbewegung erfunden habe, und ihr treuherziges, spätes Bekenntnis zu »normaler« Heterosexualität und modischer Kleidung in jungen Jahren, ihre Fotos im Minirock, lösten eine Welle der Bewunderung aus. Oder war es Erleichterung? Sie hat mit ihrem Fahrlehrer geflirtet, dann kann sie ja so schlimm gar nicht sein! In einer überregionalen Tageszeitung war gar von einem »zeithistorischen« Dokument die Rede (als ob wir, um die Vergangenheit zu verstehen, nur diejenigen befragen müssten, die damals dabei waren).

Ich frage mich, wem galt der neue Sympathiebonus? Alice Schwarzer, der Feministin? Sind plötzlich alle vom Patriarchatsvirus angesteckt? Ihr Heft »Emma« ist stark geschrumpft. Es erscheint nur noch viermonatig in einer Auflage (laut »Emma«) von gut 40 000, früher waren es monatlich mal 100 000. Oder galt die Liebe doch eher Alice Schwarzer, dem Medienstar? In einem Land, das sich generell schwer tut mit weiblichem Intellekt und weiblicher Meinungsführung, ist Schwarzer nun schon seit beinah vier Jahrzehnten fast die einzige feststehende weibliche Größe im Medienbetrieb. Promis, die verlässlich auf die immer gleiche Weise die immer gleiche Botschaft zu gesellschaftspolitischen Themen verkaufen, sind in der Talkshow-Kultur eben Gold wert. Wenn den Redakteuren nichts mehr einfällt, heißt es, ruf doch die Feministin an, die regt sich bestimmt über irgendetwas auf, und wenn nicht die, dann eben das erzbischöfliche Ordinariat.

Doch ich fürchte, es gibt noch eine andere Erklärung für Schwarzers Comeback: Sie hat ihr Gefahrenpotential verloren. In den siebziger und achtziger Jahren wurde sie durchs mediale Dorf getrieben, weil Männern und Frauen bewusst war, welche Zumutungen der Feminismus an sie richtete. Heute leisten wir uns eine Fernsehfeministin, aber nicht, um die Geschlechterordnung zu diskutieren, sondern zur Unterhaltung.

Könnte man noch weiter gehen und vermuten, Schwarzer selbst nimmt sich als Feministin auch nicht mehr so ernst? Sie legt heute viel mehr Wert auf ihr mediales Erscheinungsbild als in ihren kämpferischen Jahren, sie lächelt viel, sie ist charmant, vor allem zu Männern. Und wenn ihr ein Opfer gebracht wird wie Bushido oder Eva Herman, dann kann sie auch noch den alten Beißreflex zeigen. Im pluralistischen Stimmenkonzert muss eben jemand die Rolle des feministischen Schachterlteufels übernehmen. Alice Schwarzer und das deutsche Fernsehpublikum, das ist wie ein altes Ehepaar. Jeder weiß, was als nächstes kommt. Ihre Rolle ist die des alten Bären am Nasenring in der Fußgängerzone, dem zuliebe die Kinder so tun, als würde er sie noch erschrecken.

Natürlich ist der Niedergang der Frauenbewegung nicht einer einzigen Person anzulasten. Auch international ist der Feminismus in die Jahre gekommen. Wir sind mittlerweile weit entfernt von den späten sechziger und frühen siebziger Jahren, vom ideologischen Zeitalter und seinen Blockdenkern, von der »alten« Bundesrepublik, den Studentenunruhen, den transnationalen Reformbewegungen, mit denen die »neue« Frauenbewegung verbunden war. Was sich heute zeigt, ist allerdings kein natürlicher Alterungsprozess zum Mütterchen mit ein paar liebenswürdigen Schrullen, sondern eine Mutation zum Monstrum, abstoßend für Männer und Frauen gleichermaßen. In Deutschland hat Alice Schwarzer die undankbare Rolle des Jungmädchenschrecks, aber auch andernorts gehört es zum guten Ton, den Siebzigerjahre-Feminismus als männerfeindlich, opferselig und vor allem als vom Fortschritt eingeholt zu erinnern. Seit der Jahrtausendwende wird er in immer kürzeren Abständen zu Grabe getragen. Doch hierzulande ist das Erbe besonders wurmstichig. Offensichtlich wurde eine der wichtigsten sozialen Bewegungen nicht ordentlich gepflegt, ihr Wertverlust nicht aufgehalten.

Die Gründe für den Niedergang sind vielfältig; der Gegenwind bläst aus allen Richtungen. Er kommt vom organisierten und vom informellen Antifeminismus, aus unterschiedlichen sozialen und generationalen Perspektiven, aus ethnischer, religiöser und sexueller Differenz, und nicht zuletzt von innen, von Feministinnen wie mir.

Die antifeministische Wende

Der Wendepunkt lag irgendwo in den achtziger Jahren. Seitdem in nationalem und internationalem Recht und im öffentlichen Bewusstsein Probleme wie häusliche Gewalt, Lohnungleichheit, sexuelle Belästigung am Arbeitsplatz angegangen werden, seitdem die Frauenbewegung durch kommunale und staatliche Gleichstellungsbeauftragte quasi amtlich ist, und Nichtregierungsorganisationen weltweit auf die Verwirklichung von Frauenrechten analog zu den Menschenrechten dringen, scheint der Feminismus auf breiter Front gewonnen zu haben. Seine Stärke wurde jedoch zur Schwäche. Die Soziologie rief die »zweite« beziehungsweise die »reflexive« Moderne aus, in der sich die Frauenfrage von ganz alleine erledigen würde. Die Erfolge der Frauenbewegung ließen schließlich darauf hoffen, dass sich durch Bildung, Rechtsprechung und Chancengleichheit in der Arbeitswelt die Geschlechterverhältnisse bald beruhigt hätten. Eine neue Großwetterlage zog herauf.

Unter der Fahne des Neoliberalismus wurde nun von »Selbstermächtigung« oder »Agency« der Frauen gesprochen,

Ausdruck einer liberalen Grundüberzeugung, dass das Individuum sich mit Fleiß und Disziplin schon alleine durchbeißen werde, ohne Hilfe vom Staat. In der globalisierten und deregulierten Ökonomie wurden Frauen regelrecht zu Hoffnungsträgerinnen hochgejubelt, zu wertvollen Konsumentinnen und unabkömmlichen Kommunikatorinnen, die als Humankapital nicht nur in Callcentern, sondern auch im wachsenden Gesundheitssektor unverzichtbar seien. Der weibliche Ehrgeiz kombiniert mit Flexibilität und niedrigeren Einkommenserwartungen schien der heutigen Arbeitswelt besonders angepasst, nicht nur in Europa und Nordamerika, sondern auch in den Schwellen- und Entwicklungsländern, wo Staaten und Nichtregierungsorganisationen gezielt Frauen mit Krediten bedachten und zu den Säulen der lokalen Ökonomien erklärten.

Auf diesem Weg passierte es, so glaubt die Engländerin Angela McRobbie, dass der Feminismus seiner politischen Funktion entkleidet und ökonomisiert wurde.[1] Ein frühes Sinnbild der beginnenden Kapitalisierung des Feminismus war die Pop-Sängerin Madonna, die als »material girl« Autonomie, sexuelle Initiative, die Umkehrung der Geschlechterverhältnisse, aber auch die Trivialisierung all dessen zur massentauglichen popkulturellen Ikone verband. Ganze Bücherregale füllt der akademische Streit darüber, ob Madonna als Vorreiterin des Postfeminismus, wie die Philosophin Camille Paglia meint, gelten darf, oder doch eher als Totengräberin, weil ihre ironischen Posen als Sado-Maso-Projektion oder als Marilyn-Monroe-Verschnitt nur noch zur individualistischen Selbstvermarktungsstrategie taugten. Ob Ironie oder doppelbödige kulturelle Subversion, der gute alte Feminismus geriet in der Ära der Pop-Queen heftig ins Trudeln.

Mit dem Verweis auf die eine oder andere Regierungschefin weltweit wird die politische Emanzipation gerne für erledigt erklärt. Doch ist Frau Merkel wirklich eine Galionsfigur für den Fortschritt der Frauen? Eine »Schlecker«-Kassiererin musste angesichts des Konkurses der Drogeriekette Bundeskanzlerin Merkel daran erinnern, dass sie doch auch eine Frau sei. Der Solidaritätsappell schlug auf die Frauen dann ganz unerwartet zurück. Es wurde keine Auffanggesellschaft gegründet, stattdessen ließ sie die Arbeitsministerin von der Leyen wissen, die Frauen könnten doch ebenso gut als Erzieherinnen oder Altenpflegerinnen arbeiten. Das zeigt nicht nur den Stellenwert von Pflege in unserem System – das zeigt vor allem, wie tief die Geschlechtervorurteile in der Politik sitzen.

Doch nicht nur bei der Sicherung von Arbeitsplätzen sind wir in Deutschland von Gleichberechtigung weit entfernt. Stellen wir uns einen Moment lang vor, wir hätten hierzulande eine Präsidentin, eine Bundeskanzlerin, eine Außenministerin, eine Innenministerin, eine Wirtschaftsministerin, eine Finanzministerin, und drei Kanzlerkandidatinnen der Opposition, die sogenannte Troika, stünden auch schon in den Startlöchern. Undenkbar? Genauso stellt sich die Situation vor der Bundestagswahl 2013 dar, nur eben andersherum. Die Unmöglichkeit, sich die Geschlechterverteilung auf den Kopf gestellt vorzustellen (nicht als durchgängiges Prinzip, sondern als zufällige Konstellation), zeigt das Ausmaß, in dem Politik immer noch als männliche Domäne gilt. Das gleiche Gedankenspiel ließe sich natürlich für viele andere gesellschaftliche Bereiche anstellen, vorneweg die Medien, die immerhin viel zur Bewusstseinslage der Gesellschaft beitragen. »Spiegel«, »Stern«, »FAZ«, »SZ«, »Zeit«, »heute«-Redaktion hätten Chefredakteurinnen, oder, auch eine schöne Vorstellung:

89 Prozent der deutschen Hochschulleitungen wären mit Frauen besetzt. Undenkbar. Während jede zweite Dissertation und jede vierte Habilitationsschrift inzwischen von einer Frau eingereicht wird, beträgt ihr Anteil bei den Hochschulprofessuren nur 18 Prozent. Wenn das derzeitige Tempo der Gleichstellung durchgehalten würde, ist der angestrebte Frauenanteil nicht vor 2300 zu verwirklichen. Und dann wird der akademische Beruf vermutlich sein gesellschaftliches Ansehen ganz verloren haben. Denn je mehr Frauen in einer Branche arbeiten, desto unattraktiver wird sie.

Die Anzahl der weiblichen Vorstände in DAX-Unternehmen hält sich in absoluten Zahlen im niedrigen einstelligen Bereich. Die Schere zwischen der Entlohnung der Männer und der Frauen bewegt sich in manchen Branchen seit dem 19. Jahrhundert überhaupt nicht mehr. Sie stagniert bei 20 bis 25 Prozent. 90 Prozent der Teilzeitarbeit, die im jetzigen System regelmäßig zur Karrierefalle wird, leisten Frauen. Das ist nicht zuletzt die Bilanz einer weiblichen Kanzlerschaft, für die Alice Schwarzer so glühend eintrat. Pessimistische Feministinnen wie die Engländerin Nina Power glauben sogar, die wenigen herausragenden Frauen seien nichts anderes als Alibifiguren, mit denen sich die westlichen Gesellschaften ein Feigenblatt zulegten und allen anderen Frauen einen Ansporn geben wollten, noch mehr zu leisten.[2] Sie sind die Wurst im Hunderennen.

Der frauenpolitische Klimawandel der achtziger und neunziger Jahre brachte jedoch auch unsichtbare Folgen, die so nachteilig waren, dass sie manche Errungenschaft aufwogen: Parallel zu den sichtbaren Erfolgen der Frauengleichstellung im Antidiskriminierungsrecht verlagerte sich die Benachteiligung auf verstecktere Bahnen, ein Sachverhalt, der Männern und Frauen oft nicht bewusst ist. Weil viele Menschen glauben,

Diskriminierung sei kein relevantes Problem mehr, stoßen weibliche Bedürfnisse oder Anstrengungen, Geschlechtergleichheit zu erreichen, wieder auf stärkere Ablehnung. Der moderne oder Neosexismus wird von Frauen geteilt, die sich des Ausmaßes des alltäglichen subkutanen Sexismus nicht mehr bewusst sind, sagt die psychologische Forschung. Dazu zählt auch der sogenannte »positive« Sexismus, also etwa die Annahme, Frauen seien das bessere, reinere, das schützenswertere Geschlecht. Beispiele für »wohlwollenden« Sexismus sind die Annahme, Männer müssten einer Frau bestimmte Dinge abnehmen, wie etwa eine lange Autofahrt am Steuer, weil sie eine Frau ist, also nicht aus allgemein menschlicher Hilfsbereitschaft, oder die Annahme, Männer müssten eine Restaurantrechnung zahlen, nicht weil sie über mehr Geld verfügen, sondern weil das Sache des Mannes sei.[3] Auch diese Haltung führt durch die Hintertür wieder zur Akzeptanz eines unterschiedlichen Umgangs mit Frauen und Männern, schläfert die Aufmerksamkeit für Ungerechtigkeit ein und geht auf Kosten intellektueller Autonomie der Frauen.

Eine persönliche Bilanz

Was mit der Verschiebung offener Diskriminierung auf eine subtilere Ebene gemeint ist, zeigt auch mein eigener Werdegang. Meine ersten Schritte in die Berufstätigkeit fielen in die frühen achtziger Jahre. Nach einigen Monaten Praktikum bei einem freien Journalisten, der hauptberuflich Kaminbaumeister war und mich zum Vergnügen seiner Kumpels als seinen »Lehrbua« auf den Sportplätzen am Stadtrand herumzeigte, erhielt ich die Chance, mich mit Textproben für eine Hospitanz bei einer Münchner Tageszeitung zu bewerben. Die gemeinsam mit dem Kaminbaumeister verfassten Artikelchen gaben allerdings nicht den Ausschlag dafür, dass ich einen Ausbildungsplatz erhielt. Wie mir die drei männlichen Entscheidungsträger im Nachhinein feixend erzählten, hätten sie sich überhaupt nicht für meine Texte interessiert. Wenn sie uns gefällt, nehmen wir sie, hatten die Jungs zwischen 18 und 55 Jahren ausgemacht. Über diese sekundären Motive bei der Auswahl ihrer Praktikantin konnten die Männer damals offen reden. Das war ihnen genauso wenig peinlich, wie mich »Mausi« zu nennen und sich ein Playmate über den Schreibtisch zu hängen, gleich neben die Dartscheibe. Die Zeiten waren eben so. Ich tippte auf einer alten Adler meine Artikel mit dreifachem Durchschlag, trug sie zur Rohrpost, die sie in die Setzerei beförderte, während meine Kollegen ihr erstes Bier aufmachten.

Mein Volontariat absolvierte ich als erste Frau in der Geschichte der Zeitung zu einem großen Teil in der Sportredaktion. Der Ressortleiter war von der Gegenwart einer jungen Frau charmiert und hatte klare Vorstellungen, wo meine Kompetenzen als auszubildende Journalistin lagen, nämlich jenseits von Fußballfeld, Skipiste oder Tartanbahn, geschweige denn Nürburgring. Meine weibliche Bestimmung war es, über Wasserski, Polo, Dressurreiten oder Segelkunstflug zu schreiben. Das mit dem Segelfliegen war schon ein Zugeständnis, das ich mir mit einer Mutprobe, nämlich einem Flug mit dem deutschen Segelkunstflugmeister, erst verdienen musste. Die Kür dauerte sieben Minuten und war mit keiner noch so wilden Achterbahnfahrt nur im Entferntesten vergleichbar. Danach war ich in den Augen der Kollegen fast ein Kerl, durfte allerdings trotzdem nicht über den »richtigen« Sport schreiben. Nur einmal war mir ein Artikel vergönnt über ein

Lokalderby zwischen FC Wacker und 1860 München. Das Thema hieß: Fußball aus der Sicht einer Frau.

Mein zweiter Beruf als Historikerin an einer Universität fiel in das postfeministische erste Jahrzehnt des 21. Jahrhunderts. Ich hatte mich um eine wissenschaftliche Mitarbeiterstelle in einem kulturwissenschaftlichen Sonderforschungsbereich beworben, auf der ich mich habilitieren konnte. Meine erste nicht-wissenschaftliche Erkenntnis an der auf dem Weg zur Elite-Universität voranschreitenden Institution war: gegrüßt wird nicht nach Alter oder Geschlecht, sondern nach Rang, und die Rednerliste bei einer Diskussion beginnt immer mit denselben drei Alphamännchen. Bei einem Jahresumtrunk schlug jemand vor, man sollte im neuen Semester den besten Dozenten und die beste Sekretärin prämieren. Ich wurde zwar nicht »Mausi« genannt, aber meine erste Projektskizze beurteilte der Kollege dennoch als »lieb und nett«. Unter meinem zweiten Antragsentwurf stand, ich müsse die Komplexität stärker herausarbeiten. Der herablassende Ton hing nicht zuletzt mit meinem Thema zusammen. Frühkindliche Sozialisation im 20. Jahrhundert, und das unter dem Dach eines Forschungsverbundes, in dem es auch um die »Insistenz des Faktischen in kulturellen Umbruchsituationen« ging?

Es dauerte ein bisschen, bis ich die subtilen Geschlechterunterschiede im akademischen Bereich verstand. Dass auch die Geschichte ein Geschlecht hat und die »harte« Geschichtswissenschaft immer noch nach männlichen Normen betrieben am erfolgreichsten ist. So war es keine Frage, dass man sich bei der mündlichen Habilitationsleistung über drei so schwerwiegende historische Themen wie Piraterie, Schmuggel und Geheimdienste prüfen lassen konnte, ohne dass Zweifel an der Ernsthaftigkeit des Kandidaten laut wurden. Meine Kollegin indes, die über die Frau in der Zigarettenwerbung, die Abtreibungsdebatte in der Weimarer Republik und über Erinnerungstheorien in der Kaiserzeit vortragen wollte, handelte sich einen Hinweis ein: Ihre Themen lägen doch sehr eng beieinander, anders gesagt, sie waren zu weich, zu wenig intellektuell.

Natürlich ging es an der Universität verglichen mit meinen Erfahrungen in den achtziger Jahren im Journalismus anders zu. Es hingen keine Poster mit Bunnies an den Wänden, und es lag mir auch nicht der Arm eines jovialen Vorgesetzten schwer über der Schulter. Im Gegenteil, die akademische Elite des Landes ist sehr bemüht, Frauen als Frauen nicht wahrzunehmen. Dafür schwärmte der Kollege von der Soziologie in seinem Vortrag von der »Penetrationstiefe« einer Kolonialmacht, und bei einer Begutachtung wurde der einzigen Professorin des zwölfköpfigen Gremiums der Deutschen Forschungsgemeinschaft signalisiert, dass sie sich bei Theoriefragen besser heraushalten sollte. Dass ich verheiratet war, ließ manch geschätzten Kollegen aufatmen. So bliebe mir die prekäre akademische Laufbahn erspart und ihm eine Konkurrentin auf dem halsbrecherischen Arbeitsmarkt für geisteswissenschaftliche Professuren.

Modernitätslücke zwischen Frau und Mann

Aber halt – ist die biographische Einleitung eines Themas nicht eine typisch weibliche Rhetorik, während sich Männer den Problemen dieser Welt lieber von einem objektiven Standpunkt aus zuwenden, das höhere Interesse postulieren, die Sachlage quantifizieren oder zur allgemeinen Überlebensfrage überhöhen? Frauen trennen angeblich nicht die Verbindung zwischen dem Problem und ihrem Leben, sie präparieren sie im Gegenteil heraus, um sie besser erkennbar zu machen. Damit handeln sie sich den Vorwurf der Subjektivität ein, der Unwissenschaftlichkeit, was nicht mehr weit entfernt ist von Betroffenheit und weiblicher Hysterie.

Soweit die Theorie. In der Praxis liegt auch Männern ihr Thema am Herzen. Doch weil Sachlichkeit und Objektivität wichtige männlich zugeordnete Eigenschaften sind, wird der lebensgeschichtliche Zugang für die Außenstehenden meist unkenntlich gemacht. Bei Frauen hingegen wird er gesucht, notfalls auch ohne Einverständnis der Autorinnen. Berühmte Beispiele gibt es genug. Die Ikone der Frauenemanzipation im 20. Jahrhundert, Simone de Beauvoir, wurde immer vor dem Hintergrund ihres Privatlebens gelesen. Was sie auch schrieb und sagte, stand in Beziehung zu ihrem für die meisten ihrer Zeitgenossen unerklärlichen Liebesverhältnis zum Großintellektuellen Jean-Paul Sartre. Sie wurde nicht nur zu seiner lebenslangen Schülerin degradiert, die französischen Mandarine brachten auch ihre Kinderlosigkeit als Erklärung für ihre kalte und männliche Denkweise in Anschlag. Alice Schwarzer erging es nicht besser. Sie hatte eben keinen abgekriegt, deshalb wollte sie den Männern ans Leder. Oder sie wollte gar keinen Mann und war deswegen Feministin geworden. So gesehen, hat es für eine Feministin überhaupt keinen Sinn, die eigene Person herauszulassen.

Am Ende ist das auch gar nicht möglich, nicht einmal Männern. Der Journalist Hajo Schumacher, gern gesehener Politikexperte in der Talkshowszene, durfte in Anne Wills Sendung am 15. März 2009 seine Meinung zum Thema Amoklauf in Winnenden äußern, bei dem der Täter hauptsächlich auf

Mädchen gezielt hatte. Schumachers These war atemberaubend: Jungs seien mittlerweile in der Schule leistungsmäßig ins Hintertreffen geraten und müssten sich daher gegen die Vormacht der Mädchen wehren. Damit bediente der Journalist die Logik der Antisemiten des späten 19. Jahrhunderts: Nun, da die Emanzipation der Juden dazu geführt hat, dass Schlüsselpositionen in der Gesellschaft auch von Juden besetzt werden, fühlt man sich als Nichtjude eben bedroht und muss sich verteidigen. Eingeleitet hat Schumacher sein Statement mit einem verräterischen Satz – er persönlich leide seit dreißig Jahren unter dem Feminismus. Schon am nächsten Fernsehabend äußerte sich der Kriminologe Christian Pfeiffer ebenfalls zum Amoklauf und verstieg sich zu der Einschätzung, dass Aggressionen und Gewaltbereitschaft bei Jungs eben sein müssten, das liege in der menschlichen Natur und diene der Arterhaltung.

Was diese Fernseh-Stichproben transportieren, ist offener Antifeminismus. Dazu bedarf es gar nicht der organisierten antifeministischen Männerverbände in Deutschland und im benachbarten Ausland, deren Programme mit den Worten »Weg mit dem Feminismus« beginnen und mit der Forderung nach der Schließung der Frauenhäuser enden. Sie bilden nur die Spitze des Eisbergs, wenn sie den Feminismus als männerverachtend und totalitär beschreiben, mehr Väterrechte einfordern, zum Beispiel bei einer Abtreibung, die Befreiung von allen Pflichten gegenüber einem »untergeschobenen Kind« betreiben, sich die traditionelle patriarchale Familienordnung zurückwünschen, die Zugewinngemeinschaft in der Ehe und »Quotentanten« bekämpfen sowie das Ende des Gender-Denkens ausrufen, das letztlich nur »politische Homosexualität und Pädophilie« vorbereite.[4] Eine explosive Mischung ist da entstanden, denn berechtigte Klagen über das veraltete Familien- und Unterhaltsrecht und Kulturpessimismus verbinden sich mit Paranoia vor einer großen feministischen Weltverschwörung.

Doch der vereinsmäßige Antifeminismus ist wohl nicht das ärgste Problem. Bedrohlicher erscheint mir die wabernde Angst vor der Gleichberechtigung, die sich in scheinbar harmlosen Mainstreamphänomenen artikuliert. Der Hollywood-Blockbuster »Eine verhängnisvolle Affäre« von Adrian Lyne mit Glenn Close und Michael Douglas in den Hauptrollen, war ein Film, der dieser Angst schon Ende der achtziger Jahre ein Gesicht gab. Der vielfach prämierte Kassenknüller erzählte die Geschichte eines naiven, unbescholtenen Familienvaters, der einen einmaligen Treuebruch mit einer erfolgreichen Kollegin fast mit dem Verlust seiner Familie bezahlen muss. Die psychotische Geliebte, eine emanzipierte, finanziell unabhängige Frau, will nicht einsehen, dass er sich einfach nur das männliche Privileg des ehelichen Seitensprungs genommen hat. Sie will ihn ganz und schreckt nicht einmal davor zurück, das Kaninchen der Familie zu kochen, die Tochter zu entführen und das Leben der Gemahlin zu bedrohen. Glenn Close wird heute noch von Männern darauf angesprochen, wie erschreckend sie in ihrer Rolle gewirkt habe.

Als subtilere, aber nicht minder wirkungsvolle Filmfigur können wir das unglückliche, mit Gewichtsproblemen kämpfende, blonde Single-Weibchen identifizieren. Besonders prägnant verkörpert durch Renée Zellweger in »Bridget Jones's Diary«, ursprünglich eine Zeitungskolumne im britischen »Independent« aus den neunziger Jahren, die erst als Roman und dann als Film extrem erfolgreich wurde. Die moppelige Blondine, selbstständig, beruflich zunehmend erfolgreich, aber ohne Mann, träumt ihren Mädchentraum von der Hochzeit in Weiß, stammelt und stolpert nur so durchs Leben, bis sie schließlich einen Mann gefunden und mit ihrem naiven Charme von seiner – typisch männlichen – Bindungsangst befreit hat. Das Modell funktioniert auch in deutschen Verhältnissen, wie an der Erfolgsserie »Doctor's Diary« zu sehen, in der eine nicht minder tapsige Blondine trotz ihrer Stellung als Krankenhausärztin auf der Suche nach dem Märchenprinz von einer Peinlichkeit in die nächste gejagt wird. Das wird wohl die Antwort auf die bevorstehende weibliche Übernahme des Gesundheitswesens sein.

Aber auch die seriöse Wissenschaft trug seit den 1990er Jahren dazu bei, vor der hochgebildeten und selbstständigen Singlefrau zu warnen. So wurden erwiesenermaßen falsche Statistiken in Umlauf gebracht, wonach eine Frau über dreißig in Amerika eine geringere Chance habe zu heiraten, als von einem Terroristen ermordet zu werden – ein modernes Märchen, genauso wie der Irrglaube, dass kinderlose Frauen mit hohem Bildungsstatus besonders häufig Brustkrebs bekämen. In Deutschland wurde zudem Jahre lang der Anteil der Kinderlosigkeit von akademisch gebildeten Frauen maßlos übertrieben und mit der Warnung vor dem demnächst zu erwartenden Aussterben der Deutschen (oder zumindest der deutschstämmigen Mittelschichtsdeutschen) verbunden. Dahinter steckte offensichtlich die Absicht der Dämonisierung und Veralberung der Singlefrau als Bedrohung der bürgerlichen Kernfamilie. So ändern sich die Zeiten: Helen Gurley Browns »Sex and the Single Girl« aus dem Jahr 1963 war ein Befreiungsakt für die Frauenemanzipation, denn sie behauptete, die berufstätigen jungen Frauen in den Städten lebten nicht in einem Übergangsstadium, bis sie endlich geheiratet würden, sondern genössen ganz im Gegenteil ihre Unabhängigkeit. Ein halbes Jahrhundert später wird jungen, emanzipierten, berufstätigen Frauen wieder nahe gelegt, dass sie für ihren Lebenswandel einen Preis zu entrichten hätten – in Form von Krankheit, Kinderlosigkeit und Einsamkeit.

Wie lassen sich solche Phänomene erklären? Wer nicht an die Verschwörung des Patriarchats glaubt, muss sich den realen Entwicklungen in der Welt zuwenden. Frauen haben auf die Veränderungen der Geschlechternormen wesentlich flexibler reagiert als Männer, die weitgehend verhaltensstarr geblieben sind. Auf diese Weise hat sich eine regelrechte Modernitätslücke zwischen den Geschlechtern aufgetan. Im Vergleich zu vor zehn Jahren hat sich der Anteil der Männer, die neue Lebensformen jenseits der alten bürgerlichen Geschlechterverhaltensmuster suchen, um gerade mal ein Prozent erhöht. Als »modern« im Sinne der Sozialwissenschaftler galten im Jahr 2009 nur 19 Prozent der deutschen Männer. Die meisten waren bestenfalls »teiltraditionell« zu nennen. Sie finden es nicht mehr so schlimm, wenn eine Frau arbeitet, oder wenn Männer einmal Kinder hüten sollen. Sie orientieren sich häufiger als vor zehn Jahren nicht allein am Beruf. Aber nur 15 Prozent sind bereit, für ein krankes Kind zu Hause zu bleiben, und nur vier Prozent würden eine Zeit lang aus dem Beruf aussteigen, um einen Pflegefall zu betreuen. Umso weniger gebildet sie sind, umso mehr befürworten sie Gewalt und Autorität als Durchsetzungsmittel des Familienoberhauptes. 58 Prozent der weniger gebildeten Männer finden, man müsse Kinder schlagen, damit sie vernünftig werden. Jeder fünfte männliche Jugendliche in Deutschland fühlt sich zur rechtsradikalen Szene hingezogen. Das eigentliche Problem der Ergebnisse dieser von der evangelischen und der katholischen Kirche organisierten Studie ist jedoch die Modernitätskluft zwischen jungen Männern und Frauen. Bei den unter Zwanzigjährigen gelten nur 13 Prozent als »modern«, bei den jungen Mädchen sind es 41 Prozent.[5] Das ist der wahre Grund, warum Männer wie Schumacher und Pfeiffer zum letzten Strohhalm greifen.

Sirenengesänge der Wahlfreiheit

Rückwärtsgewandt sind allerdings nicht nur Männer. Frauen wie die ehemalige Nachrichtensprecherin Eva Herman oder die Ökonomin und ehemalige Politikerin der Linken Christa Müller, die mittlerweile von Oskar Lafontaine gegen eine jüngere, kinderlose, politisch interessantere Gefährtin eingetauscht wurde, wollten vor einiger Zeit am liebsten alle Frauen am Kinderwagen festbinden. Aber auch in der breiten Masse scheinen sich Frauen momentan rückwärts zu bewegen. Junge Mädchen piepsen mit schrillen Stimmchen anderthalb Oktaven höher, als es das mitteleuropäische Ohr gewöhnt war, bewerben sich rudelweise für die Fleischbeschau im Fernsehen, ja, scheinen das ganze weibliche Leben als Castingshow zu begreifen. Sie legen wieder demonstrativen Fleiß und Anstelligkeit an den Tag, weil die Dienstleistungsgesellschaft diese Tugenden prämiert, sind immer gut drauf, dabei zäh, offenherzig und überdecken ihre Irritation mit Selbstironie, wenn sie ihre »Jungs« in den Stripclub begleiten oder sich, wenn Fußball kommt, nach nebenan verziehen. Und keine hat geschrien, als 2011 immer von der »Frauenfußball-WM« geschrieben wurde und sich Sportreporter ernsthaft darüber ausließen, dass sich die Fußballerinnen offenbar bestimmte Tricks und Posen von den Männern abgeschaut hätten. Schon klar, wer die Kopie ist und wer das Original.

Noch so ein Phänomen, das ich nicht verstehe: Neuerdings singen junge Frauen, die selbst noch mit dem Ideal der Geschlechtergleichheit groß geworden sind, wieder die alte Weise von der naturgegebenen Geschlechteridentität. Noch vor Kurzem Berufstätige erzählen mit nur notdürftig unterdrücktem Stolz, dass sie alles versucht hätten, um ihren Sohn genauso wie ihre Tochter zu behandeln. Und trotzdem sei, o Wunder, aus dem Bub ein kleiner Rabauke geworden und aus dem Mädchen ein rosa Feenwesen, was nur beweise, dass die Natur sich am Ende eben doch durchsetze. Das erzählen sie so oft, bis sie selbst daran glauben, dass in ihrem realen Familienleben eine geschlechterneutrale Sozialisation möglich sei, obwohl Studien seit Jahrzehnten beweisen, dass schon das Wissen um das Geschlecht des Kindes das Verhalten der Eltern maßgeblich beeinflusst.

Die englische Feministin Angela McRobbie glaubt, hinter all den Rückwärtsbewegungen steckte der liberale Diskurs der Wahlfreiheit. Weil immer die Rede davon war, jede Frau könne ihren Lebensstil frei wählen, sei es nachgerade unmöglich geworden, ein Unbehagen mit dem eigenen Status quo zu artikulieren. Schließlich zwang einen ja niemand, sein Dekolleté auf facebook zu stellen. Deshalb mussten Frauen so tun, als ob das ihre höchstpersönliche Wahl sei, ja, sogar ein Akt der Freiheit. Diese Freiheit zur Freizügigkeit wurde dann anderen Kulturen, in denen Frauen verhüllt sind, um die Ohren gehauen mit der Botschaft, nicht die westlichen Stringtangas seien das Problem, sondern der rückständige Schleier. Mittlerweile fühlt sich, Ironie der Geschichte, der westliche Sexterror bedroht von der angeblich repressiven islamischen Gesellschaft.

Wie ist es so weit gekommen? McRobbie hat eine interessante These. Die Professorin sagt, dass die Selbsttechnologien wie Diäthalten, Fitness, Schönheitsoperationen, Ganzkörperenthaarung und so weiter nicht zufällig in einer Zeit immer wichtiger wurden, als die Aussichten für Frauen immer besser schienen. Umso größer die Chancen junger Frauen, durch Bildung und Erwerbstätigkeit unabhängig vom Mann zu werden, umso größer die Gefahr, dass die Geschlechterhierarchie stürzen würde, umso wichtiger wurde wieder die symbolische Grenzziehung zwischen Frauen und Männern als Rückversicherung der traditionellen Ordnung. Das Porträt der von der Hochzeit in Weiß träumenden erfolgreichen und finanziell unabhängigen Frau, die nur über Männer und ihre Figurprobleme nachdenken kann, diente der Abwiegelung und Selbstberuhigung der Männer.

Man kann noch weiter gehen und behaupten, umso unabhängiger Frauen von der wirtschaftlichen Unterstützung der Männer sind, umso weniger sie angewiesen sind auf ihren Verkehrswert auf dem Heiratsmarkt, umso stärker werden die kulturellen Kräfte, die am dominanten Geschlechtermodell festhalten wollen. Daher die Wucht, mit der ein »modisch-kosmetischer Komplex« versucht, auf den Körper der Frauen einzuwirken. Als Beispiele dafür nennt McRobbie die Erfindung der weiblichen Wechseljahre als pathologisches Hormondefizit oder die immer feinere Ausdifferenzierung von Anti-Aging-Produkten für die Haut ab 40, 30, 25, … Jahren. In der liberalen konsumkapitalistischen Welt müsse der ängstliche weibliche Blick in den Spiegel den anerkennenden Blick des Mannes ablösen. »Die Gelegenheit zu arbeiten und einen Lebensunterhalt zu verdienen ist somit aufgehoben worden durch die Betonung lebenslanger sorgfältiger Körperbeherrschung als notwendige Bedingung weiblicher Identität«, schreibt McRobbie.[6]

Wichtige Feministinnen wie zum Beispiel die Amerikanerin Nancy Fraser meinen sogar, der Rückzug des Sozialstaates sei ebenfalls eine Antwort auf die Gefahr des Feminismus gewesen. Denn umso besser Frauen und ihre Kinder vom Staat versorgt würden, umso weniger Neigung könnten sie verspüren, eine bürgerliche Familie zu gründen; eine Entwicklung, die einer auf dem klassischen bürgerlichen Familienmodell basierenden Gesellschaftsordnung und Ökonomie gefährlich wird. Geschürt wird diese Angst mit Scheidungszahlen, Geburtenrückgang – oder, was hierzulande nicht möglich ist aber in Großbritannien – dem neuen Phänomen des »virgin birth syndroms«, das sogar das britische Parlament beschäftigt hat.[7] Denn die neue Mode, sich per künstlicher Befruchtung ein Kind zu besorgen, ohne Sex mit einem Mann haben zu müssen, würde schlussendlich die ganze Geschlechterordnung umstürzen. Die Anthropologin Marilyn Strathern glaubt, dass der Beziehungswunsch einer Frau (verbunden mit dem nach sexueller Fortpflanzung) als die wichtigste Grundlage der Geschlechterordnung betrachtet wird. Somit wäre die »virgin birth« nicht nur eine Absage an die Fortpflanzungsbeziehung mithilfe der Reproduktionsmedizin, sondern die ultimative Absage an die patriarchale Familienordnung.

Dass der Staat es mit der Angst zu tun bekommt, lässt sich in der Bundesrepublik auch an der nur scheinbar widersprüchlichen Familienpolitik der letzten Jahre erkennen: Einerseits steht getrennten Frauen mit kleinen Kindern kein Unterhalt mehr zu, sie müssen sich nach drei Jahren wieder selbst um ihr Auskommen kümmern. Andererseits wird das

Ehegattensplitting aufrechterhalten, das heißt, steuerlich ist die Hausfrauenehe nach wie vor privilegiert. Das sind zwei handfeste Gründe, sich als Frau für die traditionelle Familienform zu entscheiden.

Antifeministischer Feminismus?

Zum schlechten Image des Feminismus hat schließlich auch die feministische Theoriedebatte der 1990er Jahre beigetragen. Damals konfrontierten neue Denkweisen die lieb gewonnenen Positionen. Poststrukturalistische Feministinnen wie zum Beispiel Judith Butler bezogen gegen Patriarchatsideologinnen wie Alice Schwarzer Stellung. Größere Gegensätze ließen sich nicht denken. Hier nur zwei zentrale Sätze, mit denen die heute wichtigste amerikanische Feministin, Judith Butler, den Feminismus der sechziger und siebziger Jahre erledigt hat: Erstens: »Wenn sich herausstellt, dass die Grundprämisse feministischer Politik nicht mehr in einem stabilen Begriff der Geschlechtsidentität liegt, dann ist vielleicht eine neue Form feministischer Politik zu wünschen, die den Verdinglichungen von Geschlechtsidentität und Identität entgegentritt.« Zweitens: »Der Versuch, den Feind in einer einzigen Gestalt zu identifizieren, ist nur ein Umkehr-Diskurs, der unkritisch die Strategie des Unterdrückers nachahmt, statt eine andere Begrifflichkeit bereitzustellen.«[8] Trotz des nur schwer verdaulichen poststrukturalistischen Jargons hat sich seither die Erkenntnis in der Theoriebildung der Frauenbewegung nicht mehr aus der Welt schaffen lassen, dass die Vorstellung einer weltumfassenden patriarchalen Verschwörung gegen *die* Frauen selbst von einem historisch ererbten Bild von Weiblichkeit ausgeht und damit genau das fortsetzt, was eigentlich bekämpft werden soll. Als Gegenbild wird eine Theorie entworfen, wonach Weiblichkeit und Männlichkeit in einem sich in Bewegung befindenden Feld definiert werden, will heißen: Was für typisch männlich oder typisch weiblich gehalten wird, ist nicht durch die biologische Zweigeschlechtlichkeit festgelegt, sondern durch das sich wandelnde kulturelle und historische Umfeld. Damit aber steht und fällt eine Prämisse der Siebzigerjahre-Frauenbewegung, nämlich dass es so etwas wie eine gemeinsame weibliche Erfahrung gebe, auf deren Basis Frauensolidarität eingefordert werden könne. Statt weiterhin »das« Patriarchat als angeblich hegemoniale Machtstruktur und die Frau als dessen globales Opfer zu betrachten, muss sich, so die innerfeministische Kritik, das Augenmerk auf die dezentralen Prozesse der Geschlechterkonstruktion konzentrieren – auf Sprache, Diskurs, die Techniken der Selbstdisziplinierung des Subjekts, Sozialisation, Interaktion, Sexualität. Doch dazu später mehr.

In der öffentlichen Wahrnehmung ist die hochtheoretische Debatte selbstverständlich nicht besonders gut angekommen. Stattdessen werden die Unterschiede personalisiert. Hier die alte Siebzigerjahre-Ikone, dort die jüngeren »Mädels« und die Bundesfamilien- und Frauen(!)-Ministerin Kristina Schröder, mit deren popularistischen und postfeministischen Ansichten nicht der Bock, sondern die Ziege zum Gärtner gemacht wurde. In diesem wenig originellen Setting fragt man sich, wohin sind denn all die interessanten Frauen verschwunden? »Würde man den zeitgenössischen Darstellungsformen des Weiblichen glauben, so belaufen sich die aktuellen Errungenschaften einer Frau anscheinend auf den Besitz teurer Handtaschen, eines Vibrators, eines Jobs, eines Appartements und eines Mannes – vermutlich in dieser Reihenfolge«, findet Nina Power. Die Philosophin glaubt, dass ein großer Teil des zeitgenössischen Gute-Laune-Feminismus auf jegliches systematisches politisches Denken verzichte – und damit einknickt vor dem Konsum-Overkill, in dem sich die Anliegen der Frauen auf »Shopping-Paradiese für ›freche‹, selbstverliebte, schamrasierte Playboy-Häschen-Klone« reduzierten.[9] Wie McRobbie macht Power die Kommerzialisierung des Feminismus für seine momentane Schwäche verantwortlich: Emanzipierte Frauen mit teuren Handtaschen wurden zum Lieblingsklischee der Werbewelt, selbstermächtigt, autonom dank des Vibrators.

Theoriedefizite

Sicher ist, die Frauenbewegung kann nur erfolgreich sein, wenn sich Reflexion und Aktion wieder besser verbinden. In Deutschland dominiert die Aktion das öffentliche Bild. Mit Alice Schwarzer ist eine Aktivistin, keine Denkerin, zur wichtigsten Symbolfigur des Feminismus aufgestiegen. Obwohl es auch hierzulande eine intellektuelle feministische Szene gab und gibt mit Frauen wie Sabine Hark, Carol Hagemann-White, Regina Becker-Schmidt, Gudrun-Axeli Knapp, Christina von Braun, Karen Hagemann und vielen anderen, sind die meisten Namen doch nur im akademischen Diskurs bekannt. In den siebziger Jahren bereits monierten die »beiträge zur feministischen theorie und praxis« das Theoriedefizit der deutschen Frauenbewegung, das auf ein Vorurteil der Frauenbewegten zurückgehe, Theoriebildung und Analyse seien männlich und daher abzulehnen. Der Rückzug auf »Herz- und Baucharbeit«, der Verzicht auf »Kopfarbeit« führe zur »Unfähigkeit zur Strategiebildung«.[10] Schwarzer freilich argumentiert nicht mit dem Bauch, sondern mit »dem« Leben – ihrer Meinung nach ist die theoretische, sich meist an Universitäten abspielende Beschäftigung mit dem Feminismus lebensfern und blutleer. Es stellt sich jedoch heraus, auch noch so viel Praxisbezug kann nicht verhindern, dass lebensferne Zumutungen an Frauen und Männer gerichtet werden.

Die Frauenbewegung in Deutschland hat sich unter der Maßgabe der »Autonomie« von Institutionen wie der Universität lieber ferngehalten, und gleichzeitig hat sich die feministische Theorie in den letzten Jahrzehnten an akademische Rituale angepasst. Von neuen Methoden und anderen Logiken ist in der Frauenforschung längst nicht mehr die Rede. Die Angst davor, ernsthafte männliche Wissenschaft und laienhafte feministische Wissenschaft könnten auseinanderfallen, war offenbar zu groß. So hängt wieder ein eiserner Vorhang zwischen wissenschaftlicher und nicht-wissenschaftlicher Denkungsart, zwischen Theorie und Praxis, Analyse und Lebenswelt, wissenschaftlicher und persönlich engagierter Schreibe. Die Kluft zwischen einer wissenschaftlichen Schrift in technokratisch-sozialwissenschaftlicher Sprache und einem populärfeministischen Buch in einem Publikumsverlag, das die Schwierigkeiten der Geschlechterverhältnisse auf ein bis zwei knackige Thesen herunterbricht, ist scheinbar unüberwindbar. Das sieht in anderen Ländern anders aus: Judith Butler, Nancy Fraser, Nina Power, Elisabeth Badinter, um nur ein paar Beispiele zu nennen, machen es den Klassikerinnen des Feminismus nach und treten im Hörsaal und auf dem Marktplatz auf.

Neue deutsche Mädchen oder feige Frauen?

Die feministische Kritik am Feminismus ist ein fester Bestandteil seiner Geschichte. Und eine Voraussetzung seines Erfolgs. Dass sich Alice Schwarzer so sehr darüber ärgert, wenn sich Jüngere auf ihre eigene Art und Weise dem Thema Feminismus stellen, ist Teil der Pathologie der deutschen Frauenbewegung. Wer vom Pfad ihrer Siebzigerjahre-Ideologie abweicht, gilt Schwarzer sofort als Verräterin. Feministinnen müssen sich aber aus allen möglichen sozialen, sexuellen, ethnischen, religiösen und altersabhängigen Zusammenhängen heraus artikulieren und ihre jeweiligen Bedürfnisse und Pfade selbst bestimmen dürfen. Die Idee, die Frauenbewegung müsse mit einer Stimme sprechen, ist in der heutigen Zeit anachronistisch, und im Übrigen noch nie realistisch gewesen. Schon im 19. Jahrhundert haben sich unterschiedlichste Bündnisse und Fraktionen gebildet, und seitdem der Feminismus in den achtziger Jahren akademisch geworden ist, gibt es ohnehin kein Zurück hinter die Vielstimmigkeit. Leider spielt sich die feministische Theoriediskussion der letzten Jahre hauptsächlich in anderen Ländern und vor allem an den Universitäten ab. Der deutsche Beitrag ist international nicht hörbar. Doch wenigstens die öffentliche Diskussion ist nicht völlig verstummt.

Die Wiederbelebungsversuche begannen vor etwa zehn Jahren. Anlass war sicher eine Ernüchterung angesichts des nicht eingelösten Versprechens der Frauenbewegung. Einige der neuen Protagonistinnen antworteten darauf trendgemäß mit einem forciert liberalen Feminismuskonzept. Die in den sechziger und frühen siebziger Jahren geborenen »Töchter« der Frauenbewegung, die Thea Dorn in ihrem Buch »Die neue F-Klasse« versammelt hat, wollen das Wort Feminismus am liebsten gar nicht in den Mund nehmen. Obwohl ihre Erfahrungen und Erkenntnisse zum Thema durchaus beeindruckend sind und für sich sprechen, verschanzen sie sich hinter dem Label »F-Klasse«, um ja keine Verwandtschaft mit ihren Vorgängerinnen nahe zu legen. Die Autorin und Fernsehmoderatorin Dorn, Jahrgang 1970, begründet das damit, der Feminismus habe einen noch schlechteren Ruf als die Deutsche Bundesbahn. Das liege unter anderem daran, dass der Siebzigerjahre-Feminismus die Grenze zwischen Gut und Böse entlang der Geschlechter getrennt und in der Heterosexualität die Wurzel allen Übels entdeckt habe. Er habe die Frauen zu Opfern gemacht, die sich nicht einmal mehr entspannt die Lippen schminken dürften.

Die Diagnose ist richtig. Allerdings glaubt Dorn, die Zeit der politisch-juristischen Gleichstellungskämpfe sei ohnehin vorbei. »Wir hatten beziehungsweise haben Virginia Woolf, Simone de Beauvoir und Alice Schwarzer. In Sachen Emanzipation muss das Rad nicht neu erfunden werden.«[11] Die Gesellschaft brauche keine neuen Thesen, sondern Lebensmodelle. Die wollte Dorn mit einer Handvoll mutiger und führungsbegabter Frauen vorführen, die sogenannte F-Klasse. Wofür das F steht, wird nicht gesagt, für Frauen, oder vielleicht doch für Feminismus? Ansprechen soll das an Marketingstrategien der Automobilbranche erinnernde Kürzel jedenfalls eine Avantgarde, die sich einzig und allein auf ihre individuelle Leistung beruft und nicht auf ihre Zugehörigkeit zu einer Schicht oder zu einem Geschlecht. Was nicht ausschließt, dass manch eine die Frauenquote als notwendiges Übel akzeptieren würde, weil sich anders die Verhältnisse vor allem in Wirtschaft und Wissenschaft nicht ändern ließen. Denn – es fehlt der »lautere Wettbewerb«.[12] Dabei nehmen die F-Frauen ausdrücklich

Abstand von staatlichen Eingriffen und stehen klar auf der Seite der neoliberalen Marktwirtschaft, ohne natürlich zu ahnen, dass deren Lack schon sehr bald nach Erscheinen des Buchs im Jahr 2007 abspringen würde. Die von Dorn arrangierten Statements sind liberaler Feminismus in Reinkultur. Das einzige, was die Frauen einfordern, sind faire Wettbewerbschancen. Die größtmögliche Beleidigung für sie ist die Kollektivhaftung mit anderen, weniger leistungsstarken Frauen.

Feuchtgebiete und die Feigheit der Frauen

Die bekannteste unter Thea Dorns Protagonistinnen der »F-Klasse« war damals Charlotte Roche. Und doch gehört sie zu einer ganz anderen Spezies von Feministinnen. Der feministische Standpunkt, der in ihrem Roman »Feuchtgebiete« Form annahm und in Deutschland geradezu hysterisch aufgenommen wurde, würde in den USA als typischer »Third-Wave«-Feminismus gelten. Eine Bewegung, die in Deutschland schlicht verschlafen wurde. Sie entstand in einem engen und sehr emotionalen Dialog mit dem Siebzigerjahre-Feminismus. Nicht untypisch ist, dass schon Roches Mutter Aktivistin war und ihrer Tochter zum Rollenmodell wurde, an dem sie sich orientieren und abarbeiten konnte. Dass Roche bei etlichen Feuilletonistinnen und Fernsehmännern zu so viel gespreiztem Federkleid führen konnte, offenbart nicht zuletzt die Provinzialität des Feminismus hierzulande. Denn es handelt sich um eine mögliche feministische Antwort auf die körperlichen Zumutungen, die jene beschleunigte kapitalistische Entwicklung seit den 1980er Jahren mit sich gebracht hat. Auf den unbarmherzigen Zugriff auf den weiblichen (aber auch den männlichen) Körper durch den sich immer schneller drehenden Mode- und Schönheitszyklus, der unter anderem dazu führte, dass sich manche Frauen nach einer Entbindung heute den Geburtskanal straffen lassen wollen. Es ist aber auch die Antwort auf die lustfeindliche und puritanische Seite im Feminismus der Mütter. Dabei greifen die Vertreterinnen der »dritten Welle«, wie wir noch sehen werden, manche alte feministische Klamotte wieder auf. Zum Beispiel die Provokation durch übertriebene, aggressiv sexuelle »Performanzen« wie im Fall von Lady Bitch Ray. Auch Charlotte Roches genialer Fernsehauftritt bei den beiden Personifikationen des männlichen Voyeurismus, Harald Schmidt und Oliver Pocher, gehörte dazu. Damals nahm sie eine Zahnprothese aus dem Mund, warf sie in die Luft und fing sie mit den restlichen Zähnen wieder auf.

Eine andere alte feministische Strategie wird in den Kapiteln von »Feuchtgebiete« erkennbar, in denen Roche die vermeintlich letzten privaten Frauensachen erkundet und sie dem auf Ästhetik und Hygiene getrimmten öffentlichen Blick preisgibt. Die Geste der öffentlichen körperlichen Selbsterkundung nimmt ihre Anleihen beim Vorbild des Siebzigerjahre-Feminismus. Wenn die Ich-Erzählerin Helen Memel ihre Sekrete untersucht, wandelte sie auf demselben Pfad wie ihre Vorgängerinnen dreißig Jahre früher, die sich gemeinschaftlich mit dem Spekulum selbst untersuchten und den Dialog mit ihrer Vagina suchten. Wo Roche jedoch vom alten Pfad abweicht, ist in der Frage der Sexualität, wenn sie die als »männlich« apostrophierten Praktiken vor allem im Kontext mit Pornographie und Prostitution auch für Frauen reklamieren will. Damit reibt sie sich ganz offen an ihrem feministischen Über-Ich, Alice Schwarzer, die hier stellvertretend für eine dominante puritanische Strömung der Frauenbewegung seit über hundert Jahren steht. Dass die Provokation so gut funktionierte, sagt eigentlich schon alles. Schwarzer bezeichnete Roche als Feministin »auf dem Trip« und Autorin einer Heimatschnulze, was diese postwendend mit dem Wunsch nach Schwarzers Abgang als Deutschlands Monopolfeministin beantwortete.[13]

Eine weitere profilierte Gegnerin Schwarzers ist Bascha Mika. Die ehemalige Chefredakteurin der »taz« hat in früheren Jahren schon eine kritische Biographie von Alice Schwarzer vorgelegt, was ihr die Feindschaft mit der Porträtierten und eine Gegendarstellung der »offiziellen« Schwarzer-Biographen Anna Dünnebier und Gert von Paczensky eingehandelt hat. Was mich immer noch wundert, denn eine kritische Journalistin wie Schwarzer müsste eigentlich mit dem Konzept der »Autorisierung«, also Zensur dessen, was über sie geschrieben werden darf, ein Problem haben. Doch sie wollte wohl eine Hagiographie und keine unabhängige Biographie. Mika hat nun das Problem der unvollständigen Emanzipation erneut aufgegriffen und auf ihre Art und Weise beantwortet. In »Die Feigheit der Frauen« nimmt sie eine Ausprägung des historischen Feminismus wieder auf, die ich salopp den »Ändere dich gefälligst«-Feminismus nennen möchte. Nicht die Verhältnisse sind das Problem, sondern die Frauen, die sich dem universalistischen Menschenbild nicht ausreichend anzupassen bereit sind. Bascha Mika wirft den Jüngeren vor, dass sie es sich wieder in einer traditionellen Frauenrolle bequem machten. Nur aus diesem Grund sei der feministische Karren fest gefahren. Nicht wegen der bösen Männer, wegen der patriarchalen Verschwörung, wie ihre Gegnerin Alice Schwarzer meint.

Ähnlich, wenn auch weniger apodiktisch, argumentierten schon die jungen Autorinnen Meredith Haaf, Susanne Klingner und Barbara Streidl in ihrem Buch »Wir Alphamädchen«. Auch sie beobachten bei ihren Altersgenossinnen, den heute Anfang- bis Mitte-Dreißigjährigen, eine Sehnsucht nach Komplexitätsreduktion: Heiraten, Kinderkriegen, sich um die eigene Optik kümmern, also das ganze Programm aus den fünfziger Jahren. Dagegen setzen sie eine Art Spaßfeminismus, der sexy und klug, karrierebewusst und beziehungsorientiert, autonom und männerfreundlich sein soll. Die in mancher Hinsicht von der amerikanischen »dritten Welle« inspirierte Feminismusvariante hat einiges für sich. Und außerdem einige Hypotheken abzuarbeiten von ihrem Erbe, dem Siebzigerjahre-Feminismus. Die »Alphamädchen« wollen sich nicht die Mode verbieten lassen, nicht die Pornographie, nicht die Vereinbarung verschiedener Lebenszuschnitte in Beruf und Familie. Und sie wollen vor allem eines: Frieden mit den Männern. Ihre Losung lautet: Zusammenarbeit an einem feministischen Ideal innerhalb der heterosexuellen Beziehung. »Wir sollten Unterschiede zwischen Frauen und Männern einfach als natürliche Vielfalt sehen und nicht gegeneinander ausspielen.«[14] Da spricht eine Generation, die von Kindesbeinen an durch Sozialisation gelernt hat, dass Beziehungen, seien es die zu Eltern, seien es die zu Kunden, das wichtigste Kapital im Leben darstellen. Alice Schwarzer konnte damit überhaupt nichts anfangen. Für sie waren Haaf und ihre Mitautorinnen »Wellness-Feministinnen«, die sich der Tragweite und Würde des feministischen Projekts nicht gewachsen zeigten. Die Verleihung des Ludwig-Börne-Preises nutzte sie zur Abrechnung mit den Häretikerinnen und stellte klar: Es gibt nur einen Feminismus in diesem Lande und den buchstabiere ich.

Der feministische Bannstrahl traf auch eine weitere und ganz andere Position, für die Jana Hensel und Elisabeth Raether mit ihrem Buch »Neue deutsche Mädchen« stehen. Auch sie sind Feministinnen, wenn auch mit positivem Vorzeichen. Sie haben nicht die Defizite der Frauen im Visier, sondern die positiven Wünsche und Sehnsüchte von Frauen (und Männern) und deren schwierige Verwirklichung. In ihrem Buch ist viel von Liebe und Nähe und Sicherheit die Rede. Sie gleichen ihr Frauenleben mit dem ihrer Mütter ab, wiegen die Kosten einer Scheidung, die Schmerzen eines ungebundenen Lebens, inspizieren ihre Liebes- und Trennungsgeschichten und ihre Arbeitserfahrungen und kommen zu einem ganz anderen Schluss als Bascha Mika. Nicht sie sind es, die an der Wirklichkeit scheitern, sondern die Wirklichkeit scheitert an ihnen – das Leben ist ihnen zu schnelllebig, Beziehungen zu unverbindlich, die Arbeitswelt zu zynisch und abgehoben. Der zentrale Satz im Buch: »Ich möchte keine Frau sein, die wie ein Mann sein möchte.«[15]

Auch das ist eine klassische feministische Position, die ich »Werde, die du bist«-Feminismus nennen möchte. Die Hauptströmung der historischen Frauenbewegung im 19. Jahrhundert wurde von dieser Idee getragen: dass Frauen für eine bessere Welt einstehen müssen. Beide Richtungen, der »Ändere dich gefälligst«- und der »Werde, die du bist«-Feminismus haben ihre historischen Vorläufer, weil sie seit jeher Antworten auf ein und dasselbe Dilemma sind. Ein Dilemma, das nicht der Feminismus erfunden hat, sondern das seit mindestens zweihundert Jahren, seit der »Moderne«, die Menschen bewegt. Und das Alice Schwarzer so beharrlich ignoriert.

Kapitel 2
Eine lange Reise

Die peinliche Verwandtschaft

Die Geschichte der »neuen« Frauenbewegung in Deutschland, heute repräsentiert von Alice Schwarzer, begann mit einer historischen Selbstüberhebung. Sie tat so, als habe sie den Feminismus erfunden. Frei nach dem Witz: Sagt der Analytiker: »Wir werden die erste Sitzung darauf verwenden, ganz an den Anfang in Ihrem Leben zurückzugehen.« Sagt der Patient: »Gerne. Am Anfang erschuf ich den Himmel und die Erde.«

Ist diese Geschichtsvergessenheit allein mit historischer Naivität und jugendlichem Überschwang zu erklären? Es kamen wohl verschiedene Faktoren zusammen: Die »neue« Frauenbewegung ist aus der Studenten-Revolte von 1968 entstanden, und die war dezidiert anti-bürgerlich und links. Die Frauenbewegung vor 1933 hingegen mehrheitlich bürgerlich. Außerdem wurde die Revolte von '68 als Generationenkonflikt inszeniert, was nicht gerade nahe legte, sich an den »Großmüttern« zu orientieren. Helke Sander, eine Gründerfigur der »neuen« Frauenbewegung, sieht das heute durchaus selbstkritisch: »Das, was wir jetzt über frühere Frauenbewegungen wissen, wussten wir 1968 alles nicht. Wir hatten höchstens etwas von Suffragetten aufgeschnappt, mit denen wir keineswegs etwas zu tun haben wollten. Sie waren … das Sinnbild für Lächerlichkeit: hysterische Frauen, die mit Regenschirmen auf Passanten einprügelten, um das Wahlrecht durchzusetzen. Sie waren uns peinlich.«[1]

Hinzu kam die historische Diskontinuität, vor allem durch die Vertreibung und Ermordung von führenden Feministinnen im Nationalsozialismus. Herausragende Fackelträgerinnen, die den Feminismus aus dem 19. Jahrhundert in die Nachkriegszeit hätten tragen können, fehlten. Die deutschen Frauen hatten keine Simone de Beauvoir. Aber auch eine allgemeine Scheu, sich nach der Gewaltpolitik im Nationalsozialismus politisch wieder aus dem Fenster zu lehnen, dürfte für die Nachkriegsverdrängung verantwortlich gewesen sein. So sind nicht nur die Stärken und Leistungen der ersten Frauenbewegung in Vergessenheit geraten, die Nachfolgerinnen konnten sich auch nicht bewusst machen, in welchen Traditionen sie standen. Doch ohne die Kenntnis der Vorgängerinnen wurden die Frauenrechtlerinnen des späten 20. Jahrhunderts in mancher Hinsicht zu Wiederholungstäterinnen. Weil sie sich weigerten, die Vergangenheit ernst zu nehmen, wiederholten sie in vielen Belangen die Kämpfe von anno dazumal. Dass wir uns heute immer noch vor die Wahl gestellt sehen, uns als Frauen gefälligst zu ändern oder zu unserem »wahren« weiblichen Kern zu finden, ist die Folge der historischen Blindheit der sogenannten »neuen« Frauenbewegung nach 1968.

Manche Feministinnen waren nicht einmal bereit, ihre Vorgängerinnen als Feministinnen zu bezeichnen. Sie glaubten, es gebe nur einen Feminismus, so wie es nur einen Rudi Völler gab. Was also ist es überhaupt wert, den Begriff Frauenbewegung zu tragen? Die Anliegen, Begründungen und Konzepte der Feministinnen waren immer schon so vielfältig wie das Leben selbst. Im 19. Jahrhundert reichte das feministische Betätigungsfeld von mütterlicher Fürsorglichkeit für weniger privilegierte Frauen, Kriegsversehrte oder Kinder bis hin zum Kampf für freie Liebe und das Recht abzutreiben. Eine dauerhafte Definition zu finden, ist deshalb unmöglich und anachronistisch. Würden wir nur das als Frauenbewegung bezeichnen, was Frauen zusammenführt, um in allen Lebensbereichen den gleichen gesellschaftlichen Einfluss und eine dem Mann gleichberechtigte Stellung zu erreichen, würde manche Aktivität, zum Beispiel für den Mutterschutz, nicht dazugehören. Wir brauchen, um den gesellschaftlichen Debatten des 19. und frühen 20. Jahrhunderts gerecht zu werden, eine freiere Begriffsklärung im Sinne heutiger Feminismusdefinitionen: Zum Feminismus zählen alle Aktivitäten und Ideen zum Thema Gender (»Geschlechtlichkeit«, das soziale Geschlecht) mit dem Ziel der Veränderung der Geschlechterbeziehungen im Interesse der Erweiterung individueller Handlungsoptionen und der Fortentwicklung der Gesellschaft. Feministisch sind sowohl die Rechtsbewegung, die diskriminierende Gesetze bekämpft, zum Beispiel beim Scheidungsrecht oder beim Frauenwahlrecht, als auch die Kulturbewegung, die den »zivilisatorischen Einfluss der Frau« gelten machen will. Den Begriff »Feminismus« als Selbstbeschreibung prägten übrigens die Französinnen Ende des 19. Jahrhunderts, er bürgerte sich auch in Großbritannien, USA, Ungarn, Spanien und Griechenland ein. In Deutschland, in osteuropäischen und nordeuropäischen Ländern wurde das Wort hingegen vermieden, man sprach lieber von der »Emanzipationsbewegung« und von »Frauenrechtlerinnen«. Das Wort »Feminismus« galt als ideologisch und abwertend; eine Meinung, die sich völlig zu Unrecht bei vielen jungen Frauen bis heute gehalten hat.

Dies weite Feld vor Augen, wird deutlich, die »zweite« oder »neue« Frauenbewegung, die sich nach 1968 neu zu erfinden glaubte, war so originell nicht. Ich würde so weit gehen zu behaupten, es gab nach 1968 nichts, was es nicht auch schon um 1900 gegeben hat. Die Schwierigkeiten der Frauen lagen schon damals auf dem Tisch, und die Lösungsvorschläge glichen denen der Nachfolgerinnen weitgehend. Eine problemorientierte Geschichte der Frauenbewegung wird daher von der üblichen Metapher der zwei Bewegungen oder zwei »Wellen« vorsichtig abrücken. Wir lesen in den meisten geschichtlichen Darstellungen, dass es zwei Scheitelpunkte der Bewegung gab, um 1918 und um 1968: Bis 1918 kämpften die Frauen für gleiche Staatsbürgerrechte, vor allem für das aktive und passive Wahlrecht, nach 1968 für ihre individuellen Selbstbestimmungsrechte, vor allem in den Bereichen Sexualität und Fortpflanzung. Ein anderer Vorschlag lautete, die historische oder die bürgerliche Frauenbewegung und die »neue« Frauenbewegung nach ihren übergeordneten Zielen zu unterscheiden. Die einen kämpften um Gleichheit, die anderen um Freiheit. Doch auch diese Definition greift zu kurz. Ich werde einen anderen Pfad durchs historische Dickicht schlagen: Die Frauenbewegung ist nach meinem Dafürhalten immer nur eine gewesen. Mir geht es um die Konjunkturen der Motive und Themen im Feminismus, und um die Frage, welches Erbe die »neue« Frauenbewegung angetreten ist, ohne davon etwas zu ahnen, und die Auswirkungen auf die Gegenwart. Auf diesem Weg entsteht das Bild einer langen Flut, die sich mit den lebensweltlichen und kulturellen Veränderungen der »Moderne« und den dazugehörigen Geschlechterrollenvorstellungen aufbaute, und die immer noch nicht abgeebbt ist. Auf dieser Route stoßen wir auf ein Grunddilemma, das die Historikerin Kristina Schulz so treffend bezeichnet hat, und das die Geschichte der Frauenbewegung von Anfang an im Schlepptau führt, nämlich die Frage: Sind Frauen immer noch »zu viel Frau« oder sind sie schon »zu wenig Frau«?[2] Im Feminismus geht es von Anbeginn an um die Debatte, ob alle Menschen gleich sind beziehungsweise sein sollten oder ob die Andersartigkeit und Differenz der Geschlechter nicht das Problem, sondern die Lösung darstellt. Vor dieses Dilemma der Moderne gestellt, ging dem Feminismus immer ein Teil verloren, weil er sich mal für die eine, mal für die andere Antwort entschied. Ich behaupte, die historische Blindheit für die lange Dauer dieser fruchtlosen Diskussion ist für die heutige Agonie der Frauenbewegung verantwortlich. Denn die Frage nach einer weiblichen und männlichen Norm ist nicht mit entweder / oder zu beantworten.

Die Gezeiten der Frauenbewegung

Die organisierte Frauenbewegung in Deutschland wird im Jahr 2015 einhundertfünfzig Jahre alt. Die regelmäßigen Versuche von Alice Schwarzer, zehn, zwanzig oder jetzt vierzig Jahren Frauenbewegung in Deutschland zu feiern, können nur als Versuch, sich selbst zur Verkörperung der Frauenbewegung zu stilisieren, gewertet werden. Auch wenn sich eine gesellschaftliche Strömung und Denkrichtung nie mit einer exakten Jahreszahl terminieren lässt und sich schon viel früher und immer wieder Stimmen für die Rechte der Frauen erhoben hatten, so ist in Deutschland das Jahr 1865 dennoch eine Wegmarke gewesen; erstmals kam es zur Sammlung verschiedener lokaler Gruppierungen unter einem überregionalen Schirm, dem Allgemeinen Deutschen Frauenverein (ADF). Der Verein wurde anlässlich einer Frauenkonferenz vom 16. bis 18. Oktober in

Leipzig von den ehemaligen »Achtundvierzigerinnen« Louise Otto-Peters und Auguste Schmidt gegründet, also von Frauen, die schon Seite an Seite mit Männern für die Demokratie und die deutsche Einheit gekämpft hatten. Sie stellten sich zur Aufgabe, »für die erhöhte Bildung des weiblichen Geschlechts und die Befreiung der weiblichen Arbeit von allen ihrer Entfaltung entgegenstehenden Hindernissen mit vereinten Kräften zu wirken« und zugleich den weiblichen Kultureinfluss angesichts gesellschaftlicher Missstände geltend zu machen, was nichts anderes hieß, als auf die Idee der Gleichheit *und* der Andersartigkeit der Geschlechter abzuheben.[3]

Im ADF schlossen sich innerhalb von kurzer Zeit rund 12 000 Frauen in ganz Deutschland zusammen, was schon bemerkenswert war, weil Deutschland erst 1871 ein vereinigtes Land wurde. Der Verband brachte zahlreiche Fachzeitschriften heraus, die teilweise bis in die 1920er Jahre hinein überlebten. Männer konnten Ehrenmitglieder werden, durften jedoch nicht mit abstimmen. Die Idee der »Autonomie« der Frauenbewegung gab es also auch schon damals.

Wir müssen aber noch weiter zurückgehen. Die internationale Frauenbewegung ist, genauso wie die Arbeiterbewegung, ein legitimes Kind des späten 18. und frühen 19. Jahrhunderts. Es stimmt, es gab unterschiedliche Konjunkturen bei der Problemwahrnehmung und den Lösungsansätzen. Es gab Feministinnen, die in Männerkleidung aufliefen und sich bei Straßenschlachten in Lebensgefahr brachten, und es gab Feministinnen, die sich in erster Linie für die Pflege verwundeter Soldaten und die Einrichtung von Kindergärten zuständig fühlten. Doch die beiden Grundmotive, Gleichheit und Andersartigkeit, waren nie voneinander zu trennen. Die Zumutungen, die diese frühen Feministinnen für Frauen (und Männer) formulierten, waren immer wieder dieselben. »Ändere dich gefälligst«, sagten die einen, »Werde, die du bist«, sagten die anderen. Die lange Dauer dieses Dilemmas wird vor dem Hintergrund des bürgerlichen Zeitalters verständlich.

Gleich oder doch nicht gleich? Ein Dilemma von Anfang an

Die Existenz des Feminismus hängt untrennbar mit den kulturellen, politischen und ökonomischen Veränderungen um 1800 zusammen, die ein neues politisches Selbstbewusstsein, eine neue Öffentlichkeit, ein vernunftgesteuertes Menschenbild, eine arbeitsteilige Ökonomie und, schlussendlich, ein Individuum, das die traditionellen Bindungen durch Familie, Stand, Religion und Region lockern möchte, mit sich brachten. In der bürgerlichen Welt etablierte sich eine bestimmte Geschlechterordnung mit der bis heute nachwirkenden Aufgabenteilung zwischen Mann und Frau und den unterstellten dazugehörigen Geschlechtscharakteren. Und diese Geschlechterordnung rief die Frauenbewegung auf den Plan. Sie war manchmal Motor, manchmal Bremsklotz dieser historischen Veränderungen, aber immer deren Symptom.

Die Geschichte der Frauenbewegung setzt daher in allen westlichen Ländern etwa gleichzeitig im späten 18. Jahrhundert ein. Sie beginnt mit einzelnen Frauen und Männern, die sich in den Aufklärungsdiskurs einmischten, weil sie fanden, die Verkündung allgemeiner Menschenrechte müsse dann wohl auch für Frauen gelten. »Der Verstand hat kein Geschlecht« sagten sie.[4] Diese Behauptung war damals (und ist es bekanntlich immer noch) nicht selbstverständlich. Damals widersprachen dem Gleichheitsideal ausgerechnet Aufklärungsphilosophen, indem sie sich auf eine angebliche »Natur« des Menschen bezogen und fein säuberlich zu unterscheiden begannen zwischen Gleichheit und Gleichwertigkeit. Heute wird die Idee der weiblichen und männlichen Natur immer noch bemüht, jetzt von Biologen, ohne dass die Konsequenzen jedoch noch so weit reichten wie damals, als man entlang der Geschlechtergrenzen alle gesellschaftlichen Aufgaben und Rechte der Menschen neu verteilte.

Die neue Idee, die Geschlechter nach ihrem »Wesen« oder ihrer »Natur« zu differenzieren, begründete eine der Konstanten im feministischen Diskurs. Seit der Aufklärung wird darüber gestritten, ob es richtiger und zielführend ist, die Unterschiede oder die Gemeinsamkeiten der Geschlechter zu betonen. Die einen sagten, Frauen und Männer seien verschieden und gerade deshalb sei es wichtig, dass sich beide Aspekte der menschlichen Natur in der Gesellschaft frei entfalten und damit dem Gesamtwohl nützen könnten (Differenzfeminismus). Die anderen sagten, Frauen und Männer seien im Prinzip gleich und könnten und müssten daher auch die gleichen Rechte und Pflichten in der Gesellschaft beanspruchen (Gleichheitsfeminismus). Es gab also zwei Wege zum selben Ziel, die gleichberechtigte Partizipation in der Gesellschaft. Es ist ein Trugschluss, wenn Feministinnen wie Alice Schwarzer heute glauben, nur die eine Variante, der Gleichheitsfeminismus, für den sie selbst einsteht, sei historisch berechtigt und zukunftsfähig.

Beide Positionen hatten aber auch einen eingebauten Schönheitsfehler: Das universalistische Prinzip im Feminismus ignoriert die partikulare, historisch gewachsene, in der

Lebenswelt persönlich erfahrene Geschlechterprägung. Es tut so, als könnten sich Frauen und Männer quasi über Nacht frei machen von der Welt, in der sie aufgewachsen sind, die sie umgibt und bestimmte Verhaltenserwartungen an sie richtet, nach dem Motto »Ändere dich gefälligst ...«. Die andere Position formuliert jedoch ebenfalls eine Zumutung: Sie behauptet eine weibliche (und männliche) Norm, eine gleich bleibende Essenz, als allgemeingültige Tatsache und ignoriert auf diese Art die grundsätzliche historische und kulturelle Wandelbarkeit des menschlichen Wesens – »Werde, die du bist.«

Diese beiden Grundhaltungen prägen bis heute den Diskurs und machen es vielen Frauen schwer, sich als Feministinnen zu fühlen. Denn für viele Frauen ist es wichtig zu bleiben, wie sie sind, sich als Frauen zu definieren (meist über ihre Fruchtbarkeit), weshalb sie sich von den Universalistinnen regelrecht bedroht fühlen können, da sie ihnen scheinbar etwas Wertvolles und Beständiges wegnehmen wollen. Für viele andere Frauen ist es dagegen wichtig, nicht auf ein geschlechtliches Wesen festgelegt zu werden. Sie erkennen im Verlauf ihrer weiblichen Biographie vom Kleinkind bis zur Greisin keine Kontinuität, keine weibliche Essenz, die sie grundsätzlich stärker von Männern unterscheidet als beispielsweise von Frauen anderer Kulturen und Gesellschaftsschichten. Sie fühlen sich von den Differenzfeministinnen bedroht, weil sie sich nicht auf einen nicht kontrollierbaren Wesenskern festlegen lassen wollen. Je nachdem, welche Position sich aktuell mit dem Feminismus verbindet, gibt es also immer eine Anfangsirritation, die vielen Frauen den Weg in die Frauenbewegung versperrt hat. Die deutsche Frauenbewegung ist über dieses Dilemma bis heute nicht hinausgekommen. Nicht zuletzt dank Alice Schwarzers starker Position, die den alten Disput wie eine

Schallplatte mit Sprung in die Jetztzeit verlängert hat, anstatt sich für einen »dritten« Weg zu öffnen.

Die Aufspaltung der Frauenbewegung in diese beiden Richtungen begann schon mit Mary Wollstonecraft und Olympe de Gouges. Wollstonecraft, geboren 1759 in London als Kind eines Seidenwebers, gehörte zu den ersten Theoretikerinnen der Frauenemanzipation. Sie war Erzieherin und früh engagiert in der Frage der Mädchenbildung. Mit ihrem »Plädoyer für die Rechte der Frau« aus dem Jahr 1792 wurde sie international bekannt und zur Hassfigur männlicher Kollegen, die sie als »philosophische Schlange« und »Hyäne in Unterröcken« titulierten.[5] Schon damals musste es sich eine emanzipierte Frau wie sie gefallen lassen, dass sie an ihrem Äußeren gemessen wurde, weil sie Perücke und geschnürte Taille als Symbole des verhassten Adels ablehnte. Und sie musste, wie so viele Frauenrechtlerinnen bis in die Gegenwart, die Ablehnung aus den Reihen des eigenen Geschlechts aushalten. Mit ihrer bürgerlichen Gleichheitsforderung trat sie nämlich nicht nur männlichen Aufklärern auf die Zehen, sondern auch aristokratischen Frauen, die sich in exklusiven Literaturzirkeln trafen und bei einer Tasse guten Tees über Sklaverei und Menschenrechte plauderten, aber die weitgehenden Konsequenzen der Forderung nach Gleichheit, nämlich die politische Emanzipation des Bürgertums, nicht gutheißen konnten.

Wollstonecraft sah im adeligen Lebensstil ein Werkzeug der Verkrüppelung von Frauen; eine Analogie zum geistigen Korsett, in das die herrschenden Geschlechtervorstellungen Frauen zwängten. Adelige Frauen würden dazu erzogen, sich ausschließlich um ihre Schönheit und ihre Persönlichkeit Gedanken zu machen, um ihr einziges Lebensziel, die Ehe, zu erreichen. Darin sah sie nichts anderes als Prostitution und fragte sich: »Lässt sich das Herz eines tugendhaften Mannes wirklich nur durch die Affektiertheit gewinnen?«[6] Der Kampf um Sinn und Unsinn von Puder, Frisur und gebauschten Röcken, der in einer aktuellen Variante immer noch grassiert, ist also so alt wie der Feminismus.

Die Engländerin verknüpfte die aufklärerischen Ideale Vernunft und Freiheit: Durch Freiheit würden Frauen zu vernünftigen, intellektuell mutigen und ungekünstelten Menschen. Freiheit bedeutete in ihrem Fall, Freiheit von der Tyrannei der Männer, aber auch von Leidenschaften und Gefallsucht. Durch Selbstbeherrschung in geistiger und körperlicher Hinsicht sollten Männer wie Frauen zu ihrer wahren Bestimmung als Vernunftwesen finden. Denn nicht nur seien Frauen Sklavinnen der Männer, Männer seien ebenfalls Sklaven ihrer Lust und ihrer Neigung zur Despotie. Deshalb sollten sich beide Geschlechter ändern, um sich menschlich zu vervollkommnen. Wollstonecrafts Utopie war eine Gesellschaft, in der sich niemand mehr »hündisch« fügte, sondern alle auf der Basis von Anerkennung, Austausch und Verstehen miteinander umgehen lernten. Nur so könnten Frauen und Männern zu ihrer natürlichen menschlichen Vernunft zurückkehren.

Für Wollstonecraft waren Frauen und Männer zwar vor Gott gleich, aber sie glaubte auch, Männer seien stärker und sittlich gereifter. Niemand solle meinen, sie wolle die Ordnung der Geschlechter einfach umdrehen. Männer seien aufgrund ihrer körperlichen Konstitution tugendhafter, dennoch gehe ihre Natur in dieselbe Richtung, nämlich in die Gottes. Übrig blieben am Ende gewisse Wesensunterschiede zwischen Mann und Frau, die aber unter freiheitlichen und gleichen Voraussetzungen keinen Vorwand für eine Hierarchie der Geschlechter mehr bieten dürften. Wollstonecraft hat damit als erste versucht, das logische Dilemma zwischen der angenommenen Geschlechterungleichheit und der geforderten gesellschaftlichen Gleichheit zu überbrücken. Sie beharrte auf der Differenz, aber suchte Gleichheit. Der Weg dahin war die Selbstveränderung, die Arbeit an sich selbst, aber nicht im Sinne der Angleichung der Geschlechter, sondern im Sinne der Selbstkultivierung der verschiedenen Geschlechter.

Wollstonecraft, die tapfere Feministin, bewegte sich nicht nur in ihrem Denken, sondern auch in ihrer Lebenspraxis, ihrem sexuellen Begehren, abseits der Konventionen – auch das sollte eine Konstante in der Geschichte der Frauenbewegung werden. Sie verliebte sich in einen Mann, der schon mit einer anderen verheiratet war, und schlug ihm die Ehe zu dritt vor, was er ablehnte. Von einem anderen Mann wurde sie schwanger und brachte ein uneheliches Kind zur Welt. Aus Verzweiflung über ihre vom Kindsvater unerwiderte Liebe stürzte sie sich in die Themse. Sie wurde erneut schwanger, diesmal heiratete sie ihr Liebhaber, der Intellektuelle und Begründer des Theoretischen Anarchismus William Godwin. »Sexualpolitik« und »Körperpolitik«, Themen, die die Nach-Achtundsechzigerinnen für ihre ureigenen Erfindungen gehalten haben, standen also ebenfalls von Anfang an auf der Agenda. Mary Wollstonecrafts Eheglück jedoch währte nur kurz. Die Geburt ihres zweiten Kindes überlebte die Frauenrechtlerin nur um wenige Tage. Sie starb 1797 im Alter von 38 Jahren im Kindbett. Ihre Tochter Mary indes überlebte und wurde ebenfalls weltberühmt; sie schrieb unter dem Namen Mary Shelley den Roman »Frankenstein oder der moderne Prometheus«.

Olympe de Gouges war eine frühe Feministin, die die andere Position vertrat. So wie die »Blue Stocking Ladies« in England, deren Namen auf die (nicht der Etikette entsprechenden) blauen Strümpfe eines Mitglieds eines aufklärerischen literarischen Zirkels zurückgeht, hatten auch in Frankreich Philosophen und Philosophinnen begonnen, über die Konsequenzen des Gleichheitspostulats zu diskutieren. Widersprüche, in die sich Aufklärer wie Jean-Jacques Rousseau verstrickt hatten, boten dazu Anlass. Denn Rousseau fand, sein eigenes Gleichheitspostulat missachtend, dass sich Frauen am besten nur über ihre weiblichen Pflichten und über Geschmacksfragen Gedanken machen sollten, denn geistige Arbeit übersteige ihr Fassungsvermögen. Damit stand der Aufklärer am Anfang eines Diskurses, der die gottgewollte und naturgesetzhafte Hierarchie der Geschlechter auf ihrer langen Reise durch das bürgerliche Zeitalter bis in die Gegenwart begleiten sollte. Aus der Vorstellung, Frauen seien intellektuelle Mängelwesen, resultierte letztendlich die Trennung der Geschlechter schon bei der Bildung – erst 150 Jahre später würden die deutschen Universitäten auch Frauen zum Studium zulassen. Olympe de Gouges, die von 1748 bis 1793 lebte, trat mit ihrer »Erklärung der Rechte der Frau und Bürgerin« gegen dieses Vorurteil in den Ring. Manche gehen so weit, ihre Schrift zusammen mit der Menschenrechtserklärung im Jahr 1789 zum geistigen Beginn des modernen Zeitalters zu erklären.[7]

Sie war die illegitime Tochter eines Schriftstellers, Marquis de Pompignan. Mit siebzehn wurde sie mit dem ungeliebten Louis-Yves Aubry verheiratet, mit dem sie nur ein Kind hatte, und den sie im Geburtsjahr ihres Sohnes verließ. Nach Jahren des Selbststudiums, die sie mit dem wohlhabenden Jacques Biétrix de Rozières verlebte, was ihr später den Ruf einer »Kurtisane« einbrachte, umgab sich die aufsehenerregende Schönheit in Paris mit den angesagtesten Literaten, Künstlern und Intellektuellen ihrer Zeit. Sie wurde selbst eine »femme de lettre« und verfasste zahlreiche Romane und politisch brisante Theaterstücke zum Beispiel zum Sklavereiproblem. Berüchtigt wurde sie aber wegen ihrer Wandzeitungen, Pamphlete und offenen Briefe, mit denen sie ihre politische Meinung unter anderem zur Ordnung der Geschlechter kundtat. Als 1791 die französische Verfassung verabschiedet wurde, schickte sie ihren Gegenentwurf an die Nationalversammlung, in die sie auch von den Zuschauerrängen herunter einzugreifen versuchte. Nach der französischen Revolution hatte de Gouges erleben müssen, dass Frauenrechte noch weniger galten als vorher, denn nun war auch das Wahl- und Vertretungsrecht von Frauen der höheren Stände verloren gegangen, die aufgrund ihrer sozialen Position bis dahin hatten wählen dürfen. Der Mann war zum Maßstab bürgerlicher Freiheit geworden. »Extravagant, blind, von den Wissenschaften aufgeblasen und degeneriert, will er in diesem Jahrhundert der Aufklärung und des Scharfsinns, doch in krasser Unwissenheit, despotisch über ein Geschlecht befehlen, das alle intellektuellen Fähigkeiten besitzt«, befand de Gouges.[8]

170 Jahre später werden wir eine ähnliche Klage hören. Wieder hatten junge Männer Revolution gemacht, und wieder dabei die Frauen vergessen. Am 13. September 1968 wird Helke Sander vom »Aktionsrat zur Vorbereitung der Befreiung der Frauen« ihre Rede auf der Delegiertenkonferenz des Sozialistischen Deutschen Studentenbunds (SDS) mit folgendem Satz beenden: »Genossen, wenn Ihr zu dieser Diskussion, die inhaltlich geführt werden muss, nicht bereit seid, dann müssen wir allerdings feststellen, dass der SDS nichts weiter ist als ein aufgeblasener konterrevolutionärer Hefeteig.«[9] Die anwesenden Männer kehrten nach ihrer Brandrede zur Tagesordnung zurück und provozierten damit den berühmt

gewordenen Tomatenwurf einer empörten Beteiligten – den symbolischen Gründungsakt der »neuen« Frauenbewegung.

Olympe de Gouges forderte, an die Menschenrechtserklärung angelehnt, die Anerkennung der Frauen als Gleichberechtigte und Gleichverpflichtete in Staat und Gesellschaft und lehnte Sonderrechte für Frauen ab. Sie war eine astreine Universalistin oder Gleichheitsfeministin. Die weibliche Teilhabe an der Politik war für sie Grundvoraussetzung. »Die Verfassung ist null und nichtig, wenn die Mehrheit der Individuen, die die Nation darstellen, an ihrem Zustandekommen nicht mitgewirkt hat.« Aber sie kritisierte auch das Ehe- und Familienrecht, das die Grundlage der Verbannung der Frauen in den privaten Raum und unter die Rechtsvormundschaft ihrer Väter, Männer und Brüder geschaffen hatte. Sie verlangte das Recht der Frau, den Vater eines nicht ehelichen Kindes juristisch zu belangen, forderte Eigentumsrechte für die Frau und die gemeinsame Sorge für die Kinder. Der Weg dahin war die Angleichung der Geschlechter.

Am 30. Oktober 1793 kam es in Frankreich zum Verbot der »Clubs und Vereine von Frauen«. Zu diesem Zeitpunkt saß de Gouges bereits einige Monate im Gefängnis, weil sie das Terrorregime von Robespierre und Marat kritisiert hatte. Krank und schwach zerrte man sie vor das Revolutionstribunal. Einen Verteidiger erhielt sie nicht, sie wollte schließlich gleich sein und habe wohl selbst genug Gehirn, um sich zu verteidigen. Das Verfahren endete am 3. November 1793 mit Olympe de Gouges' Hinrichtung durch die Guillotine. Kurz darauf wurden im Sinne des patriarchalen Familienideals alle vorübergehenden rechtlichen Verbesserungen für Frauen zurückgenommen, die Ehefrau stand in allen zivilrechtlichen Belangen wieder unter der Herrschaft ihres Mannes. Der nach

1804 auch in Teilen Deutschlands gültige Code Civil, das französische bürgerliche Gesetzbuch, verlängerte das diskriminierende Erb- und Scheidungsrecht bis ins Jahr 1938. Frankreich, das Land der Simone de Beauvoir, wurde in dieser Frage zu einem der rückständigsten Europas.

Mary Wollstonecraft und Olympe de Gouges haben mit ihrer ganz unterschiedlichen Begründung ihrer Forderungen bis heute zwei stilbildende Elemente des Feminismus entworfen: die eine, indem sie auf der Wesensverschiedenheit und die unterschiedlichen Geschlechterrollen bestand, aber trotzdem eine gesellschaftliche Rolle einforderte, die andere, indem sie den »kleinen« Unterschied bestritt und die Gleichheit im Sinne eines Naturrechtsstatus postulierte. Beide zogen aus ganz verschiedenen Begründungszusammenhängen am selben Strang: Sie forderten die Unabhängigkeit und Selbstbestimmung der Frauen. Und versetzten die Männer damit in Panik. In Frankreich wurden schon 1793 die Frauenclubs verboten, in Deutschland sollten nach der Revolution von 1848 Presse- und Vereinsgesetze die politische Tätigkeit von Frauen verhindern. Die Verbote, die mit Polizeigewalt durchgesetzt wurden, blieben über ein halbes Jahrhundert lang Gesetz; in Preußen sogar bis 1908.

In Deutschland war es vielleicht nicht zufällig ein Mann, dessen Name mit der Gleichheitsforderung der Frauen in dieser Zeit verbunden wird. Ein preußischer Staatsbeamter zumal, mit dem Namen Theodor Gottlieb von Hippel, schrieb 1792 die Schrift »Über die bürgerliche Verbesserung der Weiber«, für die er die Schrift zur »bürgerlichen Verbesserung der Juden« zum Vorbild nahm. Wie der Titel schon sagt, ging es ihm um die Gleichberechtigung im Interesse und im Sinne des Staates. Mit Kant sei es die Pflicht eines jeden, sich aus geistiger Armut und Vormundschaft zu erheben, um als leistungsbereiter, »nützlicher« Bürger das Wohl der Gemeinschaft zu fördern. Das gelte auch für Frauen. Die typisch deutsche Lösung hieß: Bildung. Durch Bildung könnten sich Frauen eines Tages sogar ein Staatsamt verdienen. Ein radikaler Standpunkt für die damalige Zeit. Der erste deutsche Feminist war ein Gleichheitsanhänger. Nicht nur Männer fanden die Vorstellung unerhört. Auch Frauen glaubten, sie würden in einem Staatsamt nur »Verwirrung hervorbringen«.[10] Stattdessen konzentrierte sich die aufkommende bürgerliche Frauenbewegung auf die »Arbeit der Liebe«.

Die Arbeit der Liebe

Voraussetzung für die Geburt einer sozialen Bewegung fast gleichzeitig in allen westlichen Ländern waren die sozialen Veränderungen, die zur kulturellen Expansion des Bürgertums mit seinen speziellen Vorstellungen zur Geschlechterordnung führten. Das Bürgertum war zwar zahlenmäßig im niedrigen einstelligen Prozentbereich, aber historisch mit seinem »bürgerlichen« Wertekanon tonangebend. Am bürgerlichen Wesen sollte die ganze Gesellschaft genesen. Sie »erfanden« die Vorstellungen von den zwei Sphären für Männer und für Frauen, für die arbeitsteilige Trennung der Geschlechter. Tatsächlich waren die allermeisten Frauen im 19. Jahrhundert erwerbstätig. Zunächst arbeiteten sie in der Landwirtschaft, dann wanderten mehr und mehr junge Frauen in die Städte ab, wo sie in Fabriken oder als Dienstmädchen anheuerten. Das heißt selbstverständlich nicht, dass sie der männlichen Vormacht entkamen. Ihr Gehalt blieb um ein Drittel unter dem ihrer Kollegen (fast wie heute), die Gewerkschaften ignorierten ihre

Belange, sahen sie doch in ihnen eine »Schmutzkonkurrenz« zu den männlichen Arbeitern. Trotz dieser weitgehenden Frauenerwerbstätigkeit kam vom Bürgertum die Zielvorgabe der »Verhäuslichung« der Frau, eine sehr wirksame Botschaft, wie wir heute wissen. Denn das bürgerliche Hausfrauenideal des 19. Jahrhunderts spukt noch heute nicht nur einer älteren und konservativen Generation im Kopf herum.

Die unterschiedlichen Lebenswirklichkeiten von Dienstmädchen, Mägden, Arbeiterinnen und Bürgerinnen verkomplizierten die Anliegen der Feministinnen: Frauen konnten zugleich durch ihre soziale Position privilegiert und durch ihr Geschlecht unterprivilegiert sein. Die feministischen Ziele wurden entsprechend vielfältig und widersprüchlich. Während sich eine bürgerliche Ehefrau mit ihresgleichen für eine bessere Mädchenbildung oder das Frauenstimmrecht zusammen tat, bekämpfte sie unter Umständen gleichzeitig die weibliche Erwerbstätigkeit von Arbeiterinnen, deren angebliche Sittenlosigkeit und laxe Mütterlichkeit. Die Vorstellung, dass alle Frauen dieselben Interessen hätten, war schon damals Fiktion – und ist es bis heute, woran jedoch Universalistinnen wie Alice Schwarzer immer nicht glauben wollen. Die Frauenbewegung spaltete sich frühzeitig in eine bürgerliche und eine proletarische Fraktion, in eine vermeintlich moralisch überlegene Bewegung, die gegen Promiskuität, Mädchenhandel und Prostitution Sturm lief, und eine auf die Arbeitswelt konzentrierte Bewegung, die glaubte, die Geschlechterfrage sei »nur« eine soziale Frage. Hier entdecken wir eine dritte Konstante in der Geschichte, denn bis heute prägen diese unterschiedlichen Blickwinkel den Feminismus.

Was die verschiedenen Flügel im 19. Jahrhundert phasenweise dennoch zu einem Großen und Ganzen schmiedete, war der

Glaube an die weibliche Kulturmission. Grundidee war, dass Frauen und Männer in getrennte Sphären wirkten, die nicht gleichberechtigt, aber komplementär seien. Männer übernähmen die Aufgabe des Oberhaupts, Ernährers und Rechtsvertreters der Familie, Frauen die Sorge für Haus und Kinder. Dem Mann wurde der öffentliche Raum, also das Wirtschaften, Politisieren und gesellige Leben zugestanden, der Frau der private Raum, das Wirtschaften in Haus und Garten, die Eigenproduktion von Lebensmitteln und Haushaltswaren, die damals noch nicht käuflich waren, die Fürsorge für die Kinder und die Verschönerung und Kultivierung des Lebens durch schöngeistige und musische Aktivitäten und Emotionalität. Die Historikerin Ute Gerhard nennt diese Grundidee des bürgerlichen Zeitalters einen Gesellschaftsvertrag mit doppeltem Boden: Auf der einen Seite der Staatsvertrag zwischen dem männlichen Bürger und Staatsbürger und dem Staat, auf der anderen Seite der private Ehevertrag, der die Verhältnisse der Geschlechter und Generationen im Privatleben regelte und mit den gesellschaftlichen Verhältnissen verknüpfte.[11] Die Aufspaltung des bürgerlichen Lebens in eine Privatsphäre und eine öffentliche Sphäre ist eine westliche, bürgerliche Erfindung und führte zu der uns bis in die Gegenwart beschäftigenden doppelten Bevormundung der Frau, denn sie wurde auf diesem Weg nicht nur zur Staatsbürgerin zweiter Klasse, sondern sie unterstand auch in allen Belangen des Lebens der Herrschaft bürgerlich-männlichen Rechts. Einzelne Rechtsauffassungen, mit denen bis in die Gegenwart gerungen wird, etwa das Abtreibungsrecht, gehen auf dieses historische Erbe zurück.

Wir können uns gar nicht genug vor Augen halten, wie lange die Trennung von Persönlichem und Öffentlichen schon besteht und wie tief in die psychischen Strukturen die Aufteilung der

Sphären zwischen den Geschlechtern in der Zwischenzeit gesunken ist. Alle Probleme im Kampf um Geschlechtergerechtigkeit gehen darauf zurück. Aber auch die große Beharrlichkeit von »typisch« weiblichen und »typisch« männlichen Biographien, ganz besonders hierzulande. Das bürgerliche Zeitalter hat Frauen und Männern eine wahrlich schwere Hypothek hinterlassen, die jedoch durch »Ändere dich gefälligst«-Parolen nicht einfach aus der Welt zu schaffen ist.

Die Geschlechter teilten sich damals nicht nur in die Kategorien Häuslichkeit und Aushäusigkeit, sondern auch in die Kategorien Emotionalität und Rationalität. Angeblich mangelnde Rationalität musste als Begründung herhalten, warum Frauen die Geschäftsfähigkeit genommen wurde. Bis 1957 mussten Männer nach dem deutschen Ehe- und Familienrecht Verträgen ihrer Frauen, vor allem Arbeitsverträgen, zustimmen. Verpflichtete die Frau sich ohne die Zustimmung ihres Mannes für ein Arbeitsverhältnis, konnte dieser den Vertrag mit Ermächtigung des Vormundschaftsgerichtes ohne Einhaltung einer Kündigungsfrist kündigen. Das Vormundschaftsgericht hatte die Ermächtigung immer dann zu erteilen, wenn die Tätigkeit der Frau die ehelichen Interessen beeinträchtigte.

Männer agierten außer Haus auf der Grundlage von Vernunft und Verstand, Frauen agierten zu Hause auf der Grundlage von Gemüt und Emotion, so wollte es die bürgerliche Ideologie. Alles, was der Vernunft zugeordnet war, repräsentierte das männliche Prinzip, alles was dem Gefühl zugehörte, repräsentierte das weibliche Prinzip. Erst diese Aufteilung der Geschlechter in hart und weich, stark und schwach, rational und irrational, kämpferisch und friedlich, explorativ und sittsam, pragmatisch und musisch ermöglichte das bürgerliche Familienmodell. Begründet wurden die sogenannten

Geschlechtscharaktere mit der »Natur«. Die Frau im Haus, der Mann in der Arbeit, das entsprach einer angeblich natürlichen Gesetzmäßigkeit (im Gegensatz zu einer göttlichen und ständischen Ordnung, die bis dato das Zusammenleben organisiert hatte). Die Naturalisierung der Geschlechter war eine Reaktion auf die universalistische Utopie der Aufklärung, wonach alle Menschen gleich seien. Das Gleichheitspostulat blieb zwar weiterhin im Raum stehen, wurde jedoch überstimmt von der stärkeren Idee, die Menschen seien zwar theoretisch gleichwertig, aber praktisch wesensverschieden. So trug die an sich schöne Idee der gegenseitigen Ergänzung der Geschlechter den Makel, dass sie auf rechtlichem, intellektuellem, politischem und ökonomischem Feld die Teilhabe der Frauen nahezu ausschloss. Und sie begründete das Dilemma, dass auch der Feminismus bis heute hin- und herpendelt zwischen Gleichheit und Partikularität.

Der Mann wurde damals zur Norm, die Frau zur Normvariante. So ist das bis heute geblieben, sei es im Fußball, der als »Frauenfußball« mit dem Männerfußball verglichen wird, sei es in der Medizin, wo noch immer viele allgemeine Erkenntnisse am Männerkörper gewonnen und weibliche Krankheiten als »Frauenleiden« tituliert werden. Die bürgerlichen Vorstellungen eines polaren oder komplementären Geschlechtersystems waren damals allerdings in vielerlei Hinsicht sinnvoll: Die Geschlechter sollten sich gegenseitig unterstützen, der Mann ohne die Fürsorge und Emotionalität der Frau wäre genauso unvollständig wie die Frau ohne den Schutz und die Versorgung des Mannes. Die familiären Beziehungen wurden privater und intimer, die Kleinfamilie rückte zusammen, und die Ehe löste sich aus ökonomischen Zwängen. Die Norm der

Liebesehe setzte sich durch, und, für Frauen vielleicht noch gravierender, die Norm der kindzentrierten Familie. Müttern wurde die »natürliche Liebe« zum Kind, ein »Mutterinstinkt« nachgesagt, was in Zeiten der sozialen und ökonomischen Umbrüche, als Kinder nicht mehr nebenher laufen konnten, sondern für eine komplexer werdende Ökonomie und Staatsform ausgebildet werden mussten, sinnvoll war; gerade der immer größer werdende gesellschaftliche und wirtschaftliche Bedarf an gut ausgebildetem Nachwuchs im 19. Jahrhundert, aber auch das Interesse des Staates an einer bevölkerungsreichen und tüchtigen Nation waren handfeste Gründe für eine Verteilung von Geschlechterrollen.

Dazu kam, dass die Arbeitswelt der Männer im Verlauf der Industrialisierung als immer anstrengender, ja als überfordernd wahrgenommen wurde, weshalb Frauen die Aufgabe zufiel, ihre gestressten Männer zu Hause wieder aufzurichten. Die Familie wurde zu einem Gegenpol zur Arbeitswelt, in der sich der Mann von den Strapazen und Zumutungen seiner Ernährer- und Beschützerrolle erholen konnte. »Die psychologischen Schäden und Abnützungen, die er dabei erlitt, sollten im Schoß der Familie wieder gutgemacht werden. Während im Wirtschafts- und Geschäftsleben, in der Wissenschaft und im öffentlich-politischen Leben kühle Berechnung und Zweckrationalität (Max Weber) triumphierten, steigerten sich die Ansprüche an das Gefühlsleben in Ehe und Familie. Bei Aufrechterhaltung der traditionellen sexuellen Rechte der Männer bedeutete das für die Frauen die Sublimierung der Liebe zu einem überaus hohen Anspruch an sich selbst«, beschreibt der Historiker Reinhard Sieder den durchaus wertvollen und notwendigen Beitrag weiblicher Gefühlsarbeit in der bürgerlich-patriarchalen Welt.[12]

Die Ironie ist jedoch: Die gestiegenen Ansprüche, die mit der weiblichen Gefühls- und Erziehungsarbeit verbunden waren, führten letztlich dazu, dass Frauen ihren Anspruch auf Bildung und Selbstverwirklichung immer ernster nahmen – und schlussendlich anfingen, sich in einer Bewegung zu engagieren, die genau diese Rollen bekämpfen sollte. Ab Mitte des 19. Jahrhunderts erfasste eine schleichende Revolution die westliche Welt. Als sich die Bildungs- und Erwerbsmöglichkeiten der Frauen verbesserten und rechtliche Veränderungen ihren Status zu verändern begannen, wollten immer mehr Frauen gemäß dem westlichen Ideal der individuellen Selbstbestimmung leben.

Bei diesem Prozess spielte der aufblühende Sozialstaat eine wichtige, aber auch ambivalente Rolle. Er kümmerte sich darum, dass Frauen geschützt und alimentiert, aber auch in ihren Rollen festgehalten und gegängelt wurden. Es ist ein zweischneidiges Schwert: Durch staatliche Intervention wurden Frauen gleichzeitig in ihren existentiellen Problemen gestärkt und in ihrer Autonomie geschwächt, denn die Reformen beeinflussten Familienleben und Sexualität gravierend. Mit Hilfe des Sozialstaates seit dem späten 19. Jahrhundert verfestigten sich gerade in Deutschland die unterschiedlichen Lebensläufe für Frauen und Männer. Durch arbeitsrechtliche Rahmenbedingungen (Kündigungsschutz, Krankheits- und Arbeitslosenversicherungen), staatliche Transferleistungen, Mutterschutz, regelmäßig steigende Löhne, Familienversicherung, Erbrecht und Steuerrecht (»Ehegattensplitting«) sollte sichergestellt werden, dass eine Familie von einem Einkommen, und zwar von dem des Mannes, leben konnte, wodurch die Frau aus dem Erwerbsleben herausgelöst und für die Fürsorge und Pflege der Familienangehörigen, vor allem der Kinder und der Alten,

»freigestellt« werden konnte. Diese Lebensform galt nicht nur als ökonomisch rational, sie war auch ein kulturelles Leitbild, das letztendlich auf das proletarische Milieu, das sich eine solche Lebensführung nie leisten konnte, ausstrahlte. Die Frage des »Arbeiten-Müssens« von Frauen sollte sich idealerweise eines Tages für alle Familien in der Gesellschaft in Wohlgefallen auflösen, indem die Männer genug verdienten, um ihre Frauen von der Erwerbsarbeit entlasten zu können. Die geschlechtsspezifischen Normlebensläufe, die uns bis heute beschäftigen, sind die Folge.

Mütterliche Feministinnen

Schon im 19. Jahrhundert kam es also, wenn man so will, zum Backlash für die Frauen, der auch die Frauenbewegung nachhaltig prägte. Die Familie wurde zur »Keimzelle« und zum Spiegelbild des Staates erklärt. So wie die Gesellschaft sich den Nationalstaaten unterordnen sollte, so sollten sich die Frauen den individuellen Männern in der patriarchalen Familie unterordnen. Gehorsamspflicht der Frau im Austausch mit Schutz durch den Mann. Abtreibungsverbot und keine Zulassung zu den höheren Bildungsanstalten gehörten mit ins Bild. In den USA wurde wenigstens die Redefreiheit der Frau toleriert, in Frankreich, Spanien und England verständigten sich männliche Ärzte darauf, dass Frauen aufgrund ihrer weiblichen Biologie ohnehin latent schwachsinnig seien und deshalb auch aus der Politik und der Berufswelt herausgehalten werden sollten. Psychische Auffälligkeiten aber auch das Denkvermögen wurden mit der Gebärmutter und der Menstruation begründet. In diesem Szenario ist es fast schon erstaunlich, dass sich überhaupt noch Frauen fanden, die nach wie vor an die vollwertige Gleichheit der Geschlechter glaubten und die konsequente Gleichberechtigung forderten.

Als kollektive Akteurin erscheint die Frauenbewegung in Europa in den Jahren zwischen der 1848er-Revolution und 1865 auf der Bildfläche. Davor versuchten Einzelkämpferinnen, ihr Leben selbstbestimmt zu führen, und machten sich publizistisch für die Sache der Frau stark. Louise Aston, geboren 1814 in Gröningen, gestorben 1871 in Wangen, war eine Vorkämpferin für Demokratie und Frauenrechte, die mit ihrer Lebensführung Skandale provozierte. Sie wurde von der Polizei überwacht, weil sie erotische Gedichte veröffentlichte, Männerkleidung trug und auf der Straße rauchte. Als sie auch jegliche Form organisierter Religiosität ablehnte, wurde sie als »staatsgefährliche Person« aus Berlin ausgewiesen. In ihrem wenig später veröffentlichten Buch »Meine Emanzipation, Verweisung und Rechtfertigung« forderte sie daraufhin Geschlechtergleichheit und das Recht auf freie Persönlichkeitsentfaltung auch für Frauen.

Eine ihrer Gegenspielerinnen war Louise Otto. Sie kam 1819 als Tochter eines Gerichtsdirektors in Meißen zur Welt und begann, wie fast alle ihre Mitstreiterinnen, schon als junges Mädchen zu schreiben. Als Journalistin begleitete sie die demokratische Bewegung im Vormärz. Während der Revolutionsjahre 1848/49 forderte sie geregelte Einkommens- und Bildungsmöglichkeiten für Frauen, wodurch nicht zuletzt deren »vaterländischer Sinn« gefördert würde. Das Engagement der Frau für die Interessen des Staates sei nicht nur ein Recht, sondern eine Pflicht. Solche Ansichten beantwortete der Staat mit Hausdurchsuchungen und Verhören. 1850 wurden ihre Zeitung und die von ihr mitbegründeten Dienstboten- und Arbeiterinnenvereine verboten; ein empfindlicher Rückschlag für die Frauenbewegung, denn das Verbot der politischen Aktivität von Frauen, übrigens gemeinsam mit Behinderten und Lehrlingen, sollte erst 1908 wieder aufgehoben werden. Trotzdem gelang es Otto, mit anderen Frauen den Leipziger Frauenbildungsverein zu gründen, die erste deutsche Frauenkonferenz zu organisieren und schließlich im Jahr 1865 gemeinsam mit Auguste Schmidt den Allgemeinen Deutschen Frauenverein (ADF) ins Leben zu rufen, den sie drei Jahrzehnte lang leitete.

Der ADF kümmerte sich in erster Linie um die Bildung von Mädchen und Frauen und um diejenigen Frauen, die außer Haus arbeiteten, auch wenn das nicht den Idealen der Organisation entsprach. Eine radikale Verwischung der Geschlechtergrenzen und entsprechend provokante Auftritte wie die von Aston waren nicht nach Ottos Geschmack. Ihr ging es darum, die Lebensbedingungen angesichts des wachsenden Bedarfs an billigen Arbeitskräften zu verbessern, nicht darum, Frauen grundsätzlich zur Erwerbsarbeit zu ermuntern. Wieder scheint es in der historischen Diskussion nur zwei Optionen zu geben: die Angleichung, wie sie Aston forderte, oder die Reform im Sinne des bürgerlichen Frauenideals.

Was die erste emanzipatorische Frauenorganisation auf Reichsebene am meisten prägte, war ihre bürgerliche Ausrichtung. Die Frauen glaubten an die Kulturmission des deutschen Bürgertums und leisteten im Zuge der Kolonialpolitik »Entwicklungshilfe« in fernen Ländern – sie lehrten Haushaltsführung im Kongo; sie kümmerten sich liebevoll-herablassend um die Belange der Arbeiterinnen, der sozial Schwachen und Kranken; sie kämpften um den sozialen Erfolg ihres Nachwuchses, indem sie ihm Fleiß, Ordnungsliebe und Bildung nahe legten; sie hielten die Integrität der bürgerlichen Familie hoch und zogen gegen Prostitution und andere »unsittliche« Phänomene zu Felde; sie hofften, dass ihre Töchter, die nicht verheiratet werden konnten, einen ordentlichen und sittsamen Beruf erlernen würden – am liebsten Lehrerin oder in der Wohlfahrt –, und sie glaubten an eine weibliche Spiritualität, die sie religiös, sozial und künstlerisch ausleben wollten. Aus alldem wurde das Ideal der »geistigen Mütterlichkeit«, die neue Leitidee der bürgerlichen Frauenbewegung. Nicht mehr die Gleichheit vor dem Gesetz, die vollen Staatsbürgerinnenrechte waren das Hauptziel der Frauenbewegung, sondern die Verbesserung des weiblichen Status im Interesse von Vaterland und Familie.

Eine Frau, deren Name mit dieser Haltung eng verknüpft war, ist Helene Lange. Sie kämpfte für die Mädchenbildung mit folgendem Argument: »Es gilt dem Weibe eine der Geistesbildung des Mannes ebenbürtige Bildung zu ermöglichen, damit der Mann nicht durch die geistige Kurzsichtigkeit und Engherzigkeit seiner Frau an dem häuslichen Herde gelangweilt und in seiner Hingabe an höhere Interessen gelähmt werde.«[13] Die gebürtige Oldenburgerin, die lange Jahre an der Spitze sowohl des ADF als auch des später gegründeten Bund deutscher Frauenvereine (BDF) stand und mit einer anderen Feministin, Gertrud Bäumer, zusammenlebte, verkörpert aus heutiger Sicht die Widersprüche des bürgerlichen Feminismus, für den damals weder Männer und Frauen, noch Bürgerinnen und Arbeiterinnen gleich waren. Die Interessen der bürgerlichen und der proletarischen Frau konnten unterschiedlicher nicht sein. Für die Bürgerin waren Bildung und Zugang zu öffentlichen Ämtern, vor allem in der Wohlfahrtspflege, existentiell. Für Arbeiterinnen war das Recht auf Arbeit kein

Recht, sondern eine Pflicht, deshalb konnte ihnen nur durch eine Verbesserung der Arbeitsbedingungen, durch höhere Löhne und Kinderbetreuung geholfen werden. All das hatte die bürgerliche Feministin jedoch nicht im Sinn, schließlich konnte sie sich in der Regel Personal leisten und hatte kein Problem bei der Vereinbarung ihrer mütterlichen und ihrer beruflichen und sozialen Ambitionen. Die ideologische Dominanz des Bürgertums führte letztlich dazu, dass bis heute die Interessen der arbeitenden Frauen in Deutschland vom Feminismus weniger wichtig genommen werden, als die der bürgerlichen Hausfrauen, denen gesellschaftspolitisch nach wie vor ein moralisches Sonderrecht zuzustehen scheint.

Die Disharmonie zwischen den erwerbstätigen Frauen und den »Hausfrauen«, die heute noch so spürbar ist, war also von Anfang an angelegt. So gingen gegen Ende des 19. Jahrhunderts in der deutschen Frauenbewegung die ganz wenigen Stimmen, die eine radikale und individuelle Selbstbestimmung forderten, beinahe unter in dem großen Chor der Frauen, die sich als »geistige Mütter« verstanden.[14] Das schmälert nicht die feministische Errungenschaft. Denn die wichtigsten Aufgaben der »geistigen Mütter« wollten auch erst erobert werden. Die bürgerlichen Frauen erkannten in der Wohlfahrtspflege eine Möglichkeit der Selbstverwirklichung außerhalb des bürgerlichen Heimes und eine Notwendigkeit im Dienste des Menschheitswohles, das von mangelnder Bildung, Krankheit, Kinderarbeit, Lohnungleichheit, Armut und Sittenverfall bedroht schien. Die Frauenrechtlerinnen engagierten sich in einem großen weiblichen Netzwerk, das sich über alle von der Industrialisierung betroffenen westlichen Länder erstreckte, in Frauenbildungsvereinen, Frauenbanken, Frauenkrankenhäusern, Frauenrechtsberatungsstellen, Mütterhäusern, Kindergärten, Kriegsversehrtenheimen. Diese uns heute nicht mehr als besonders radikal erscheinenden Tätigkeiten öffneten den Frauen damals eine Tür nach draußen, in die politische Sphäre, in den öffentlichen Raum, in die weite Welt. Wer sich heute über die typisch weibliche Berufswahl im Sozial- und Gesundheitsbereich wundert, vergisst, dass sich hier historisch die ersten Chancen für Frauen auftaten.

Zeit der Größe, Zeit des Streits

Nach der Gründung der Dachorganisation BDF nach amerikanischem Vorbild wuchs die anfängliche Mitgliederzahl von 70 000 auf 200 000 im Jahr 1908 und 320 000 im Jahr 1918. Nie mehr würde die Frauenbewegung so groß, bunt und vielfältig werden wie vor dem Ersten Weltkrieg. Ihre spätere Kargheit und Phantasielosigkeit wird uns erst vor diesem Bild richtig deutlich.

Voraussetzung war die dramatische Veränderung der Lebensverhältnisse. Industriegesellschaft und Wohlfahrtsstaat setzten sich durch. Wanderungsbewegungen vom Land und von anderen Regionen ließen die Städte anschwellen. Die Menschen mussten sich daran gewöhnen, ihre Arbeit nicht mehr im Kreise der Familie im Handwerksbetrieb oder in der Landwirtschaft zu verrichten, sondern mit vielen anderen in immer kleiner werdenden Arbeitsschritten in der Fabrik. Die sozialen Hierarchien verschoben sich. Industrielle, Bankiers und Kaufleute rückten an die Spitze der Gesellschaft. Die Wissenschaften erfreuten sich großen Ansehens, und es galt als erstrebenswert, sich von Experten auch in der alltäglichen Lebensführung bis hin zur Kindererziehung und zur Haushaltsführung anleiten zu lassen. Das Wissen wurde unüberschaubarer, ein einheitlicher Bildungskanon war nicht mehr denkbar. Neue Berufe wie Journalisten, Finanzdienstleister, Werber oder Agenten wurden wichtig. Die wilhelminische Gesellschaft wurde durchlässiger. Die bürgerliche Familie entwickelte sich zur »Konsum-, Erziehungs- und Freizeitgemeinschaft« auf Grundlage des Liebes- und Eheideals und der Kindzentrierung.[15]

Die »klassische Moderne« wurde vom Gefühl beherrscht, einen großen Aufbruch mitzuerleben. Gleichzeitig wuchsen Zweifel an der Bürokratisierung und »Rationalisierung« der Welt, an der Beschleunigung der Zeit, den Massenparteien und wirtschaftlichen Interessenverbänden, der Popularisierung der Kultur in Gestalt einer Unterhaltungsindustrie, der Annäherung der Lebensstile in den verschiedenen Schichten, der Verstädterung, der Industrialisierung der Landwirtschaft, und – nicht zuletzt – der größeren Sichtbarkeit von Frauen in der Öffentlichkeit. Für Frauen bedeuteten die strukturellen Veränderungen im Zuge der Hochindustrialisierung die Ausweitung ihrer Erwerbstätigkeit in Expansionsbranchen wie Feinmechanik, Elektrotechnik, Chemie und Lederverarbeitung sowie den Dienstleistungssektor, hier vor allem die Bereiche Gesundheit, Reinigung, Hotellerie, Handel, Verkehr und Banken.

Vor diesem Hintergrund erlebte der Feminismus seine Blütezeit. Ein Höhepunkt war die Ausstellung »Die Frau in Haus und Beruf«, die zusammen mit einem Kongress im Februar 1912 in Berlin am Zoologischen Garten stattfand. Kaiserin Augusta Victoria übernahm die Schirmherrschaft, deutsche und internationale Zeitungen berichteten ausführlich über die Großveranstaltung. Neben der Präsentation weiblicher Verbandsarbeit wurden die unterschiedlichen Tätigkeiten von

Frauen in der Berufswelt und zuhause dokumentiert. Anliegen des Kongresses war es, die Einheit der Frauenbewegung und ihrer verschiedenen, auch nach Konfessionen getrennten, Verbände zu beschwören. So verkündete Bertha Pappenheim, die Vorsitzende des Jüdischen Frauenbundes, dass die jüdische Frau aufgrund ihrer Tradition und Herkunft dazu prädestiniert sei, sich der gesamten Bewegung anzuschließen. Daneben traten auch konservative Verbände wie der Vaterländische Frauenverein, Vereine des Roten Kreuzes und katholische Verbände auf. Die Solidarität der Frauen schien, zumindest kurzfristig, unverbrüchlich.

Der Schein der Einheit und Überkonfessionalität ließ sich allerdings nur mit Ach und Krach aufrechterhalten. Beständige Neugründungen wie etwa der ultrakonservative Deutsch-Evangelische Frauenbund auf der einen Seite oder der Verband fortschrittlicher Frauenvereine auf der anderen Seite bedrohten den inneren Frieden. Die Gräben waren tief. So trat der evangelische Frauenbund mit seinen über 15 000 Mitgliedern offen gegen das Frauenwahlrecht an. Die sogenannten Radikalen oder Fortschrittlichen plädierten für die ersatzlose Streichung des Paragraphen 218, der Abtreibungen bei der Androhung von Zuchthausstrafe untersagte, und hielten nicht viel von Selbsthilfe und von den parlamentarischen Vorstößen der gemäßigten Frauen, wohingegen der ebenfalls assoziierte Verband Deutscher Hausfrauenvereine nicht am Status quo der bürgerlich verheirateten Ehefrau rütteln wollte. Mit der Zeit keimten sogar innerhalb des BDF anti-emanzipatorische Tendenzen.

Im pluralistischen Stimmengewirr der Frauenbewegung zeigten sich nicht nur unterschiedliche Überzeugungen, sondern auch verschiedene Methoden, mit denen die Feministinnen ihre Ziele erreichen wollten. Gemäßigte und konservative

Frauen waren der Ansicht, Frauen müssten erst ausgebildet und politisch eingewiesen werden, bevor sie die vollen Staatsbürgerinnenrechte erhalten sollten. Wenn sie überhaupt das Wahlrecht forderten, dann ging es ihnen dabei nicht um rechtliche Gleichheit, sondern um die Aussicht, den weiblichen Kulturaspekt in die Politik hineinzutragen. Sie setzten auf Kooperation mit dem Staat und mit den Männern, sprachen von Gleichwertigkeit, aber nicht von Gleichheit. Den anderen warfen sie vor, die Grenzen zwischen den Geschlechtern, aber auch zwischen den Klassen zu sehr verwischen zu wollen und damit letztlich die wesensmäßige Daseinsberechtigung der Frau, die sie schließlich aus ihren spezifischen Geschlechtereigenschaften beziehe, infrage zu stellen. Die bürgerlichen Frauenrechtlerinnen wandten sich deswegen sogar manchmal gegen Wahlrecht und gegen allgemeine Bildungschancen und verlangten, jede Frau solle nur die ihrem Milieu angemessene Ausbildung erhalten. Universitäten stünden am besten nur der kleinen bildungsbürgerlichen Elite offen.

Neben dem Dauerthema Bildung und dem Kampf für das Frauenwahlrecht beteiligten sich ADF und BDF intensiv an der öffentlichen Debatte um die Kodifizierung des neuen Bürgerlichen Gesetzbuchs. Im Mittelpunkt der Diskussion standen das Familienrecht (und damit die Rechte von Ehefrauen, ledigen Müttern und unehelichen Kindern) einschließlich Scheidungsrecht. Doch all die Unterschriften, die gesammelt wurden, die Broschüren, die verteilt wurden, alles protestieren und publizieren blieb im Wesentlichen erfolglos, denn das 1896 vom Reichstag verabschiedete BGB stellte im Paragraph 1354 erneut klar: »Dem Manne steht die Entscheidung in allen das gemeinschaftliche eheliche Leben betreffenden Angelegenheiten zu«. Die Bevormundung aller Frauen als Töchter, Ehefrauen oder Mütter wurde so ungebrochen ins 20. Jahrhundert transportiert.

Immerhin durften sich Feministinnen ab 1908 wieder frei vereinigen und öffentlich versammeln. Voller Hoffnung traten sie den politischen Parteien bei und mussten erleben, »dass sie nicht umworben wurden, sondern sich eher aufdrängen mussten, und dass ihre Vorstellung von Politik mit der Routine der politischen Vereine wenig gemein hatte.«[16] Einigen Frauenbewegten reichte deshalb der moderate, auf behutsame Reform und Überzeugungsarbeit setzende Feminismus nicht aus. Sie sympathisierten mit der viel radikaleren englischen Suffragettenbewegung, die durch spektakuläre Aktionen, Straßenkämpfe und Hungerstreiks das Frauenwahlrecht durchzusetzen versuchte.

Anita Augspurg, 1857 geboren, gehörte zu diesem radikalen Flügel der Frauenbewegung. Ihre Geschichte, so wie die vieler ihrer Kampfgefährtinnen, ist ein Beispiel dafür, wie viel Mut manche Frauenrechtlerinnen in der Kaiserzeit und der Weimarer Republik aufbringen mussten. Damit verglichen waren die Aktionen der »neuen« Frauenbewegung in den siebziger Jahren wirklich harmlos. Nach einer Lehrerinnen- und Schauspielausbildung in Berlin eröffnete sie im Jahr 1887 zusammen mit ihrer Freundin Sophia Goudstikker das Fotoatelier Elvira in München. Sie war Anhängerin der Reformbewegung, die Alternativen zum bürgerlichen Lebensstil suchte. Als sichtbares Zeichen trug sie lose am Körper sitzende Reformkleider, die einen Kontrast zur damaligen bürgerlichen Mode mit ihren beengenden, hoch artifiziellen Schnitten bildete, und kurze Haare, was allein schon den Hass der Antifeministen schürte. Als erste deutsche promovierte Juristin gab Augspurg gemeinsam mit Minna

Cauer und Marie Raschke Petitionen zum neuen Ehe- und Familienrecht ein. Die Frauenfrage drehe sich zwar zu einem großen Teil um die nackte Existenz und um die Kultur, aber noch wichtiger sei die Rechtslage der Frau, glaubte sie. Denn: Nur auf der Grundlage verbürgter Rechte könne die Emanzipation erreicht und gesichert werden. Solange keine Rechtsgleichheit bestehe, bleibe jede Errungenschaft einer einzelnen Frau in der Kunst, Wissenschaft oder Industrie etwas Privates, Persönliches, Momentanes: »Es haftet ihm immer der Charakter des Ausnahmsweisen an und kann daher nicht zur Regel werden …«[17]

In einem offenen Brief an alle Deutschen forderte sie, als Protest gegen das patriarchale Eherecht nur noch »freie Ehen« ohne Trauschein einzugehen, was natürlich als Eheboykott und offene Kriegserklärung gegen das bürgerliche Patriarchat aufgefasst wurde. Augspurg war auch eine Verfechterin des unbeschränkten weiblichen Stimm- und Wahlrechts. Im Ersten Weltkrieg nahm Augspurg an internationalen Friedenskonferenzen teil, während sich der Großteil der bürgerlichen Frauenbewegung im nationalstaatlichen Denken verschanzte, und organisierte konspirative Versammlungen in ihrer Münchner Wohnung. Der Pazifismus brachte sie den unabhängigen Sozialdemokraten (USPD) näher, und nach der Revolution von 1918 beteiligte sich die Feministin unter Kurt Eisner am provisorischen bayerischen Parlament. 1933 musste sie, man ahnt es schon, fliehen. Sie hatte allen Grund, die Nazis zu fürchten: 1923 hatte sie nämlich persönlich beim bayerischen Innenminister die Ausweisung des Österreichers Adolf Hitler verlangt. Augspurgs Besitz wurde beschlagnahmt, sie selbst starb 1943 im Schweizer Exil.

»Krieg der Geschlechter«

Feministinnen im frühen 20. Jahrhundert mussten sehr viel mehr Gegenwind aushalten können als ihre ach so radikalen Enkelinnen der Achtundsechziger-Bewegung, die im liberalen Gesamtaufbruch der Gesellschaft mitsegelten. Die Gesellschaft der Kaiserzeit und Weimarer Republik war noch weit von einer demokratischen Konsenskultur entfernt. Die Angst vor einem Verlust des »Wesensunterschiedes« war groß, und zwar nicht nur bei Männern. 1912 gründete sich der »Deutsche Bund zur Bekämpfung der Frauenemanzipation« mit dem Ziel, die männliche Vorherrschaft zu verteidigen. Der Bund war naturgemäß gegen das Stimmrecht der Frauen, aber auch gegen allgemeine Bildungschancen, Koedukation sowie weibliche Erwerbs- und Gewerbefreiheit. Seine Mitglieder, zwei Drittel Männer, ein Drittel Frauen, gehörten vor allem dem neuen Mittelstand an. Lehrer, die ihrem einstigen Bildungs- und Berufsprivileg nachtrauerten, und Sympathisanten deutschnationaler, völkischer und antisemitischer Organisationen fühlten sich hier besonders heimisch. Doch der Bund war nur die Spitze des Eisbergs.

Die damalige aufgeheizte Stimmung in Geschlechterdingen erinnert in mancher Hinsicht an heute. Wenn die Comedyshow »Caveman«, die seit 2000 weltweit schon acht Millionen Zuschauer begeistert hat, über die Unvereinbarkeit von Frauen und Männern kalauert, wenn Michael Mittermaier ganze Fußballstadien voller Menschen damit beglückt, dass er tief in die Klischeekiste über das angebliche Wesen von Frauen und Männern greift, dann würde sich ein Zeitreisender aus dem Jahr 1900 schnell im Heute heimisch fühlen. Denn um die Zeit der Jahrhundertwende kam das Schlagwort vom »Krieg der Geschlechter« auf. Anlass dieses Krieges war die angebliche Verschiedenheit der Geschlechter. In »Meyers Großem Konversationslexikon« aus dem Jahr 1905 las sich das beispielsweise so:

> »Das weibliche Becken ist weiter, aber niedriger, woraus eine größere Entfernung der Hüftpfannen und die eigentümliche Stellung der Oberschenkel nach innen, der Unterschenkel nach außen hin folgt. … Daher ist der Gang des Weibes schwankender und der Stand, besonders wegen der Kleinheit der Füße, unsicherer. … Das Nervensystem ist im Allgemeinen beim weiblichen Geschlecht reizbarer … Auch psychische Geschlechtseigentümlichkeiten finden sich vor; beim Weibe behaupten Gefühl und Gemüt, beim Mann Intelligenz und Denken die Oberhand; die Phantasie des Weibes ist lebhafter als die des Mannes, erreicht aber selten die Höhe und Kühnheit wie bei letzterem.«[18]

Presse, Wissenschaftler, Parteien, Ärzte und Psychiater erklärten Mann und Frau für inkompatibel und das Verhältnis zwischen den Geschlechtern für zerrüttet. Das war kein deutsches, sondern ein europaweites Phänomen. Die Geschlechterbilder, die sich hundert Jahre zuvor als bürgerlich-utopische Idee der gegenseitigen Ergänzung artikuliert hatten, hatten sich um 1900 zu Karikaturen ausgewachsen. Waren um 1800 die getrennten Sphären und Wesensmerkmale der Geschlechter als Voraussetzung eines Harmonieideals erschienen – der Mann wirkt in der Öffentlichkeit, die Frau wirkt im Heim, beide arbeiten zusammen an einem friedlichen, von gegenseitiger Liebe, Respekt und Toleranz getragenen Familienleben –, hatten Biologismus und Darwinismus des späten 19. Jahrhunderts nun ein Konfliktszenario befördert.

Schon die körperlichen und emotionalen Voraussetzungen für ein gedeihliches Miteinander wurden bestritten. Experten behaupteten, Frauen könnten Sex und Liebe nicht trennen, wohingegen Männer vor allem Sex suchten. Auch die Qualitäten des Begehrens seien völlig verschieden: Männer wollten harten Sex, Frauen Zärtlichkeit. Die Fachmänner – weibliche Sexualforscher waren Mangelware – behaupteten gar, ein richtiger Mann müsse erobern und dabei tendenziell gewaltsam vorgehen, eine richtige Frau werde sich dem im Interesse der Selektion gerne beugen – *survival of the fittest* im Ehebett. Das dichotome Bild gipfelte in der Idee, die Monogamie sei eine Erfindung der Ehefrauen, die sich um ihre Existenz und ihren Nachwuchs willen an einen Mann klammern müssten, während der Mann am liebsten polygam leben würde, wie es seiner angeblichen Natur entspräche; das schöne Ergänzungsideal war zur Honigfalle pervertiert. Kommt einem das bekannt vor? Seit einigen Jahren erleben wir wieder eine Hochzeit des Neo-Darwinismus nicht nur in der Biologie und der Verhaltensforschung. Wieder wird eifrig nach dem unterschiedlichen Wesen von Frauen und Männern gefahndet, auch und gerade beim Thema Fortpflanzung. Die Bilder vom erbgutverschleudernden Nestflüchter und der fortpflanzungswütigen Nestbauerin trifft man heute nicht nur auf Comedybühnen wieder.

Um 1900 wurde auch die Idee populär, dass Männer viel mehr Sex als Frauen bräuchten. Im früheren, christlich geprägten bürgerlichen Denken war die Deutung oft noch andersherum gewesen, da galt die Frau als triebgesteuert und unmoralisch, als Bedrohung männlicher Willensstärke. Jetzt glaubte man, Männer bräuchten Sex so dringend, dass die Gesellschaft die Prostitution als notwendiges Übel akzeptieren müsse – zum »Schutz« der bürgerlichen Frau vor dem marodierenden Männchen.

Auf der anderen Seite des Spektrums, bei Frauenhassern wie dem Wiener Philosophen Otto Weininger, steigerte sich hingegen die Angst vor der männermordenden, zügellosen und intellektuell kastrierenden Frau ins Hysterische. Die gebildete Welt um 1900 verleugnete oder dramatisierte die weibliche Sexualität. Jedes abweichende sexuelle Verhalten wurde pathologisiert. Eine Frau, die nicht emotional, irrational und sexuell passiv auftrat, womöglich noch mit Männern auf deren Terrain konkurrierte, galt als vermännlicht, Männer, die keinen Haurucksex wollten oder überhaupt keine Frau, galten als verweiblicht.

Schon damals stellten Sexualwissenschaftler die Behauptung auf, dass Männer ihren Penis als Waffe benutzten. Der Geschlechtsakt sei eine Art Scheinkampf, die Waffe, mit welcher der Mann seinen Willen der Frau aufzwinge, sein bestes Stück. Die Parallelen mit dem Siebzigerjahre-Feminismus, hierzulande vor allem mit den Thesen Alice Schwarzers, sind wahrlich frappierend, wie wir noch sehen werden.

Dem zugrunde lag offenbar eine Verunsicherung der Geschlechtergrenzen. Die Verwischung der Identitäten galt als fatal, »falsche« Emanzipiertheit und »Exzesse« wie das Crossdressing und Zigarrenrauchen von Feministinnen brachten angeblich das Abendland zum Einsturz. Die komplett verschiedenen Naturen müssten sich zueinander verhalten wie Samen und Ei, der eine aktiv und aggressiv, die andere passiv und aufnahmebereit, hieß es in einem Standardwerk über Sexualität aus dem Jahr 1907.[19] Die offensichtliche Diskrepanz zur Realität störte nicht. War ein Mann gefühlsbetont, eine Frau rational, wurde das als Degeneration oder als Folge der nervlichen Überreizung in der modernen Welt erklärt.

Worum ging es beim Krieg der Geschlechter? Die Historikerin Ute Planert stellte fest, dass hinter dem von den Natur- und Geisteswissenschaften abgesicherten Geschlechterbild auch ein grundsätzliches Bedürfnis nach einfachen Ordnungskategorien steckte. Männlichkeit war schließlich nur in der Relation zu Weiblichkeit definierbar, Männer brauchten Frauen als Kontrastmittel, um sich männlich zu fühlen. Aus Angst vor der Verweiblichung des eigenen Geschlechts wurde die Frauenfrage eigentlich eine Männerfrage.[20] Mit der Idee eines angeblich passiven und irrationalen weiblichen Geschlechtscharakters artikulierte sich außerdem das gesellschaftliche Bedürfnis nach einem Gegengewicht zum rationaltechnischen Prinzip, das man mit der Moderne identifizierte. Eine ähnliche Stimmungslage lässt sich einige Jahrzehnte später im Umfeld von 1968 und dem Aufbruch alternativer Milieus wieder feststellen: Jetzt waren es der Kalte Krieg, die Umweltzerstörung und die Kritik des Konsumkapitalismus, die das Bedürfnis nach einer weiblichen Gesundung der Welt weckte. Wieder waren es die Frauen, die für das notwendige Gleichgewicht in der hochindustrialisierten und hektischer gewordenen Welt sorgen sollten.

Um 1900 waren die Ängste der Männer vor dem weiblichen Barrikadensturm allerdings völlig unbegründet. Der Fortbestand der bürgerlichen Familie war nicht in Gefahr: Die Scheidungsrate war immer noch niedrig, die Eherate hoch. Da es also kaum reale Gründe gab, die Emanzipation der Frau zu fürchten, muss es sich um eine eingebildete Bedrohung der Männlichkeit gehandelt haben. Um 1900 wurden immer mehr Männer der unteren und mittleren Schichten abhängige Angestellte, wodurch sie ihre ökonomische Unabhängigkeit verloren. Daraus resultierte offenbar ein Bedürfnis, sich wenigstens emotional unabhängig zu fühlen. Zugleich waren Frauen in der Öffentlichkeit sehr viel sichtbarer geworden. Die antifeministischen Tendenzen seit den 1990er Jahren dürften sehr ähnliche Motive haben.

Zu den Sympathisanten des Antifeminismus zählten meist diejenigen, die auch zu anderen reaktionären Ideologien tendierten, unter ihnen Hausfrauen, Ehefrauen und Mütter.[21] Ideologien, die versprachen, die weibliche und mütterliche Funktion in der Gesellschaft zu stärken, erhielten gerade auch von jenen Frauen Applaus, die eine Veränderung ihrer Rolle und ihres Aufgabenbereichs nicht als Entlastung und Freiheitsgewinn, sondern als Bedeutungsverlust erlebten. Ehefrauen verstanden sich nicht selten als Verliererinnen in einer Ökonomie, die immer stärker formale Ausbildungswege und Bildungspatente zur Voraussetzung gesellschaftlichen Erfolgs erklärte. Sich auf einmal den Gesetzen des Marktes unterwerfen zu müssen wurde gerade im bürgerlichen Lager als Zumutung empfunden. Frauen aus dieser gesellschaftlichen Schicht ummantelten ihre Ohnmacht mit einer »Scheinideologie« der Hausfraulichkeit und »Mütterlichkeit«, dem einzigen Terrain, das ihnen geblieben war und das sich nahtlos in die dreißiger, vierziger und fünfziger Jahre weitertragen ließ.

Sittenwächterinnen und Moralapostel

Einer der Vorwürfe heutiger junger Frauen gegen Frauenbewegte wie Alice Schwarzer lautet, sie seien sexualfeindlich und prüde. Ob das so stimmt, werden wir noch sehen. Eines ist jedoch klar: Frauenbewegung und Sittlichkeitsbewegung waren historisch eng verbunden. Die Debatten um Sexualität und Geschlecht gegen Ende des 19. Jahrhunderts konnten an der Frauenbewegung nicht spurlos vorübergehen. Feministinnen nahmen Stellung zu den Themen Homosexualität, Prostitution, Abtreibung, Geschlechtskrankheiten, Volksgesundheit, Eugenik. Aus heutiger Sicht sind tatsächlich die Ähnlichkeiten zwischen den Argumenten der Feministinnen damals und den Argumenten der »neuen« Frauenbewegung interessant. Als in der Zeit vor dem Ersten Weltkrieg der Mädchenhandel zunahm und die Zahl der Prostituierten im Reich sich von 100 000 auf 330 000 mehr als verdreifachte, schien es den Feministinnen an der Zeit, sich auf diesem Feld zu engagieren. Prostitution war damals zwar grundsätzlich strafbar, wurde aber unter Bedingungen, die der Staat vorgab, toleriert. Gerade bei jüngeren, noch nicht verheirateten Männern der Mittelschicht war der Bordellbesuch weit verbreitet, nicht zuletzt, da sie sich so ihrer Männlichkeit versicherten. Gleichzeitig mussten immer mehr Einwanderinnen, Dienstmädchen und unterbezahlte Arbeiterinnen ihr Geld mit Prostitution verdienen.

Die deutsche Anti-Prostitutions-Politik der Feministinnen orientierte sich an der schon seit 1875 in den USA operierenden »International Abolitionistic Federation«. Der Begriff »Abolitionismus« (abgeleitet vom englischen Wort »abolish«, also »abschaffen«) war ursprünglich auf den Sklavenhandel bezogen und wurde nun unter der Maßgabe eingedeutscht, dass es sich bei Prostitution ebenfalls um eine Art Sklaverei handele, um eine Einrichtung, die Tausende von Frauenleben opfere, die Frau zur Sklavin des Lasters mache und die Grundlage aller Ordnung und Sittlichkeit, die Achtung vor dem Gesetz und vor der Frau untergrabe. Diese Argumentation könnte auch aus dem Munde Alice Schwarzers kommen, ist aber schon über hundert Jahre alt. Urheber war in diesem Fall der »Deutsche Kulturbund«, der 1880 in Schlesien gegründet worden war. Er kritisierte die Doppelmoral der bürgerlichen Gesellschaft, die zwar Huren kriminalisiere, die Freier hingegen unbehelligt lasse. Der Sittlichkeitskampf ging jedoch über das Engagement gegen Prostitution hinaus. Zehn Jahre später wurde der »Verein Jugendschutz« gegründet, der, laut Satzung, die Jugend vor Leichtsinn, Laster und Grausamkeit und die Familie als Grundlage des Staates vor Unsittlichkeit schützen wollte. Heime, Arbeitsvermittlungsstellen und eine Rechtsberatung für alleinstehende Mädchen wurden eingerichtet. Die Aktivisten forderten »Hygiene-Unterricht« an Schulen und beim Militär, die Zensur pornographischer Schriften, die Überwachung von Lokalen und Freizeitveranstaltungen, ein Alkoholverbot für Jugendliche und die Anzeigepflicht von Geschlechtskrankheiten bei der Polizei. Im Jahr 1895 übernahm der BDF diese Forderungen.

Ziel der feministischen Sittlichkeitskämpferinnen war letztlich, das Leben in der bürgerlichen Kernfamilie als allein glücklich machendes Ideal für die ganze Gesellschaft zu erhalten. Nur innerhalb der Familie könnten Staat und Nation gesunden, deshalb sollten alle sozialen Kreise, auch die riesige Mehrheit der damaligen Arbeiterschicht, auf den bürgerlichen Pfad der Tugend geführt werden. Die Frauen glaubten, durch Keuschheitserziehung – kein Sex vor der Ehe – und die Tugend der Selbstbeherrschung könnten soziale Verwerfungen in der Gesellschaft kuriert und damit das Volkswohl gesteigert werden. Im Fadenkreuz der Feministinnen standen die »Entwurzelung« und »Entfremdung« vor allem der unteren Schichten in den Großstädten, Phänomene, die ihrer Meinung nach zwangsläufig in sozialer Verwahrlosung, Alkoholismus, Kindervernachlässigung sowie Geschlechtskrankheiten mit verheerenden Folgen für die Volksgesundheit und eben Prostitution endeten.

Dass es zu diesen einflussreichen Gruppen auch Gegenstimmen gab, machte die feministische Szene im frühen 20. Jahrhundert so bunt und spannend. Auf der anderen Seite des Meinungsspektrums innerhalb der organisierten Frauenbewegung, wobei es auch hier zu Überschneidungen bei Mitgliedern und Führungspersonen kam, stand der »Bund für Mutterschutz und Sexualreform« mit seiner Vordenkerin Helene Stöcker. Die Tochter eines Textilfabrikanten aus Elberfeld, geboren 1869, studierte Philosophie, Literatur und Nationalökonomie und promovierte 1901 mit einem kunsthistorischen Thema. Sie forderte die »freie Liebe« und lebte sie auch selbst. Nach dem Tod ihres Lebensgefährten im Jahr 1931 und der Machtübernahme der Nationalsozialisten 1933 emigrierte sie über die Schweiz, England und Schweden in die USA. Stöcker zählte zum radikalen Flügel der Frauenbewegung, aber vertrat gleichzeitig ein Differenzmodell mit der Aufforderung: »Werde, die du bist«. Frauen sollten ihre inhärenten Kräfte entwickeln, mutig zu sich selbst, zu ihrer »weibmenschlichen Natur« stehen, sich eigene Gesetze geben und sich so »vom Banne der asketischen Moral« und der »männlichen Weltanschauung« befreien. Die Nietzsche-Bewunderin plädierte für eine Umdeutung der Werte, wenn sie die überlegene Muskelkraft und den hoch angesehenen männlichen Intellekt relativierte und dagegen die weibliche Sensibilität stellte, die »zum Heil der Menschheit ebenso notwendig [sei] wie Muskelkraft oder Denkklarheit«.[22] Ihr Ideal war das alte bürgerliche Konzept der wechselseitigen Ergänzung der Geschlechter. »Den Intellekt vom Empfindungsleben oder Trieb absondern – wäre uns niedrig, verächtlich, unmoralisch.«[23]

Nicht die Überwindung der Gefühle mithilfe der Vernunft sei das Ziel, sondern eine Versöhnung von Leidenschaft und Verstand. Ihr Differenzdenken war nicht rückschrittlich, denn sie war von der gegenseitigen Ergänzung auf Augenhöhe überzeugt. »Empfindet man wirklich nicht, wie ›pervers‹ das ist, dass der Mann sich gewissermaßen auch in der Liebe die Frau nur als sich ihm opfern, seiner Lust sich opfernd vorzustellen mag? ... Eine Frau, die ihn nimmt, aus demselben Grunde, wie er sie nimmt: um der Liebe willen – das vermag sich sein Gehirn, in dem alles, alles auf dieser Welt um seinetwillen da ist, noch nicht vorzustellen«, schrieb Helene Stöcker im Jahr 1908.[24]

Das führte sie und ihre Mitstreiter und Mitstreiterinnen beim »Bund für Mutterschutz« zur Formulierung einer »Neuen Ethik«, eine, wie die Politikwissenschaftlerin Holland-Cunz meint, »fast zeitgenössisch anmutende Verbindung von feministischen Forderungen nach ökonomischer Unabhängigkeit, politischer Partizipation und dem ›Selbstbestimmungsrecht der Frau über ihren Körper und ihre Sexualität‹«.[25] Zu den Forderungen gehörten die Liberalisierung des Scheidungs- und Abtreibungsrechts sowie der Sittlichkeitsnormen, die Legalisierung von Verhütungsmitteln und außerehelichem Sex, eine staatliche Mutterversicherung, damit junge Frauen nicht gezwungen wären, wegen eines Kindes einen ungeliebten Mann zu heiraten, aber auch die Entkriminalisierung der damals noch unter Strafe stehenden Homosexualität. Die Mütterlichkeit stand dabei im Zentrum der Überlegungen, und zwar auf zweierlei Weise: Einerseits betonten die Mitglieder des Bunds die »geistige« Mütterlichkeit als Argument für eine gleichberechtigte Beteiligung der Frauen bei der Gestaltung der Gesellschaft; andererseits feierten sie die reale Mütterlichkeit und forderten die Besserstellung unverheirateter Mütter im Interesse des gesunden Fortbestands der Nation. Stöcker kämpfte für die freie Liebe und gegen Prostitution, weil diese nicht auf der Grundlage zweier gleichberechtigter Partner stattfände. In zeittypischer Diktion glaubte sie, dass nur die freiwillige und gleichberechtigte Sexualität die »Hochpflanzung«, also die genetische und moralische Verbesserung des Volkes, sicherstellen könne.

Der Schutz der Frauen wurde damals also auch als Schutz der Volksgesundheit und Teil einer aggressiven Bevölkerungspolitik instrumentalisiert. Auch der Sozialistenführer August Bebel stimmte dem zu. Er behauptete in seinem berühmten Buch »Die Frau und der Sozialismus«, der weibliche Organismus bedürfe besonderer Pflege, guter Ernährung und Ruhepausen und werde durch Arbeit in der Industrie geschädigt. Er machte die Frauenerwerbstätigkeit dafür verantwortlich, dass sich Ehe und Familie auflösten und Unsittlichkeit, Unmoral und »Degeneration« grassierten. Der »Mutterschützer« hielt die Fabrik für einen »Hort des Lasters«. Sexuelle Gefahren drohten allerorten: Den hohen Temperaturen in Zuckerraffinerien und Gerbereien wurde eine sexuell erregende Wirkung zugeschrieben. Insbesondere junge Arbeiterinnen galten als »Widerstandslose«, die schnell »Opfer der Verführung werden konnten.«[26] Die Vorstellung, dass die weibliche Moral durch Reize und Genüsse wie Kaffee, Tee, Tabak oder Zucker bedroht sei, war damals weit verbreitet. Gegen diese vermeintlichen Gefahren half neben der liebevoll-autoritären Einmischung von »Vater Staat«, die mütterliche Sorge der Frauenbewegung und ihrer Sympathisanten in der Sittlichkeitsbewegung. Das waren keineswegs nur die Konservativen und die Kirchen. Im Kampf gegen »Schmutz und Schund«, gegen Trivialliteratur,

Pornographie, Zeitschriften, Filme, Tanzbars, Alkohol und Kaffee standen Feministinnen, Pfarrer, Ärzte, Arbeiterführer und Lehrer Seit an Seit. Diese Tradition, werde ich später zeigen, scheint sich in der »neuen« Frauenbewegung der siebziger Jahre, vor allem in der von Alice Schwarzer geprägten, erhalten zu haben.

Historikerinnen vermuten heute, dass in der wilhelminischen Gesellschaft die Integration der Frauen nur auf der Basis des polaren Geschlechtermodells möglich war. Nur so konnten Frauen auf Zustimmung und Partizipationschancen zählen. Ute Planert meint sogar, dass diese Rechnung bis heute aufzugehen scheint, denn nach wie vor werden die Aufgaben in Politik, Gesellschaft, Wirtschaft und Verwaltung auf der Grundlage der bürgerlichen Geschlechterordnung und der separaten Sphären vergeben – die Frau bekommt als Ministerin in der Regel das Ressort Familie oder Gesundheit, eine ökonomische Führungsaufgabe meist nur als Personalentwicklerin, den schönen Job beim Fernsehen vor allem als Moderatorin und nur in ganz heiklen Momenten, wenn sich eine Partei mit Spendenaffären und dergleichen an den Abgrund manövriert hat, darf sie als Parteivorsitzende mit dem Image einer strengen »Mutti« die Trümmer des männlichen Vorgängers wieder aufräumen. So hat sich die bürgerliche Vorstellung des versöhnenden, sozial kompetenten, familialen Frauenwesens aus dem 19. Jahrhundert bis in die heutige Zeit als Voraussetzung weiblicher Teilhabe und als eine Geschäftsgrundlage des Feminismus erhalten.

Die Kinderfrage

Aus heutiger Sicht irritiert uns die große Uneinigkeit der Frauen untereinander. Feministinnen schreckten damals vor keinem Mittel zurück, um sich gegenseitig zu diskreditieren. Die Politologin Holland-Cunz hält das für subtilen weiblichen Selbsthass, Frauen hätten ein Übermaß an negativen Emotionen entwickelt, weil sie die gesellschaftliche Abwertung der Frauen von der patriarchalen Mehrheit übernommen und verinnerlicht hätten. Ich bin nicht dieser Meinung. Schon damals gab es keine einheitliche Frauenfrage, wie auch die getrennten Wege der Arbeiterinnen und der Bürgerinnen zeigen. Die Aktivistinnen der proletarischen Frauenbewegung hatten nicht nur andere historische Erfahrungen und andere materielle Interessen als die Frauen im Bürgertum, sie waren vor allem nicht so leicht von den Differenzen der Geschlechter zu überzeugen, weil sie Schulter an Schulter mit Männern in den Fabriken arbeiteten. Die Ideologie der getrennten Sphären hatte für sie keinen realen Bezug, und die natürliche Überlegenheit des Mannes als Ernährer erschloss sich ihnen auch nicht unmittelbar. Da sie schlichtweg arbeiten gehen mussten, hatte die proletarische Frauenbewegung deshalb von Anfang an eine andere Stoßrichtung, nämlich die Entlastung der Frauen von der Familienarbeit. Damals war es noch keine Option, die Erziehungsaufgabe zu teilen, viel näher lag es, sie zu vergesellschaften. Deshalb forderten Aktivisten wie Lily Braun, August Bebel und Clara Zetkin auch unisono öffentliche Betreuungsmöglichkeiten. Statt wegen der zunehmenden Erwerbstätigkeit den Untergang der Familie zu beschwören, sei es zweckmäßiger, den Prozess der Neuorientierung bei den Geschlechterrollen bewusst und aktiv zu gestalten – ein Gedanke, der in sozialistischen Ländern später zumindest ansatzweise verwirklicht werden und der auch anderswo während der Studentenrevolte kurzzeitig wieder eine wichtige Rolle spielen sollte.

Lily Braun glaubte, nicht alle Frauen seien gleichermaßen geeignet für die Mutterrolle, deshalb wäre es klüger, die Kinderbetreuung gleich den Frauen zu übertragen, die dafür ausgebildet waren. Clara Zetkin ging sogar noch weiter und sagte, es sei nicht einzusehen, dass »jede Gans« glaube, Kinder erziehen zu können. Die Fähigkeit zum erzieherischen Beruf sei nicht eine Frage des Geschlechts, sondern eine Frage des individuellen Talents. Deshalb seien Frauen nur für die Zeit der Schwangerschaft und des Säuglingsalters zuständig. Mit dieser Überzeugung standen die proletarischen Feministinnen im späten 19. und frühen 20. Jahrhundert übrigens gar nicht so allein da. Auch viele Pädagogen und Kinderärzte waren dieser Meinung. Angesichts der Errungenschaften der expertengeleiteten Säuglingspflege und Kindererziehung, vor allem bei der Säuglings- und Kleinkindsterblichkeit, schien es durchaus sinnvoll, das wichtige Geschäft nicht den (ungebildeten) Müttern zu überlassen, sondern in die Hand von Experten zu legen.

Arbeiterinnen und Bürgerinnen waren auch uneinig, mit welchen Strategien sie ihre Ziele durchsetzen sollten. Wo sich der bürgerliche Mainstream frühzeitig auf autonome Organisationsformen, also reine Frauenverbände, konzentrierte, schon um sich ein eigenes Wirkungsfeld zu sichern, setzten die Arbeiterinnen auf den gemeinsamen Kampf mit den Männern. Nicht ohne Grund war August Bebel einer der profiliertesten Feministen seiner Zeit. In seinem massenhaft verkauften Buch »Die Frau und der Sozialismus« aus dem Jahr 1879 erklärte er die Frauenfrage zu einem Problem der Besitzverhältnisse, sie könne nicht von den materiellen Lebensbedingungen entkoppelt werden. Sämtliche Unterschiede zwischen den Geschlechtern seien Folge der unterschiedlichen Umweltbedingungen, unter denen Frauen und Männer lebten. Da war es folgerichtig, bei der Erziehung der Kinder anzusetzen. Auch die Teilhabe am Arbeitsprozess zur Hebung der materiellen Lebensbedingungen war aus der Sicht der sozialistischen Frauenbewegung unabdingbar. Wobei die Arbeit weiterhin unterschiedlich verteilt werden sollte. Fabrikarbeit hielt Bebel, wie wir gehört haben, für den Frauenkörper für ungeeignet, ihm schwebten als Frauenberufe Erzieherin, Lehrerin und Pfarrerin vor. Einen Schritt weiter war Clara Zetkin, die Frauen grundsätzlich »vom Kochtopf befreien« wollte. Sie ging mit ihren bürgerlichen Geschlechtsgenossinnen hart ins Gericht: Sie müssten erst einmal mit ihrem Hirn und Empfinden dem Dunstkreis ihres heimischen Herdes entkommen, damit sie klar denken lernten. Solange sie sich auf ihre Häuslichkeit konzentrierten, blieben sie engherzig und egoistisch, ihr gesellschaftliches Empfinden passe gerade mal in einen Fingerhut.

Solche verbalen Ausfälle sind es, die im feministischen »Schwestern«-verständnis der frühen siebziger Jahre nicht gut ankamen und einen Anlass mehr boten, über die Frauenbewegung im 19. und frühen 20. Jahrhundert hinwegzugehen. Allerdings lag die Sehnsucht nach einer Frauen-Einheitsbewegung immer schon außerhalb des Möglichen. Bereits die klassische Moderne war geprägt von allen möglichen intellektuellen Moden. Es war eine Zeit, in der viele Menschen heute nicht wussten, welche Meinung sie morgen vertreten würden. Es bildeten sich vielfältigste Lebensstile heraus, die scheinbar unvereinbar nebeneinander her existierten. Die städtische Boheme und die gewachsenen ländlichen Milieus, die Künstler und Dandys, die Völkischen und die Antisemiten, die Königstreuen und die Nationalisten, die Lebensreformer, die »Wandervögel« und die bürgerlichen »Philister« sorgten für Pluralismus in einer Gesellschaft, die sich über den Wert von Pluralismus noch gar nicht einig war. Unter solchen Voraussetzungen eine einheitliche und harmonische Frauenbewegung zu fordern war damals wirklichkeitsfremd und ist es noch heute.

Der Konflikt der Generationen

Zur Vielfalt der »alten« Frauenbewegung gehörte schlussendlich auch der Generationenkonflikt. Eine unerfreuliche Angelegenheit für Pionierinnen und selbsternannte Symbolfiguren, doch für die Sache durchaus belebend. Nach der Einführung des Frauenwahlrechts im Jahr 1918 schienen die alten Kämpfe ausgefochten, die nun auch für Frauen geöffneten Universitäten versprachen den Aufstieg durch Bildung. Persönliche Emanzipation und Frauenbewegung fielen auseinander: Auch Frauen, die gegen das Frauenstimmrecht gewesen waren, machten von ihrem Recht zu wählen jetzt selbstverständlich Gebrauch, die Frauenerwerbstätigkeit wuchs ohne kämpferisches Zutun, und es gab eine feminine Subkultur etwa in der künstlerischen und literarischen Szene, die sich nicht auf Frauenrechte berief.[27] Jüngere Frauen traten oft lieber einer spezifischen Lobby-, Partei- oder Interessensgruppe bei als einer Frauengruppe. Die Bewegung litt – wie heute – unter Überalterung, was in einer Zeit, in der Jugend zum kulturellen und politischen Katalysator erklärt wurde, besonders schmerzhaft war. Die Jugend galt nun eher als Gemeinschaft stiftender Faktor als das Geschlecht. Und, auch dies eine Parallele zu heute: Die älteren Feministinnen ärgerten sich über die jüngeren Frauen furchtbar. Gertrud Bäumer, die Vorsitzende des BDF vor dem Ersten Weltkrieg, sprach im Zusammenhang mit der Jugendbewegung von »Undisziplin«, »Arbeits- und Gedankenscheu« und »Phrasentum«, einer Alice Schwarzer, die den Jüngeren heute »Wellness-Feminismus« vorwirft, nicht unähnlich. Eine 22-jährige Theologiestudentin beklagte wiederum, die Frauenbewegung sei für die Jüngeren »zu eng«, junge Frauen suchten den Sinn des Lebens in übergeordneten Themen und fühlten sich in der »Kameradschaft« mit Männern wohler. Der Studentinnenbund bemerkte, dass die meisten Studentinnen ein »Zerrbild« des Feminismus pflegten, das sie von ihren Eltern und Lehrern übernommen hätten – wie heute. Für junge Frauen sei es geradezu kompromittierend, wenn sie sich zu feministischen Themen äußerten. Und – der historischen Parallelen nicht genug – junge Frauen fanden, es sei nun Zeit, mit den Männern und nicht mehr gegen die Männer zu operieren. Sie konnten auch mit den alten Konzepten des maternalistischen Feminismus nicht mehr viel anfangen, fühlten sich mit der Doppelbelastung aus Berufstätigkeit und Mütterlichkeit alleine gelassen.

Nichtsdestotrotz – oder gerade deswegen – wuchs die Zahl der unter dem Schirm des BDF versammelten Frauenorganisationen nach dem Ersten Weltkrieg auf eine Gesamtmitgliederzahl von einer Million an, wobei Mehrfachmitgliedschaften üblich waren. Der Zuwachs beruhte vor allem auf neuen Berufsorganisationen und Lobbygruppen und spiegelte die gewachsene öffentliche Rolle der Frauen in Kriegszeiten: Die organisierte Frauenbewegung hatte sich während der Kriegsjahre, wie in anderen Ländern auch, als zuverlässig patriotisch gezeigt und aus den internationalen feministischen Kooperationen zurückgezogen. Sie waren nun nicht mehr nur in der Sozialarbeit, im Erziehungssektor und in der Sittlichkeitsbewegung öffentlich sichtbar, sondern hatten sich in der Organisation »Nationaler Frauendienst« auch bei der Arbeitsplatzvermittlung, der Rationierung von Essen und Kohle und in höher qualifizierten Jobs in der Industrie an der »Heimatfront« bewährt. Das Hauptbetätigungsfeld war nun die kommunale Wohlfahrt.

Frauen aller Gesellschaftsschichten waren durch den Krieg unabhängiger geworden und wurden vom Staat für ihren Einsatz belohnt. Endlich hielten sie sich auch selbst der vollen Staatsbürgerrechte für würdig. Die Weimarer Verfassung kam diesem gesellschaftlichen Wandel allerdings kaum nach. Sie stellte die Gleichberechtigung von Frau und Mann zwar grundsätzlich fest, aber beharrte auf den »natürlichen« Unterschieden. Die von den Sozialdemokraten geforderte völlige Gleichstellung im Staatsbürgerrecht scheiterte knapp mit 119 zu 149 Stimmen. Die bürgerliche Familie galt weiterhin als Basis der Gesellschaft, das BGB mit all seinen diskriminierenden Regelungen in Sachen Besitz, Beschäftigung und Erziehungsrechte wurde nicht reformiert. Damit blieb auch die bürgerliche Geschlechterordnung als gesellschaftliche Norm unangetastet, was sich nicht zuletzt durch restriktive Maßnahmen gegen sogenannte Doppelverdienerinnen äußerte. Beamtinnen konnten, wenn sie heirateten, ohne Entschädigung entlassen werden, vor allem Lehrerinnen wurden in ein zölibatäres Leben gezwungen.

Trotzdem, unser Bild der modernen Frau ist von dieser Zeit nach dem Ersten Weltkrieg geprägt, als weltweit immer mehr Frauen im Dienstleistungssektor, aber auch in der expandierenden Industrie zu arbeiten begannen. Frauen galten als besonders geeignet und als besonders billig für die Arbeit am Fließband. In den großen Städten, wohin es die arbeitenden Frauen scharenweise zog, wurden die modernen Lebensstile zugleich sichtbarer und anonymer. Der Kontrast zwischen dem Anspruch auf einen individualistischen Lebenszuschnitt und der Wahrnehmung, zu einer großen Masse zu gehören, die von Massenmedien, Massenparteien und von Massenkultur geleitet werde, kennzeichnete die Gefühlslage vieler Menschen. Eine Avantgarde der Gesellschaft reagierte darauf mit verstärkter Selbstbespiegelung und Arbeit an der eigenen Transformation mit Hilfe von Sport, Tanz, Psychoanalyse, Psychologie, Spiritismus. Die Klassengrenzen schienen sich zu lockern, was die Arbeit am Körper, am Gesicht, an der Kleidung umso wichtiger machte, schon, um in der Anonymität der »Angestelltenkultur« für andere Menschen so schnell wie möglich erkennbar und taxierbar zu sein.

Das neue weibliche Selbstbewusstsein, aber auch die immer wichtiger werdende Konsumkultur veränderten das Äußere der Frau. Berühmt geworden sind der Bubikopf und der knielange »Charleston«-Rock. Es war aber auch die große Zeit von Kosmetikfirmen wie Beiersdorf und Mouson, die in ihren Werbeanzeigen das Bild der »neuen« Frau propagierten: mit Pflegeprodukten und vor allem mit dekorativer Kosmetik sollte sich eine jede zum modernen Leben bekennen. Dieser Trend blieb natürlich nicht unwidersprochen. Gleichzeitig mit dem Aufblühen der Kosmetikindustrie wurde gerade in Deutschland vor allzu viel Farbe im Gesicht, vor allzu viel Make-up gewarnt. Kosmetik wurde als unnatürlich, als überflüssige Luxusware und als Erkennungsmerkmal »leichter Mädchen« geschmäht. Die ambivalente Haltung zu Lippenstift und Puder verband ganz linke mit ganz rechten Kreisen. Sie war Teil des Weimarer Gesundheits- und Schönheitskults, der im Gegensatz zu heute nicht nur mit dem individuellen Glück und dem besseren Marktwert des schönen Menschen argumentierte, sondern auch mit der Volksgesundheit. Eine Umfrage unter der Leitung des Psychologen Erich Fromm im Jahr 1929 unter Arbeitern förderte folgende Meinung zutage: Ein frecher Bubikopf und kurze Röcke seien akzeptabel, denn mit dem Blick auf die Beine einer Frau könne sich der Mann schnell einen Eindruck von ihrer Gesundheit und ihrem reproduktiven Wert machen. Kosmetik hingegen verschleiere das wahre Gesicht einer Frau, sei Betrug. Lieber sollten Frauen gesund und bewusst leben, anstatt sich zu schminken. Die Befragten gingen sogar so weit, Schminke und Parfüm als undeutsch zu bezeichnen und eher den Südeuropäern, Juden und »primitiven« Völkern zuzuschreiben.[28]

Diese Sichtweise griffen später die Nationalsozialisten auf und kritisierten die Werbebranche für ihr »undeutsches« Bild der deutschen Frau. Die Fachzeitschrift »Die Reklame« beanstandete Werbekampagnen, die mit Filmstars und puppenartigen Frauen in koketter Haltung mit gezupften Augenbrauen und wohl geschwungenen Lippen für Produkte warben. Die deutsche Frau sei zwar gut gekämmt, aber nicht gemacht für Rasiermesser, Lippenstift und Puder.[29] Man beargwöhnte den »dekadenten« Einfluss Frankreichs und bezichtigte etwa die Firma Beiersdorf mit ihrem Produkt »Nivea« der jüdischen Unterwanderung. Sogar noch lange nach dem Krieg hatten deutsche Kosmetikhersteller mit Vorurteilen zu kämpfen. Während in den USA im Zweiten Weltkrieg der Lippenstift zu einem geradezu lebensnotwendigen Utensil für jede Frau wurde, galt die dekorative Kosmetik in Deutschland als Luxus und Gefahr für die Moral des »German Frolleins«. Mouson begann erst in den sechziger Jahren Lippenstift und Nagellack zu verkaufen, Beiersdorf wartete bis 1994 mit der Einführung einer dekorativen Nivea-Linie. Der natürliche Look der »neuen« Frauenbewegung, der sich in Deutschland besonders hartnäckig halten sollte, war also ebenfalls mit historischem Ballast befrachtet. Die Tatsache, dass sich der deutsche Siebzigerjahre-Feminismus international durch eine besonders humorlose Haltung gegenüber der weiblichen Selbstinszenierung ausgezeichnet hat, gibt da schon zu denken. Der Spruch einer Alice Schwarzer, die Emanzipiertheit einer Frau lasse sich an ihrer Absatzhöhe ablesen, ruft jedenfalls bei mir solche unbewussten Traditionen auf.

»Dein Körper gehört dir!«

Die Abtreibungsfrage wurde für die »neue« Frauenbewegung das identitätsstiftende Moment schlechthin. Auch dabei wurde allerdings übersehen, dass der Kampf gegen den Paragraphen 218 ebenfalls eine historische Erbschaft war. Die sexuelle Revolution um 1900 hatte all die Themen hoch gespült, die in den siebziger Jahren die Menschen wieder bewegen würden: Verhütung, Abtreibung, Homosexualität beziehungsweise Zwangsheterosexualität, freie Liebe. Verhütungsmittel standen schon im Kaiserreich zur Verfügung, allerdings waren sie nicht sicher und vor allem schwer zugänglich, denn ein »Unzuchtsparagraph« untersagte den Handel und öffentliche Reklame. Seit 1871 stellte der Paragraph 218 reichsweit außerdem den Schwangerschaftsabbruch unter Strafe, es drohten bis zu fünf Jahre Zuchthaus. Staat, Wirtschaft und Kirche zogen dabei an einem Strang, erstes Ziel war das Wachstum der Bevölkerung. Schätzungen gehen davon aus, dass im frühen 20. Jahrhundert fast die Hälfte aller Schwangerschaften nicht ausgetragen wurden, heute ist das Verhältnis in Deutschland etwa eins zu sechs. Abtreibung war eine Alltagserfahrung von Millionen von Frauen am eigenen Leibe oder im Bekanntenkreis. Es gab einen schwunghaften Versandhandel für »Mutterspritzen« und andere für den Abbruch geeignete Instrumente. Überall inserierten »weise Frauen« und »weise Männer«, häufig Hebammen, aber auch blutige Laien, und boten an, vermeintliche »Menstruationsbeschwerden« und »Blutstockungen« zu kurieren. Obwohl der Schwangerschaftsabbruch gerade im konservativen Berufsstand der Gynäkologen oft ein Tabu war, entbrannte ein Konkurrenzverhältnis zwischen den sogenannten Engelmacherinnen und Engelmachern und den professionellen Frauenärzten. Horrormärchen von Kurpfuscherinnen und unhygienischen Zuständen machten die Runde, was nicht nur der moralischen Abschreckung, sondern auch dem Konkurrenzschutz der Ärzte diente.

Die neuere Forschung hat herausgefunden, dass die meisten Frauen damals lieber zu Laienbehandlerinnen gingen als zum Gynäkologen. Die Frauen, die oft dem eigenen Milieu entstammten, hatten den Ruf, nicht nur billiger, sondern auch behutsamer zu sein als die männlichen Ärzte, unter denen es immer wieder Vertreter gab, die zur künftigen Abschreckung besonders ruppig vorgingen oder gar bei der Gelegenheit aus eugenischen Gründen die Frauen ohne ihr Wissen und ihr Einverständnis sterilisierten.[30] Arme Frauen, die sich keine Abtreibung leisten konnten, versuchten häufig selbst, einen Abgang auszulösen, oder hatten einen Liebhaber, der sich kundig machte und die Abtreibung vornahm.

Weil die gesundheitlichen Risiken unter solchen Umständen immens waren, hatten vereinzelt Frauenrechtlerinnen schon im Kaiserreich für die Abschaffung des Abtreibungsparagraphen plädiert. Nach dem Ersten Weltkrieg verschärfte sich der Streit. Angesichts der hohen Sterberate der Frauen begannen im Parlament heftige Debatten. Das Spektrum der Vorschläge reichte von der Milderung der Strafen, über eine Fristenlösung bis hin zur ersatzlosen Streichung des Verbots. 1920 stellte sich die SPD hinter die Frauen, die für eine Freigabe waren. Es kam zu Massenprotesten und Massenkundgebungen wider den »Gebärzwang« in allen deutschen Städten. Ohne Erfolg. Jedoch wurde sechs Jahre später immerhin das Strafrecht geändert: Abzutreiben war nun kein Verbrechen mehr, sondern ein Vergehen, und es drohte nicht mehr Zuchthaus, sondern Gefängnis, außerdem wurde die medizinische Indikation anerkannt.

Aber nach wie vor starben ungefähr 1,25 Prozent der Frauen bei illegalen Eingriffen, das konnten jährlich um die 10 000 Frauen sein, und über sechs Prozent erlitten bleibende Schäden. Im Jahr 1929 verbreiterte sich die gesellschaftliche Basis, die für eine Freigabe der Abtreibung eintrat: Auch in Kunst und Literatur wurde das Thema verarbeitet, unter anderen von Käthe Kollwitz, Alfred Döblin und Kurt Tucholsky. An den Debatten beteiligten sich alle gesellschaftlichen Kräfte und natürlich der Papst. Mit einer Enzyklika »Casti Connubii« aus dem Jahr 1930 beschwor Pius XI. die heilige Pflicht zur Prokreation auch im Sinne der Vermehrung der Christenheit. Gleichzeitig unterstrich er die Unterordnung der Frau – sie sei das Herz, der Mann das Haupt der Familie, sie habe den Vorrang der Liebe, er das Vorrecht der Leitung – und das absolute Verbot von Verhütungsmitteln: »Jeder Gebrauch der Ehe, bei dessen Vollzug der Akt durch die Willkür der Menschen seiner natürlichen Kraft zur Weckung neuen Lebens beraubt wird, verstößt gegen das Gesetz Gottes und der Natur, und die solches tun, beflecken ihr Gewissen mit schwerer Schuld.«

Auf dem Höhepunkt des Kampfes tauchte die uns sehr heutig vorkommende Parole »Dein Körper gehört dir!« auf, unter der sich die Massen zusammenfanden, zum Beispiel bei der Rede im Berliner Sportpalast am 15. April 1931 mit bis zu 100 000 Teilnehmenden. Wie wir sehen also eine alte Idee, die Anfang der siebziger Jahre in verschiedenen Ländern fast im Wortlaut (»Mein Bauch gehört mir!«) wieder aufgegriffen werden sollte, unter anderen von Alice Schwarzer. Der Kampf um das Recht auf Schwangerschaftsabbruch zeitigte übrigens auch in der Weimarer Republik schon ähnliche Kollateralschäden in der Ärzteschaft wie im Jahr 1988, als ein Memminger Frauenarzt wegen illegaler Abtreibungen vor Gericht gestellt wurde. Im Jahr 1932 mussten die Ärzte Friedrich Wolf und Else Kienle, die eine kostenlose Sexualberatungsstelle leiteten, ins Gefängnis. In die empörten Proteste mischte sich auch Albert Einstein ein mit der Forderung, alle bürgerlichen Frauen sollten sich für die Legalisierung des Schwangerschaftsabbruchs stark machen.

Bis hierhin scheint deutlich zu werden, dass die neue Frauenbewegung nach 1968 die meisten ihrer Themen aus dem bürgerlichen Zeitalter geerbt hat. Die große Klammer zwischen der »ersten« und der »zweiten« Frauenbewegung war die bürgerliche Geschlechterordnung: die Aufteilung der Welt in eine weibliche und eine männliche Sphäre mit all ihren Konsequenzen. Die feministischen Antworten darauf lauteten: Der Verstand hat kein Geschlecht, und: Die Geschlechter sollen sich gegenseitig ergänzen. Die eine Position führte zu einer normativen Gleichheitsidee, die andere zu einer normativen Differenzidee. Das Differenzkonzept war historisch jedoch das erfolgreichere. Die bürgerlichen Frauen erkannten, dass sie gegen das kraftvolle Argument der Wesensverschiedenheit von Frau und Mann keine Chance hatten. Anstatt dagegen anzurennen, entschieden sich die meisten dafür, es zu nutzen. Sie wussten sich dadurch zu helfen, dass sie die ihnen zugesprochenen Charaktereigenschaften zu Ressourcen erklärten. Sie machten aus dem angeblich weiblichen Geschlechtscharakter ganz praktisch ein Feld zur Selbstverwirklichung und Beschäftigung und entwarfen nebenher die Vision einer Gesellschaft, die nach anderen Regeln als den patriarchalen funktioniere. So wenig fortschrittlich uns heute manche Ansätze des historischen Feminismus erscheinen mögen, so historisch berechtigt und zielführend war er. Und noch etwas erscheint mir bemerkenswert: Der historische Feminismus arbeitete nicht gegen die Frauen, sondern mit ihnen. Er machte die angeblichen Schwächen zu Stärken.

Die zweite Lektion aus der Geschichte ist die Pluralität und Internationalität der feministischen »Großmütter«. Vor 1933 schipperte die deutsche Frauenbewegung mitten im internationalen Gewässer. Sie galt im weltweiten Vergleich als Avantgarde. Sie schickte ihre Vertreterinnen innerhalb Europas umher und über den Atlantik hinweg zum Erfahrungsaustausch. Von den Amerikanerinnen konnten die Deutschen lernen, wie Wohlfahrt ohne große staatliche Hilfe aussah und welche Vorteile die Unabhängigkeit vom Staat brachte. Von den Deutschen lernten die Amerikanerinnen im Gegenzug, wie eine größere staatliche Verankerung ihrer Arbeit aussähe. Manche deutsche Feministin wurde durch ihr Engagement in den weltweit vernetzten

Frauenorganisationen zur überzeugten Internationalistin. Alice Salomon verteilte bei einem Frauenkongress Porträtkarten von sich mit der Widmung: »Wo ich nütze, ist mein Vaterland«. Ihr persönlich, und nicht nur ihr, haben die Verbindungen ins Ausland das Leben gerettet, als die Nationalsozialisten das Ruder in Deutschland übernahmen.

Es hat keinen Sinn, die heutige nachrangige Rolle des deutschen Feminismus im internationalen Diskurs zu betrauern. Was die Pluralität der Ideen und Ansätze anbelangt, ist jedoch ein großer Verlust zu beklagen. Um 1900 war die Frauenbewegung entlang der Klassen-, Religions- und Generationengrenzen differenziert, sie beteiligte sich an verschiedenen theoretischen Debatten und Lebensstilmoden, sie war eindeutig zeitgemäß. Trotz aller Widersprüche und inneren Kämpfe war es ihre produktivste und erfolgreichste Phase, denn sie beendete, wie in den meisten industrialisierten Ländern, den staatsbürgerlichen Ausschluss der Frauen. Historisch betrachtet war dies, neben den Erfolgen bei der Bildung, die Voraussetzung aller weiteren Reformen. Darüber hinaus brachte die Frauenbewegung zu dieser Zeit Ideen und Methoden in Umlauf, die in den siebziger Jahren nur wieder aufgegriffen werden mussten, siehe Abtreibungskampf. Manches Motiv der heutigen feministischen Bewegung wirkt daneben blass, wie ein ausgeblichenes Treibgut aus einer anderen Zeit.

Kapitel 3
Mann über Bord

Feminismus im Nationalsozialismus

Die Geschichtsvergessenheit der »neuen« Frauenbewegung hängt natürlich mit der deutschen Geschichte zusammen. Es ist ein schönes Gedankenspiel sich zu überlegen, welche großen Feministinnen Deutschland hätte hervorbringen können, wenn es die Zeit des Nationalsozialismus nicht gegeben hätte. Doch die Wirklichkeit sieht anders aus: Nicht nur hat die braune Bewegung ideologisch das Rad für Frauen zurückgedreht, auch die Frauen, selbst solche, die sich Feministinnen nannten, haben sich die Finger schmutzig gemacht. So ist es kein Wunder, dass die Generation Schwarzer den Blick zurück auf die Vorgängerinnen zunächst um jeden Preis vermeiden wollte.

Die Frauenbewegung hatte jedoch schon zwischen dem Ersten Weltkrieg und den Jahren nach 1945 zu kämpfen. Nachdem mit dem aktiven und passiven Wahlrecht in vielen Ländern ein Hauptziel der Frauenbewegung erreicht worden war, verlangsamte sich das Momentum. Der Generationenwechsel trug ein Übriges bei. Es folgten Wirtschaftskrisen, die Zeit des Faschismus und des Nationalsozialismus, der Zweite Weltkrieg und die Wiederaufbaujahre.

Über die Rolle der Frauenbewegung und der Frauen allgemein beim Aufstieg des Nationalsozialismus und im »Dritten Reich« ist in Deutschland lange nicht gesprochen worden.

Fühlten sich die Deutschen generell nach dem Krieg zunächst als Opfer der Nazis und der Kriegshandlungen, so lag diese Deutung für Frauen besonders nahe, schließlich konnten sie sich auf ihre politische und militärische Ohnmacht berufen. Der Nationalsozialismus galt als männerbündisch, als Apotheose männlicher Gewalt. Es war leicht, entsprechende ideologische Verlautbarungen zu finden und zur eigenen Entlastung zu benutzen. Der politische Raum gehörte nun einmal den Männern, und die Nationalsozialisten sahen vorderhand keine Veranlassung, daran etwas zu ändern. Bei den wenigen Haupttäterinnen, etwa den notorischen KZ-Aufseherinnen, handelte es sich in der öffentlichen Meinung um Irrläuferinnen, die des Attributs Frau nicht wert waren. Das Bild der »unpolitischen Frau, der leidenden Frau, der heilen Frau«, wie es die Schweizer Historikerin Regina Wecker ausdrückt, wurde in der Nachkriegszeit als moralischer Freibrief instrumentalisiert.[1]

Der »Opfer«-Feminismus trug sein Scherflein dazu bei. Erst in den achtziger Jahren entbrannte ein Historikerinnenstreit darüber, ob Frauen im Nationalsozialismus in erster Linie selbst Opfer hätten bringen müssen oder ob sich Frauen als Mütter, Mütterberaterinnen, Ärztinnen, Ehefrauen von KZ-Aufsehern, als Parteigängerinnen Hitlers, als Kolonialistinnen in den besetzten Gebieten, als Kämpferinnen und Gefährtinnen an der »Heimatfront« sehr wohl auch selbst schuldig gemacht hätten. Die Debatte ist entschieden, mit dem wenig überraschenden Ergebnis, dass sich Frauen innerhalb ihrer weiblich zugewiesenen Sphäre im Nationalsozialismus genauso verhielten wie die Männer in ihrer ihnen zugeordneten Sphäre. Frauen waren natürlich keine »besseren Menschen«.[2] Sie standen in der großen »Volksfamilie« an der

Stelle der Mutter und nutzten diese Position, um ihre Handlungsspielräume zu vergrößern.

Frauen glaubten, dass es ihre Pflicht sei, alles zu tun, um den Eroberungskrieg zu ermöglichen. Sie waren stolz auf ihre Soldaten und verliebten sich in Kriegshelden. Sie sahen Deportationen von Juden, Häftlinge in Konzentrationslagern, Zwangsarbeiter und Kriegsgefangene. Sie halfen durch Rationierung, sparsame Haushaltsführung, Arbeit in der Fabrik und vieles mehr beim Kriegführen. Frauen profitierten vom »rassisch« bereinigten Arbeitsmarkt, Frauen nutzten die Chance, mit Zwangsarbeitern die Familienbetriebe am Laufen zu halten, Frauen ließen sich Pflichtjahrmädel zuweisen, die im Haushalt und bei der Kinderbetreuung halfen, Frauen bezogen »entjudeten« Wohnraum und bereicherten sich an fremdem Eigentum. Aber auch im engeren Sinne halfen sie der Armee: Circa 500 000 Frauen waren an der Front in verschiedenen Bereichen tätig, ein Drittel von ihnen verpflichtet, zwei Drittel freiwillig. Und sie beteiligten sich in der Rolle von Ärztinnen und Sozialfürsorgerinnen am Rassenkrieg.

Schon in der Kaiserzeit und Weimarer Republik waren Frauen in imperialistischen Frauenverbänden organisiert gewesen, wo sie ihre eigene Position in Deutschland kompensieren konnten, indem sie zu Täterinnen gegenüber den Einheimischen in anderen Ländern wurden. Frauen »erlagen« auch nicht nur den Versprechen und Verlockungen einer Aufwertung ihrer mütterlichen Rolle im Nationalsozialismus, sie hatten ihren Anteil daran. Sie waren, genauso wie Männer, überzeugt von dem geschichtlichen Auftrag der deutschen Nation, von der Höherstellung der »arischen Rasse«, von der Bedeutung der »Volksgesundheit« und sahen sich bemüßigt, ihren »weiblichen« Beitrag dazu zu leisten. Die Rechnung, die der Zivilbevölkerung in Deutschland für diesen Irrglauben präsentiert wurde, bezog sie dann auch in großem Stil mit ein. Über zwei Millionen Zivilisten, darunter vor allem Frauen, Kinder und Alte, starben im Zweiten Weltkrieg (5,3 Millionen deutsche Soldaten starben an der Front). Davon fielen 600 000 den Bombenangriffen zum Opfer, und zahlreiche Frauen verloren bei der Vertreibung und durch Übergriffe von Militärangehörigen ihre körperliche Unversehrtheit oder ihr Leben.

Erst in jüngster Zeit ist uns bewusst geworden, wie selbstverständlich nicht nur im deutschen, sondern im westlichen Denken allgemein die Idee der Euthanasie erbkranken Nachwuchses, der Zwangssterilisation von sogenannten Geisteskranken, die Grundidee einer Menschenökonomie und notwendigen Aufbesserung des »Volkskörpers« war, schon lange vor 1933 und auch noch nach 1945. Da bildeten Feministinnen, Sozialistinnen, Jüdinnen keine Ausnahme. Ein Beispiel ist die berühmte Frauenrechtlerin Henriette Fürth, geboren 1861 in Gießen, gestorben 1938 in Bad Ems. Fürth vertrat wie so viele Zeitgenossen den Standpunkt, dass durch sozialpolitische Steuerung die »Aufzucht der organisch Gesunden« befördert werden könne. Sie unterschied zwischen lebenstauglichen und lebensuntauglichen Kindern, erstere seien es wert, »hinaufgepflegt« zu werden, letztere sollten am besten gar nicht erst gezeugt werden. Sie seien »überschüssig«, eine Investition in sie »Kraftverschwendung«. Die Verhütung der Geburt von Lebensuntauglichen stellte sich die sozialdemokratische Feministin folgendermaßen vor: entweder durch Verhütungsmittel – zu dieser Zeit arbeiteten Forscher bereits an der Entwicklung einer hormonellen Antibabypille – oder eben durch systematische »Unfruchtbarmachung«. Darin sah Fürth ein »notwendiges und rassenbiologisch heilsames Vorgehen«. Schließlich hätten Geisteskranke, moralisch Irre und andere Minderwertige ebenso wenig ein Recht, Kinder zu zeugen, wie sie ein Recht hätten, Feuer zu legen. Selbst vor Schwangerschaftsabbrüchen dürfe man nicht zurückschrecken, nicht nur bei gesundheitlicher, sondern auch bei sozialer Indikation. Denn die zuviel geborenen Kinder, die ohnehin im ersten Lebensjahr wegstürben, nähmen den anderen nur Licht und Luft weg. Fürth befürwortete die Einführung von Gesundheitszeugnissen und ökonomischen Anreizen für Fortpflanzungsfreudige, eine Idee, die bekanntlich im Nationalsozialismus aufgegriffen wurde. All das im Namen einer Biopolitik, die sich auf die rassenhygienische Selektion der Lebenstauglichen stützte, denn, so Fürth, davon hänge für Juden wie Nichtjuden die Zukunft des Volkes ab.[3] Angesichts dieser feministischen historischen Verirrung finde ich es so problematisch, dass Alice Schwarzer im Namen der Frauenbewegung so vehement für eine ambivalenzfreie Position in Sachen Abtreibung oder Präimplantationsdiagnostik eintritt. Sie blendet damit ein Kapitel der Geschichte der Frauenbewegung aus, das eben auch dazugehört.

Für die organisierte Frauenbewegung bedeutete die Machtübernahme der Nationalsozialisten ein Ende mit Schrecken. Anfang des Jahres 1933 hatte der BDF noch alle im Reichstag vertretenen Parteien um eine Stellungnahme zur Gleichberechtigung der Frauen ersucht. Die SPD, die Liberalen, die Konservativen und der Christlich-Soziale Volksdienst beteuerten treuherzig ihren guten Willen, ohne das bei der Kandidatenauswahl zu beweisen. Die NSDAP verkündete stolz, auf ihren Listen stünden ausschließlich Männer, »weil die vielen Tausenden von Frauen, die in unseren Reihen in vollster staatsbürgerlicher Gleichberechtigung aktiv mitarbeiten, von jeher und entschieden für die etwas zweifelhafte Ehre dankten, sich in ›die Drecklinie‹ des politischen Kampfes in den Parlamenten zu begeben.«[4] Da ist sie schon, die gleichzeitige emphatische Aufwertung und Geringschätzung der »arischen« Frau im Nationalsozialismus. Auf diesem schmalen Grat zwischen Opportunismus und Anpassung zu balancieren versuchte manch eine Feministin vergebens.

Zum Beispiel Gertrud Bäumer, eine damals in ganz Deutschland und im Ausland bekannte und geachtete Feministin. Wie so viele sah sie einen Ausweg aus den politischen Turbulenzen in der »Hinwendung zum Mystischen, zum Irrationalen, im ›Auflehnen gegen die Kälte der Moderne‹«. Diese Ideale sah sie am ehesten bei den Nationalsozialisten verwirklicht und schrieb, es sei »tragisch«, dass ausgerechnet die Partei, die den »Charakter der Volksbewegung aus Instinkt und Gefühl« trage, sich so »einseitig unter reaktionär männlichen Vorzeichen entwickelt hat.«[5] 1932 zog sie sich aus der Tagespolitik zurück. Nach der sogenannten Gleichschaltung der Länder, Beamten und Gewerkschaften nahmen sich die Nazis die Frauenorganisationen vor. Am 10. Mai 1933 wurde die nationalsozialistische Deutsche Frauenfront gegründet, die den BDF als Dachorganisation der Frauenbewegung ersetzen sollte. Der Angriff richtete sich vor allem gegen die internationalistischen, pazifistischen und jüdischen Elemente der alten Frauenbewegung. Mit einem Ultimatum wurde der BDF zum Eintritt in die Frauenfront aufgefordert. Bedingung: Unterwerfung des BDF unter Adolf Hitler, Entfernung »nichtarischer« Frauen aus den Vorständen, Wahl von Nazigrößen in die Führungsgremien und Anerkennung der Aufgaben des NS-Staates für die Frauen. Am Vormittag des 15. Mai 1933 beriet die aktuelle Vorsitzende des

BDF, Agnes von Zahn-Harnack, mit dem Gesamtvorstand. Er beschloss sofortige Selbstauflösung des Bunds. Nur eine Vertreterin stimmte dagegen.

Gertrud Bäumer blieb in Wartestellung. In einem Aufsatz vom August 1933 suchte sie Schnittmengen zwischen Nationalsozialismus und Frauenbewegung: »Diese Gemeinsamkeit liegt darin, dass der Nationalsozialismus in seinen Gedanken über Staatsaufbau und Wirtschaft wieder einsetzt bei dem Volk und dem Leben, statt bei den Waren, der Zirkulation, den Systemen. ... Und hier, wer von uns fühlte das nicht? liegt eine große neue Möglichkeit für die Frauen.«[6] Unrühmlich für die Frauenbewegung ist, dass sich der BDF nicht offiziell für jüdische Feministinnen einsetzte. Anita Augspurg, Lida Gustava Heymann, Helene Stöcker und Alice Salomon konnten sich nur durch die Emigration retten. Zurück nach Deutschland wollte nach 1945 keine mehr.

Jahrhundertfrauen

Nach 1945, nach der NS-Zeit, sollte es in Deutschland keine international profilierte Feministin mehr geben. Der Zusammenhang mit der Vertreibung und Ermordung der Jüdinnen und der Internationalistinnen, mit der Anpassung an ein gesellschaftliches Klima, das die Geschlechtercharaktere dramatisierte, mit den eigenen Fehlleistungen ist offenkundig. Von nun an spielte die Musik woanders. Die wichtigsten feministischen Texte des 20. Jahrhunderts sind denn auch englisch, amerikanisch und französisch.

Virginia Woolf, Schriftstellerin und Feministin, geboren 1882 in London, machte den Anfang. Sie gehört heute noch zum feministischen (und literarischen) Kanon, obwohl ihre Texte bereits vor dem Zweiten Weltkrieg entstanden sind. Neben Romanen wie »Mrs. Dalloway« oder »Orlando« war vor allem ihr Aufsatz »A Room of One's Own« (»Ein eigenes Zimmer«) aus dem Jahr 1929, hervorgegangen aus zwei akademischen Vorträgen an englischen Frauencolleges, wegweisend. Darin schreitet Woolf die Beschränkungen ab, die sie und alle Frauen zu ihrer Zeit bei ihrer intellektuellen und künstlerischen Entfaltung erlebten, selbst wenn sie staatsbürgerlich gleichberechtigt waren und auch in einigen Aspekten des Familienrechts mittlerweile Fortschritte erzielt hatten.

Parodistisch schildert die Literatin die unterschiedlichen Studienbedingungen an den englischen Männer- und den Frauenuniversitäten bis hin zum unterschiedlichen Speiseplan. Über diese materiellen Bedingungen geistiger Arbeit kommt sie auf die Kardinalfrage, warum Frauen in der Geschichte so viel weniger geistige und künstlerische Großtaten als Männer vollbracht hätten. Anhand des brillanten Einfalls, eine Schwester Shakespeares zu erfinden, schildert sie als Antwort darauf das Schicksal einer hochbegabten Frau im 16. und 17. Jahrhundert. Angefangen mit der unterschiedlichen Erziehung und Ausbildung über die geringen Bewegungsspielräume und Kompetenzen, die Frauen zugestanden wurden. Woolf lässt Judith Shakespeare, nachdem sie vor der Zwangsverheiratung geflohen war, als Frau keinen Schauspielunterricht hatte erhalten können und ungewollt schwanger geworden war, den Freitod wählen. Sie selbst ging denselben Weg nach einem künstlerisch erfolgreichen, aber privat sehr belasteten Leben.

Die zweite Jahrhundertfrau war Margaret Mead, geboren 1901 in Philadelphia als Kind zweier Akademiker, die sie selbst unterrichteten. Sie studierte Psychologie und Ethnologie und landete schon mit ihrem ersten Buch, »Coming of Age in Samoa« aus dem Jahr 1928, dem ersten von insgesamt 44 Werken, einen aufsehenerregenden wissenschaftlichen Erfolg. Schon in diesem Buch zeigte die Kulturanthropologin am Beispiel des sozialen Phänomens »Jugend« den Einfluss des kulturellen Umfeldes auf vermeintlich selbstverständliche universelle Konstanten. Sieben Jahre später erschien ihre für den Feminismus grundlegende Arbeit »Sex and Temperament in Three Primitive Cultures«, in dem sie ihre Theorie des Kulturdeterminismus auf die Frage der Geschlechterordnung ausdehnte.

Mead war eine echte öffentliche Intellektuelle, der es gelang, ihre Thesen in populären Frauenzeitschriften und nicht nur im wissenschaftlichen Schrifttum zu platzieren. Was die Zukunft der Geschlechterregulierung betraf, war sie allerdings pessimistisch. Nach einer kurzen Phase des »Tomboy«, ein burschikoses Frauenbild, das unter anderen Katharine Hepburn in einigen amerikanischen Screwball-Komödien der dreißiger Jahre verkörperte, würden die Freiräume bald wieder eingeschränkt und einer strengeren Kontrolle der Frauen weichen, sagte sie voraus. Wandel sei einzig und allein durch Erziehung möglich. »Jedes elterliche Gebot, das eine bestimmte Art zu sitzen, zu spielen, zu zeichnen, zu singen oder zu tanzen als feminin bezeichnet, formt die Persönlichkeit des Bruders des kleinen Mädchens ebenso wie die Persönlichkeit des Mädchens selbst.« Die Kulturanthropologin plädierte allerdings nicht für die Aufhebung der Geschlechterunterschiede. Sie sah in jeder Art von Differenz eine Bereicherung der Kultur. Es sei jedoch ein grundsätzlicher Fehler, Menschen auf eine willkürliche Geschlechterordnung festzulegen. »Es handelt sich nicht darum, diese Unterscheidung abzuschaffen, sondern die schlecht passende Schablone zu beseitigen, die Mann und Frau in ungemäße Formen des Verhaltens zwingen.«[7] Mead war dreimal verheiratet, und zwar immer mit Kollegen aus der Wissenschaft. Möglicherweise hat sie, wie auch Woolf und die dritte im Bunde, Simone de Beauvoir, mit einer lesbischen Liebe ihre Idee realisiert, dass sich der Mensch im Lauf seines Lebens sexuell neu orientieren könne.

Die dritte und zugleich wichtigste Klassikerin war die Französin Simone de Beauvoir. Da sie zu einer Art Über-Ich von Alice Schwarzer werden sollte, ist ihr Einfluss auch gerade hierzulande enorm groß gewesen. Sie kam 1908 in Paris als Spross einer verarmten großbürgerlichen Familie auf die Welt, was ihr Glück war, denn so wurde sie nicht für den Heiratsmarkt, sondern für eine spätere Erwerbstätigkeit ausgebildet und konnte an der Sorbonne Philosophie studieren. Ihr Studium und die Tatsache, dass sie als Zweitbeste ihres Jahrgangs hinter ihrem Lebenspartner Jean-Paul Sartre abschloss, begründeten ihren Ruhm. Sie verlegte sich aufs Romaneschreiben, daneben verfasste sie Essays und Zeitungsartikel. Ebenso wie Sartre engagierte sich Beauvoir öffentlich, unter anderem gegen den Algerienkrieg und in der Abtreibungsfrage. Mit ihrem berühmtesten Buch »Le deuxième sex« (»Das andere Geschlecht«), erschienen 1949, wehrte sie sich gegen die damalige konservative Familienpolitik Frankreichs.

Um die Vorurteile ihrer Zeitgenossen zu entkräften, unterstrich sie durch historische und kulturelle Vergleiche den sozialen und deshalb immer nur vorläufigen Charakter der Geschlechtsidentität. Ihr berühmtester Satz aus dem Tausend-Seiten-Werk »Man wird nicht als Frau geboren, man wird dazu« wurde die meistzitierte feministische Parole des 20. Jahrhunderts. Doch erst zwei Jahrzehnte nach ihrem Erscheinen sollte die Schrift zur »Gründungsurkunde« des neuen Feminismus werden.[8]

Beauvoirs große Leistung war es, erstmals in einem kulturgeschichtlichen Rundumschlag die kulturellen und historischen Beschränkungen des weiblichen Geschlechts beschrieben und mit den konkreten Lebensbedingungen der gegenwärtigen Frauen verknüpft zu haben. Dabei arbeitete sie akribisch heraus, wie der weibliche Körper zum Schauplatz politischer und gesellschaftlicher Interessen wurde. In der Einleitung ihres Jahrhundertbuchs stellte sie unmissverständlich klar, dass ihr als Existentialistin nicht das Glück, sondern die Freiheit des Menschen als oberstes Ziel gälte. Damit war ein bequemer Weg im Leben, eine Existenz aus Opportunismus, für sie ausgeschlossen. Dann handelte Beauvoir die biologischen, psychologischen und ökonomischen Bedingungen des Frauseins ab und zeigte auf, dass unter keiner dieser Kategorien von einer durch die Natur gerechtfertigten Unterlegenheit gesprochen werden könne. Sie resümierte, wie es historisch seit Jahrhunderten in allen Feldern zur Abwertung des »zweiten« Geschlechts gekommen war und welche Konsequenzen das für das individuelle Leben von Frauen hatte.

Beauvoirs Sicht auf das menschliche Wesen – typisch für den Existentialismus – war pessimistisch: Frauen hätten zu keiner Zeit aus eigener Kraft gegen ihre Unterdrückung gekämpft, sondern immer auf einen günstigen Zeitpunkt gewartet, zu dem die Männer ohnehin bereit gewesen seien nachzugeben.[9] Der Gegenbeweis ist allerdings schwer anzutreten, denn diese Argumentation unterstellt, dass die Interessen von Frauen und Männern grundsätzlich verschieden waren. »Der Feminismus selbst ist nie eine eigenständige Bewegung gewesen: er war zum Teil ein Instrument in den Händen von Politikern, zum Teil eine

DVA

Auch als E-Book erhältlich.

Hans-Peter Schwarz

Helmut Kohl

Eine politische Biographie

1.056 Seiten mit Abb., gebunden

€ 34,99 D | ISBN 978-3-421-04458-7

Erscheint im September 2012

Der bekannte Zeithistoriker und Biograph Hans-Peter Schwarz legt hier die erste ausführliche politische Biographie zu Helmu Kohl auf Basis umfangreichen und unveröffentlichten Quellenmaterials vor. Ihm geling ein großes Lebens- und Zeitpanorama des Mannes, der die politischen Umbrüche am Ende des 20. Jahrhunderts so stark wie kaur ein anderer mitgeprägt hat.

Auch als E-Book erhältlich.

Walter Wüllenweber

Die Asozialen

Wie Ober- und Unterschicht unser Land ruiniere und wer davon profitiert

ca. 220 Seiten, gebunden

€ 19,99 D | ISBN 978-3-421-04571-3

Erscheint im September 2012

Die deutsche Gesellschaft befindet sich im Zustand der Auflösung. Am unteren Ende ist eine wachsende Unterschicht dabei, sic aus den bürgerlichen Wertvorstellungen z verabschieden. Gleichzeitig zieht sich auc die Oberschicht in ihre Parallelwelt zurüc Oben und unten leben auf Kosten der Mit telschicht – und der Staat hat vor dieser E wicklung längst kapituliert.

Richard Yates

Eine gute Schule

Roman

Deutsch von Eike Schönfeld

240 Seiten, gebunden

€ 19,99 D | ISBN 978-3-421-04394-8

Erscheint im September 2012

Eine gute Schule ist wohl Yates' persönlichster Roman, bevölkert mit einigen seiner unvergesslichsten Charakteren; eine sanfte, tief bewegende Meditation über das Ungefähr der Jugend und die Auswirkung des Krieges auf eine unschuldige Generation.

Auch als E-Book erhältlich.

Rainer Moritz

Der fatale Glaube an das Glück

Richard Yates – sein Leben, sein Werk

208 Seiten mit Abb., gebunden

€ 19,99 D | ISBN 978-3-421-04452-5

Erscheint im September 2012

In seinen besten Jahren gefeiert, am Ende vergessen – es ist, als wäre der Schriftsteller Richard Yates eine Figur aus seinen eigenen Büchern. Der Yates-Kenner Rainer Moritz lädt uns ein, in Yates' Geschichte einzutauchen und die Werke des Meisters wieder zu lesen. In leichtfüßigem Ton entführt er uns in das so romanhafte Leben dieses einzigartigen Schriftstellers.

Thilo Sarrazin

Europa braucht den Euro nicht

Wie uns politisches Wunschdenken
in die Krise geführt hat
464 Seiten mit Abb., gebunden
€ 22,99 D | ISBN 978-3-421-04562-1

Wie geht es mit dem Euro weiter? Sollen w
an der Gemeinschaftswährung festhalten,
egal was passiert? Thilo Sarrazin erklärt, w
es zur Krise kam, und zeigt, worauf es jetz
in Europa ankommt.

Auch als E-Book erhältlich und
als Hörbuch bei *der **Hör**verlag*.

Thilo Sarrazin

Deutschland schafft sich ab

Wie wir unser Land aufs Spiel setzen
512 Seiten mit Abb., Klappenbroschur
€ 14,99 D | ISBN 978-3-421-04545-4

Thilo Sarrazin analysiert die drängendsten
Probleme in Deutschland und zeigt, welch
Wege aus der Krise des Sozialstaats führen
könnten. Mit seinem Buch hat er eine wic
tige Debatte zu den brennenden gesellscha
lichen Fragen unserer Zeit angestoßen.

Mit neuem Vorwort des Autors.

Auch als E-Book erhältlich

Miriam Gebardt

Alice im Niemandsland

Wie die deutsche Frauenbewegung die Frauen verlor

ca. 350 Seiten, gebunden

€ 19,99 D | ISBN 978-3-421-04411-2

Erscheint im September 2012

Der deutsche Feminismus, früher international führend, ist heute programmatisch unbedeutend und zusammengeschrumpft auf eine Medienfigur – Alice Schwarzer. Miriam Gebhardt wagt eine kritische Auseinandersetzung mit dieser Übermutter des Feminismus und zeigt, welchen neuen Themen und Persönlichkeiten sich die Frauenbewegung jetzt zuwenden sollte.

Auch als E-Book erhältlich.

Monika Hey

Mein gläserner Bauch

Wie die Pränataldiagnostik unser Verhältnis zum Leben verändert

224 Seiten, gebunden

€ 19,99 D | ISBN 978-3-421-04538-6

Erscheint im September 2012

Schonungslos offen und ergreifend berichtet Monika Hey von ihrer eigenen Erfahrung mit der Pränataldiagnostik und öffnet zugleich die Augen für ein ethisches Dilemma, das jede Schwangere, jedes werdende Elternpaar und unsere Gesellschaft als Ganzes betrifft.

Auch als E-Book erhältlich

Michail Chodorkowski | Natalija Geworkjan

Mein Weg

Ein politisches Bekenntnis
Deutsch von Steffen Beilich
ca. 380 Seiten, gebunden
€ 19,99 D | ISBN 978-3-421-04510-2
Erscheint im September 2012

In diesem Buch, das während des vergangenen Jahres in der Haft entstand und kapitelweise herausgeschmuggelt wurde, erzählt Chodorkowski erstmals offen von seiner Kindheit und Jugend, seinem Aufstie zu einem der reichsten Ölunternehmer Rus lands und von seinen Überzeugungen, die ihn zu Putins Gegner werden ließen.

Auch als E-Book erhältlich.

Blaine Harden

Flucht aus Lager 14

Die Geschichte des Shin Dong-hyuk, der im nordkoreanischen Gulag geboren wurde und entkam
Deutsch von Udo Rennert
ca. 260 Seiten mit Abb., gebunden
€ 19,99 D | ISBN 978-3-421-04570-6
Erscheint im September 2012

Der Bericht des Shin Dong-hyuk gibt einen tiefen Einblick in die unmenschlichen Lebensverhältnisse, die in der nordkoreanischen Lagerhölle herrschen, und schildert das berührende Schicksal eines junge Mannes, dem wie durch ein Wunder die Flucht in die Freiheit gelang.

Auch als E-Book erhältlich

Angela Gatterburg
Annette Großbongardt (Hg.)

Diagnose Burnout

Hilfe für das erschöpfte Ich
288 Seiten mit Abb., Klappenbroschur
€ 14,99 D | ISBN 978-3-421-04563-8

SPIEGEL-Autoren stellen die neuesten Erkenntnisse von Neurowissenschaftlern, Psychotherapeuten, Ärzten und Burnout-Experten vor. Sie betrachten Entstehung und Verlauf von Stress-Erkrankungen sowie die unterschiedlichen Wege zur Heilung und untersuchen, mit welchen Methoden z. B. Firmen versuchen, Abhilfe zu schaffen.

Auch als E-Book erhältlich.

Martin Korte

Jung im Kopf

Erstaunliche Einsichten der Gehirnforschung
in das Älterwerden
336 Seiten mit Abb., gebunden
€ 19,99 D | ISBN 978-3-421-04434-1

Das Gehirn kann Unglaubliches leisten, und das sehr lange. Martin Korte räumt auf mit dem Mythos, dass die Denk- und Gedächtnisfähigkeiten im Alter zurückgehen. Das Gegenteil stimmt: In vielen Dingen werden ältere Menschen sogar besser. Martin Korte zeigt, warum drei Dinge dabei ganz wichtig sind: lernen, laufen, lieben.

Auch als E-Book erhältlich.

Auch als E-Book erhältlich.

Uwe Klußmann | Dietmar Pieper (Hg.)

Die Herrschaft der Zaren

Russlands Aufstieg zur Weltmacht

288 Seiten mit Abb., gebunden

€ 19,99 D | ISBN 978-3-421-04568-3

Fast 500 Jahre lang herrschten Zaren über Russland. Sie regierten nahezu uneingeschränkt, oft mit Gewalt, obwohl sich manche von ihnen bemühten, das rückstän-dige Land zu modernisieren. Gemeinsam m renommierten Landeskennern porträtieren SPIEGEL-Autoren die berühmtesten Herrschergestalten der russischen Geschichte ur zeichnen so zugleich Russlands Aufstieg zu Weltmacht nach.

Auch als E-Book erhältlich.

Dietmar Pieper | Johannes Saltzwedel (Hg.)

Der Dreißigjährige Krieg

Europa im Kampf um Glaube und Macht, 1618–1648

288 Seiten mit Abb., gebunden

€ 19,99 D | ISBN 978-3-421-04542-3

Mit einem Aufstand in Böhmen begann 1618 der Dreißigjährige Krieg, doch bald schon hatte das blutige Ringen den halben Kontinent erfasst. Renommierte Historike und SPIEGEL-Autoren erörtern Ursachen und Verlauf des Krieges, porträtieren die wichtigsten Protagonisten dieser Jahre un fragen, welches Erbe diese Katastrophe de Deutschen hinterlassen hat.

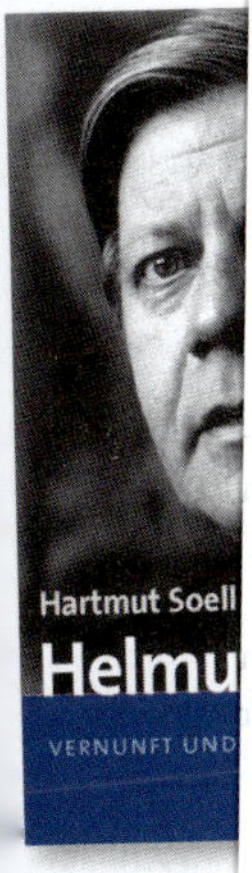

Auch als E-Book erhältlich.

Alexander Neubacher

Ökofimmel

Wie wir versuchen, die Welt zu retten – und w
wir damit anrichten

272 Seiten mit Abb., gebunden

€ 19,99 D | ISBN 978-3-421-04549-2

»Das Buch ist ein Muss – für Ökoskeptike wie auch für echte Ökologen. Wer es geles hat, kann dazu beitragen, die Fehlentwick lungen zu korrigieren.«
Handelsblatt

Auch als E-Book erhältlich.

Axel Bojanowski

Nach zwei Tagen Regen folgt Montag

und andere rätselhafte Phänomene des Planeten Erde

224 Seiten mit Abb., Klappenbroschur

€ 14,99 D | ISBN 978-3-421-04534-8

Axel Bojanowski ist leidenschaftlicher Sammler geowissenschaftlicher Raritäten unglaublicher Phänomene. Präzise, unterhaltsam und verständlich erzählt er von de großen Fragen der Geowissenschaften – m Gespür für die schrägen Details.

Auch als E-Book erhältlich.

Sadie Jones

Der ungeladene Gast

Roman

Deutsch von Brigitte Walitzek

320 Seiten, gebunden

€ 19,99 D | ISBN 978-3-421-04555-3

Erscheint im September 2012

Eine stürmische Nacht, ein rauschendes Fest und ein Geheimnis, das nie hätte ans Tageslicht gelangen dürfen ...
Der neue Roman der Bestsellerautorin Sadie Jones ist ein vergnüglicher Ritt durch die Welt des untergehenden englischen Landadels, dessen Konventionen sie mit maliziösem Vergnügen vorführt. Ein köstlich furchterregendes Drama voller dunkler Überraschungen und Liebeswirren, durchblitzt von charmant schadenfrohem Humor.

Begleiterscheinung eines tiefer liegenden sozialen Dramas. Nie haben die Frauen eine Kaste für sich gebildet, und in Wirklichkeit haben sie nie als Geschlecht eine Rolle in der Geschichte spielen wollen. Die Theorien, die das Hervortreten der Frau als Fleisch, Leben, Immanenz, als das Andere verlangen, sind männliche Ideologien, die in keiner Weise weibliche Forderungen ausdrücken. Die Mehrzahl der Frauen schickte sich in ihr Los, ohne irgendeinen Versuch zum Handeln zu machen.«[10]

Beauvoir hatte als Marxistin einen sozial geschärften Blick auf die Frauenfrage. Für die Autorin des »Anderen Geschlechts« lief letztlich alles auf den Konflikt der Klassen in der bürgerlich-kapitalistischen Gesellschaft hinaus. Erst später sollte sie von dieser Position abrücken. Interessant und kontrovers sind aber auch andere Argumente aus ihrer Feder, etwa ihre Sicht der weiblichen Physiognomie. Die Französin beschrieb die Körperlichkeit der Frau als Belastung und alles andere als lustvoll, gar als »Demütigung des Fleisches«. Sie glaubte jedoch, dass nicht der menschliche Körper das Fühlen und Denken bestimme, das Verhältnis sei gerade umgekehrt: Wie wir unsere Körper wahrnähmen, sei kulturell determiniert. Zum Beispiel die Menstruation – für die meisten Mädchen erst einmal erschreckend und für viele Frau schmerzhaft, unter anderen Umständen jedoch möglicherweise ein Anlass für Stolz auf den blutenden Körper. Beauvoirs eigener biographischer Bezug wird hier deutlich. Sie selbst war noch unter repressiven bürgerlichen Bedingungen zur Frau geworden, was mit entsprechend beschämenden Gefühlen dem weiblichen Körper gegenüber verbunden war. Aber sie hoffte, dass eine andere Sozialisation auch ein anderes Körpergefühl vermitteln könne. »Ein junges Mädchen, das sich durch sportliche, gesellschaftliche, intellektuelle oder mystische Betätigung die

Wege der Transzendenz erschließt, wird seine Spezifizierung nicht als Verstümmelung erleben und leicht darüber hinwegkommen.«[11] Mir erscheint dieser Punkt wichtig, weil Simone de Beauvoir zu einem bestimmten Punkt in der theoretischen Feminismusdebatte als frauenfeindlich kritisiert wurde, da sie die weibliche Anatomie, besonders das Kinderkriegen, als Bürde beschrieben hat. Diese befremdenden Passagen in ihrem Buch müssen jedoch mit Beauvoirs eigener lebensgeschichtlicher Erfahrung erklärt werden, die sie gerade erst dazu brachte, von der Befreiung von einer bestimmten kulturell präformierten weiblichen Körperlichkeit zu träumen.

Ein weiterer auffälliger Aspekt des Beauvoirschen Feminismus war, dass sie mit Kritik an Frauen nicht sparte. Sie beschrieb, wie sich Mädchen und Frauen freiwillig unterordneten, unter den Schutz eines Mannes stellten, sich ökonomisch abhängig machten, sexuell passiv verhielten und als kokette Mädchen versuchten, sich gegenseitig auszustechen. Sie schilderte weibliches Fehlverhalten schonungslos, aber nie, ohne es in den Kontext seiner Zweckmäßigkeit in der bürgerlichen Geschlechterordnung zu stellen. Frauen glaubten eben selbst an die Mythen, die sie an ihrer Selbstentwicklung hinderten. Eigenverantwortung zu übernehmen, das war Simone de Beauvoirs philosophisches und selbst praktiziertes Rezept gegen die bequeme Anpassung. So heiratete sie etwa Sartre nicht und lebte auch nicht mit ihm zusammen, was sie davor bewahrte, in eine traditionelle weibliche Fürsorgebeziehung zu geraten.

Die öffentliche Intellektuelle entfachte mit ihrem Buch gleich nach Erscheinen im Jahr 1949 einen Sturm der Entrüstung. Sie erhielt »anonyme Epigramme, Satiren, Strafpredigten, Ermahnungen. … Man sagte, dass ich unbefriedigt, frigid, priaptisch, nymphoman, lesbisch sei und hundert Abtreibungen hinter mir habe«, schrieb sie in ihren Memoiren.[12] Die Leserschaft hatte die Brisanz ihrer Schrift offenbar sofort verstanden, auch wenn es noch zwanzig Jahre dauern sollte, bis sich Simone de Beauvoir und die Frauenbewegung zusammentaten. Bis zu ihrem Tod beteiligte sich Beauvoir an politischen Aktionen.

Die Einsicht, dass Geschlecht eine soziale Konstruktion ist und kein biologisches Schicksal, hatten schon Frauen im 19. Jahrhundert. Durch Simone de Beauvoir wurde sie zum Allgemeingut. Allerdings hat Schwarzer durch ihre häufige Verbreitung einer fehlerhaften Übersetzungsvariante dazu beigetragen, dass diese Ausgangsthese in Deutschland einen besonderen Geschmack bekam. Im Original schrieb Beauvoir: »On ne naît pas femme, on le devient«. Das bedeutet, man wird nicht als Frau geboren, man wird dazu. Doch in der Fassung, die Schwarzer zitiert hat, stand: »Man wird nicht als Frau geboren, man wird dazu *gemacht*.« Ob dieser Übersetzungsfehler tatsächlich dazu beitragen hat, dass der deutsche Feminismus die Passivität oder gar die Opferrolle der Frauen besonders stark betont hat? Wer genau hinhört, dem entgeht jedenfalls nicht der kleine Unterschied zwischen der Vorstellung, dass Frauen zu Frauen werden, und der Vorstellung, dass Frauen von der Umwelt dazu »gemacht« werden.

Mit Spitzhacke und Kopftuch

Die theoretischen Weichen waren also schon in den vierziger Jahren gelegt. Doch zunächst ging es, zumal in Deutschland, um die existentiellen Dinge des Lebens. Die Nachkriegszeit war die Zeit der Frauen. Nicht nur lebten in Deutschland nach 1945 in bestimmten Alterskohorten sehr viel mehr Frauen als

Männer, Frauen bestimmten auch das öffentliche Bild. Oft beschworen wird das Bild der »Trümmerfrau«, die mit Kopftuch, Spitzhacke und Schaufel die vom Krieg zerstörten Städte aufzuräumen begann. Der Mythos Trümmerfrau lässt jedoch vergessen, dass Frauen schon während des Krieges in Männerdomänen eingerückt waren. Sie hielten an der »Heimatfront« die Kriegsmaschinerie am Laufen, stellten die Versorgung der Bevölkerung sicher und halfen nicht zuletzt, etwa beim Nachrichtendienst, bei der Verteidigung des Landes. Das alles keineswegs nur gegen ihren Willen. Viele Frauen motivierten dabei die finanzielle Anerkennung und das Bedürfnis, der »Volksgemeinschaft« zu dienen.

Nach der Kapitulation verschärfte sich die Situation. Nicht nur in den zerbombten Städten, auch auf dem Land leisteten Frauen oft die ganze Arbeit alleine, die sie bislang mit Männern geteilt oder ihnen überlassen hatten. Die Männer waren in vielen Fällen tot, verschollen, in Kriegsgefangenenlagern interniert, versehrt. Neben ihren Verlusten, der Zerstörung und der schlechten Ernährungslage mussten die Frauen vielfältige Ängste aushalten, vor dem Alleinsein, vor der Überforderung bei der Sorge um die Kinder, vor gewaltsamen Übergriffen. Oder sie mussten lernen, mit einem traumatisierten Kriegsheimkehrer umzugehen und ihre eigenen schlimmen Erlebnisse zu verwinden. Viele Ehen zerbrachen. Die Zahl der Scheidungen stieg auf das Doppelte gegenüber der Vorkriegszeit.

Ein ganz alltägliches Schicksal einer Frau aus einem kleinen Ort am Bodensee sei hier erzählt, das wohl stellvertretend für den Wandel vieler Frauen während des Krieges und in der Nachkriegszeit stehen kann. Ihr Mann war, bis er an die Front musste, Inhaber einer Gärtnerei gewesen. Erst erhielt sie seine Vermisstenmeldung, dann wurde der Betrieb im Bombenhagel zerstört. Noch während des Krieges schrieb sie in ihr Tagebuch: »Zu allem bin ich allein. Du weißt wohl am besten, wie wenig mir diese Selbstständigkeit liegt. Bei allem denke ich, wie wird Paul über dich urteilen, wenn er wiederkommt? Wird er mit mir zufrieden sein? ... Ich fühle mich einfach fahnenflüchtig.« Sie macht sich daran, die Gärtnerei wieder aufzubauen und alleine zu leiten, allerdings immer in dem Gefühl, das alles nur stellvertretend zu leisten, was eigentlich die Aufgabe ihres Mannes wäre. Sie hält sich als Frau grundsätzlich für zu schwach und fühlt sich als »Versagerin im Kampf des Lebens«. Und das, obwohl sie zwei kleine Kinder allein erzieht, mehrfach ausgebombt wird, zur Untermiete wohnen muss, Einquartierungen erträgt, und vor allem, in die Leitung eines Betriebs eintritt. Immer wieder schreibt sie in ihr Tagebuch, dass ihr nichts lieber wäre, als all die Verantwortung wieder los zu werden. Doch Anfang 1947 fühlt sie, dass sie allmählich auch psychisch auf eigenen Beinen steht. »Allzu viel Lehrgeld muss ich nicht mehr bezahlen. Und bin unabhängig von allen. Stehe auf eigenen Füßen. Aber es fordert unglaublich viel Kraft.«[13]

Waren die Nachkriegsjahre also eine Zeit des Aufbruchs der Frauen? Auch wenn in den fünfziger Jahre unter dem Vorzeichen des verlorenen und des Kalten Krieges die früheren Verhältnisse wieder etabliert werden sollten und die traditionelle patriarchale Familie nicht zuletzt von Kirche und Konservativen zum »Stabilitätsrest« der deutschen Gesellschaft verklärt wurde (so der einflussreiche Soziologe Helmut Schelsky), so war die Uhr tatsächlich nicht mehr zurückzudrehen. Es waren die Frauen der Geburtsjahrgänge 1934 bis 1945, in der NS-Zeit geboren und sozialisiert, so wie Alice Schwarzer, die in den nationalsozialistischen Kinder- und Jugendorganisationen eine anti-bürgerliche und »kameradschaftliche« Geschlechterordnung näher gebracht bekommen hatten, die an ihren zwangsemanzipierten Müttern die Verlogenheit der altväterlichen Geschlechterrollenbilder erlebten, die sich ab Mitte der sechziger Jahre für den nächsten Schritt der Gleichstellung bereit machen sollten. So hinterließen Nationalsozialismus und Krieg ein äußerst ambivalentes Erbe für die Frauenbewegung. Institutionell war die Frauenbewegung abgewürgt, personell entscheidend geschwächt und moralisch diskreditiert. Die Nazis erleichterten Scheidung und Abtreibung, allerdings nicht als Emanzipationsangebot an die Frauen, sondern aus »rassischen« Gründen, um unerwünschte Ehen und Kinder zu verhindern. Sie beschworen propagandistisch die Mutterrolle, indem sie gebärfreudige Frauen ehrten und ihnen finanziell und praktisch unter die Arme griffen, gleichzeitig schwächten sie die Mütter durch Krieg und Kriegswirtschaft und förderten die Trennung von Mutter und Kind durch Landverschickungen und Kinder- und Jugendorganisationen. Sie vertraten mit dem kriegerischen Mann und der gebärenden Frau ein ganz klar polares Geschlechterbild, trugen jedoch durch die Ideologie der »Volksgemeinschaft« und die Kriegspolitik unbeabsichtigt dazu bei, die Frauen aus der Häuslichkeit zu »befreien«.

Waren schon die unmittelbaren Folgen der NS-Zeit ambivalent, so trifft das erst recht auf die langfristigen Konsequenzen für den Feminismus zu. Der verlorene Krieg führte zu einer ideologischen Rückbesinnung auf die vermeintlich positiven gesellschaftlichen Vorkriegsinstitutionen, und dazu gehörte die patriarchale Familie. Frauen und Männer glaubten, es sei besser, eine »natürliche« Geschlechterordnung wieder instand zu setzen und sich nicht in der Politik die Hände »schmutzig« zu machen, was der Frauenbewegung erst einmal ihren

Schwung nahm. Die Erinnerung an die Verbrechen in der NS-Zeit ließ auch bestimmte Anliegen von Frauen fragwürdig erscheinen. Das wirkte und wirkt sich bis heute in den Debatten um Abtreibung, Präimplantationsdiagnostik, aber auch Ganztagsbetreuung der Kinder aus, denn man war der Meinung, die kollektivistische Erziehung sei eine Spezialität von Nazis und Kommunisten. Die übertriebene Betonung von Mütterlichkeit war eine Folge dieser Haltung. Wer sich, wie die frühere Nachrichtensprecherin Eva Herman, jedoch einbildet, die NS-Familienpolitik habe auch ihr Gutes für Frauen und Mütter gehabt, vermisst offensichtlich nicht nur die Fähigkeit oder Bereitschaft, zwischen Propaganda und Wirklichkeit zu unterscheiden, sondern auch jede Empathie für das Leid der nicht erwünschten Frauen und Kinder im Nationalsozialismus.

Männer und Frauen sind – im Prinzip – gleichberechtigt

Auf dem Papier war die junge Bundesrepublik sehr fortschrittlich: »Männer und Frauen sind gleichberechtigt«, auf diese Formel im Grundgesetz Artikel 3, Absatz 2 einigte sich nach einigem Hin und Her und wohl nur unter Druck einer »Verfassungsmutter«, der SPD-Abgeordneten und Juristin Elisabeth Selbert, der Parlamentarische Rat im Jahr 1949. Die rechtliche Ausformung der Gleichberechtigung ließ allerdings zu wünschen übrig. Obwohl die Verfassung forderte, dass innerhalb einer kurzen Übergangszeit alle Rechtsvorschriften in diesem Sinne modernisiert werden sollten, blieb der Gesetzgeber erst einmal vier Jahre lang untätig. Zu lange, befand das Verfassungsgericht im Jahr 1953 und forderte Taten.

Vor allem für Kirchen und die Konservative basierten die Geschlechterbeziehungen nach wie vor rechtlich auf der Annahme eines »Geschlechtervertrags«, dem männlichen Ernährermodell beziehungsweise der Hausfrauenehe. Männer und Frauen sollten die Aufgaben nach dem bürgerlichen Prinzip der gegenseitigen Ergänzung verteilen. Dieses Leitbild war in allen europäischen und westlichen Ländern bis in die 1970er Jahre dominant, wenn auch in unterschiedlichem Ausmaß. In Westdeutschland schien die Betonung der Familie besonders wichtig, zum einen zur Abgrenzung gegen die nationalsozialistische Vergangenheit, die als familienzerstörend erinnert wurde, zum anderen als Antwort auf die kommunistische Bedrohung, denn jenseits des Eisernen Vorhangs trieb man die Gleichstellung der Geschlechter, vor allem in der Arbeitswelt, energisch voran. So geriet die gesellschaftliche Diskussion der Familien- und Geschlechterbilder zwischen die Fronten des Kalten Krieges. Im Gegensatz zur DDR, die 1950 die Müttererwerbstätigkeit festschrieb, optierte die BRD für das »bürgerliche« Familienmodell, das heißt, dem Mann standen nach wie vor alle Entscheidungen des ehelichen Lebens zu, etwa die Wahl des Wohnortes, sein Name war der gemeinsame Ehe- und Familienname und der Name der Kinder. Er durfte weiterhin das Vermögen der Frau in Besitz nehmen, verwalten und nutzen. Er behielt die »elterliche Gewalt« über die Kinder, was auch bedeutete, dass ihm die Vermögensverwaltung und die rechtliche Vertretung der Kinder zufielen. Die Ehefrau hingegen war berechtigt und verpflichtet, das gemeinschaftliche Hauswesen zu leiten. Dafür erhielt sie die sogenannte Schlüsselgewalt, was bedeutete, sie durfte allein verantwortlich nur jene Geschäfte tätigen, die mit der Haushaltsführung zusammenhingen.[14]

Diese biedermeierliche Geschlechterordnung ließ sich jedoch nicht für immer festschreiben. In der Mitte der sechziger Jahre dämmerte es der Bundesregierung, dass sie im internationalen Vergleich hinterherhinkte. Zur Beruhigung der Gemüter richtete der Bundestag eine Untersuchungskommission nach dem Vorbild der USA, Kanadas und der skandinavischen Länder ein, die 1966 den »Frauenbericht« veröffentlichte. Dieser Bericht erweiterte die alte Dreifaltigkeit »Kinder, Kirche, Küche« um die Kategorie »freiwillige Arbeit«. Die verantwortlichen Experten beriefen sich dabei auf Erkenntnisse der feministischen Literatur, unter anderem auf »Das andere Geschlecht« von Simone de Beauvoir und den »Weiblichkeitswahn« von Betty Friedan. Das beweist, dass sich schon Jahre vor dem Auftritt der Achtundsechzigerinnen ein feministisches Bewusstsein entwickelt hatte. Um 1970 herum war die Forderung der Frauen nach gleichberechtigter Teilhabe und Selbstbestimmung dann nicht mehr aufzuhalten. Aber erst die Eherechtsreform der sozialliberalen Koalition im Jahr 1976 setzte endgültig dieselben Rechte und Pflichten für Ehegatten durch.

Waren das die Erfolge des Feminismus? Bis sich die Bundesrepublik grundlegend zu reformieren begann, hatte es bereits seit über zwanzig Jahren eine weibliche Lobbyarbeit gegeben. Schon ein Jahr nach Kriegsende wurde der Internationale Frauentag gefeiert, kurz darauf fand der erste »Deutsche Frauenkongress für den Frieden« in Berlin statt. Frauenausschüsse organisierten Schulspeisungen und Kindergärten oder engagierten sich für Frieden und gegen die Wiederaufrüstung der Bundesrepublik. Die beteiligten Frauen gehörten zumeist der schon vor 1933 politisch aktiven Generation an, waren also älter. Sie gründeten 1949 den Frauenring, 1951 den Demokratischen Frauenbund und engagierten sich in der westdeutschen Frauenfriedensbewegung. Was sie nicht verhindern konnten, war, dass mit der Rückkehr der Männer aus dem Krieg die Politik schon bald wieder in Männerhand geriet.

Die Aktivistinnen wollten nicht in erster Linie die Gesellschaft ändern, wohl aber den Alltag. Insofern standen sie in einer direkten Nachfolge der bürgerlichen Frauenbewegung aus dem 19. Jahrhundert, genauer, in der Tradition des »mütterlichen Feminismus« der Vorkriegszeit. Neben dem altruistischen Engagement stand die Lobbyarbeit in der Politik im Vordergrund, was eine Herkulesaufgabe war, denn der Frauenanteil im Parlament wuchs nicht, er ging zurück. Im Jahr 1957 hatte er noch 9,2 Prozent betragen, im Jahr 1972 nur noch 5,8 Prozent. Zwar wurde 1961 mit Elisabeth Schwarzhaupt die erste Bundesministerin ernannt (für Gesundheit natürlich), doch alles in allem waren die parlamentarischen Einflussmöglichkeiten der Frauen in der jungen Bundesrepublik marginal.

Laut Simone de Beauvoir waren es historisch nicht die Frauen, sondern die ökonomischen Veränderungen, die den Wandel der Geschlechterordnung herbeiführten. Auf den ersten Blick hatte sie in diesem Fall Recht. Der Stimmungswandel zu Beginn der sechziger Jahre lässt sich auch ökonomisch erklären: Das Wirtschaftswunderland hatte einen scheinbar unstillbaren Hunger nach Arbeitskräften entwickelt, der nicht allein mit sogenannten Gastarbeitern aus dem Ausland gesättigt werden konnte. Auf der Suche nach Fachkräften für den sich abzeichnenden ökonomischen Wandel von der hochindustrialisierten zur Dienstleistungsgesellschaft musste sich die Politik mehr einfallen lassen – und verfiel auf die Idee, »Begabungsreserven« unter den Frauen zu mustern.

Auf einmal merkten die Verantwortlichen, dass Frauen für den Arbeitsmarkt wesentlich schlechter qualifiziert waren als Männer. 1964 kam das Stichwort »Bildungskatastrophe« auf. Sprichwörtlich geworden ist das katholische Mädchen vom Land, das die geringsten Chancen auf einen Hochschulzugang hatte. Noch galt die Realschule als die Schule der Wahl für Mädchen. In Hinblick auf ihre spätere Heirat und Mutterschaft schienen sie dort am besten aufgehoben, wo sie in Haushaltsführung und für frauenspezifische Tätigkeiten wie Schreibmaschine, Steno und Buchhaltung ausgebildet wurden. Auch Alice Schwarzer war übrigens so ein für einen typischen Frauenberuf vorgesehenes Mädchen.

Doch wie der weitere Verlauf zeigt, waren nicht allein ökonomische Gründe ausschlaggebend für die weitere Emanzipation der Frauen. Die strukturellen Veränderungen in der Gesellschaft betrafen Frauen in besonderem Maße, und so mussten sie sich zu einem bestimmten Zeitpunkt unweigerlich in die gesellschaftspolitischen Debatten einschalten.

Wem gehört die Frauenbewegung?

In Alice Schwarzers Lesart begann die Frauenbewegung im Grunde mit ihr selbst. Weil jede erfolgreiche Geschichte einen guten Anfang braucht, lag es auch nahe, sich eines spektakulären Gründungsmoments zu erinnern: Für Schwarzer war das die von ihr mit organisierte Abtreibungskampagne im Sommer 1971. Für andere steht wiederum der berühmte Tomatenwurf einer wütenden – und hochschwangeren – Studentin schon am 12. September 1968 auf einer SDS-Delegiertenkonferenz in Frankfurt am Anfang. Beide Lesarten haben so ihre blinden Flecken. '68, das waren für Schwarzer ein paar wild gewordene sozialistische Mütter, die sich um antiautoritäre Kinderläden kümmerten und mal einen publizistischen Vorstoß in der Linkenpostille »Kursbuch« wagten. »Auslöser« der neuen Frauenbewegung sei erst die von ihr selbst initiierte Abtreibungskampagne im »Stern« im Juni 1971 gewesen, dem dann das »offizielle Signal« zum Aufbruch auf dem »1. Bundesfrauenkongress in Frankfurt« im März 1972 folgte. Das ist eine hochkomplexe Zeitmessung, die der systematischen Untersuchung der Geschichte der Frauenbewegung nicht standhält. '68, das wären nur ein paar marxistische Studentinnen gewesen, '71 ein Urknall und '72 wurde es dann »offiziell«? – auf diese Geschichte kann sich wohl nur die Aktivistin selbst einen Reim machen.[15] Richtig ist: Die beiden Ereignisse, die Revolte von '68 und die transnational wieder aufgegriffene Abtreibungsdebatte der Vorkriegszeit, beschreiben den Kontext, in dem die Frauenbewegung auferstand. Die Revolution von 1968 lediglich als eine Art Brandbeschleuniger der Frauenrevolte zu betrachten und die Abtreibungskampagne als eigentliche Zündung, wie das Alice Schwarzer nahe legt, ist jedoch falsch.

Schauen wir uns die historischen Abläufe genauer an. Die Wissenschaft hat die Sicht auf die Anfänge der neuen Frauenbewegung in vier wesentlichen Punkten revidiert: Erstens, es gab keinen punktuellen Neuanfang, denn die Traditionen der ersten Frauenbewegung im 19. Jahrhundert ragten in die Nachkriegszeit hinüber. Außerdem waren es vor allem strukturelle Veränderungen in den sechziger Jahren, die der Frauenfrage in den Sattel halfen. Zweitens, wer Frühlingsboten braucht, sucht sie besser in den Jahren zwischen 1963 und 1966. Das war tatsächlich die Zeit der »Bewusstwerdung und Artikulation«

der Frauenbewegung. Die Frauenrevolte ist eine Geschichte mit Langzeitwirkung. Drittens, die deutsche Frauenbewegung ist nur in ihrem internationalen Kontext denkbar und möglich gewesen. Viertens, die deutsche Frauenbewegung ist mit der Studenten- und Jugendbewegung groß geworden – ohne Alice Schwarzers Geburtshilfe.[16]

Zunächst zu den strukturellen Voraussetzungen der »neuen« Frauenbewegung: Zu Beginn der sechziger Jahre glaubte man noch, die Veränderungen in der Gesellschaft, der Rückgang der traditionsgebundenen Milieus, die sich wandelnden Familienstrukturen oder die breitenwirksame Konsum- und Freizeitindustrie aufgrund der exorbitant steigenden Reallöhne und sinkenden Arbeitszeiten würden nahtlos an die vor 1933 eingesetzten Entwicklungen anknüpfen und schlussendlich in ein Schlaraffenland führen. Die Ökonomie sicherte in den Boomjahren den sozialen Frieden und versprach Wohlstand für alle, während der technische Fortschritt auch alle zukünftigen Probleme lösen würde. Sogar die oftmals pessimistischen Deutschen erlaubten es sich ausnahmsweise, mit Zuversicht und Hoffnung in die Zukunft zu schauen. 1959 empfanden bereits 43 Prozent, 1963 fast zwei Drittel der Bundesdeutschen die Gegenwart als beste Zeit jemals und nicht mehr, wie in früheren Umfragen, die Kaiserzeit oder gar die Friedenszeiten im Nationalsozialismus. Höhepunkt der Zuversicht war das Jahr 1968.[17] Ein zentrales Merkmal dieser modernisierungsseligen Zeit war der Glaube an die rationale, wissenschaftliche Lösung. Das galt für das Feld der Politik, wo man sich mit wissenschaftlichen Beratern umgab, und das galt ebenso für das Private.

Ende der sechziger Jahre setzten jedoch noch andere kulturelle Entwicklungen ein. Neben dem Denken in den Kategorien Wachstum, Konsum, Planbarkeit wirkten sich zunehmend Tendenzen der Individualisierung und Pluralisierung der Lebensstile, der Werte und Verhaltensmuster aus. Ein Reflexionsprozess setzte ein, der langfristig alternative Konzepte dem Planungs- und Machbarkeitsdenken gegenüber oder an die Seite stellte, vor allem das Ideal der basisdemokratischen Strukturen und der autonomen Selbststeuerung. In diesem Kräftefeld entstand die »neue« Frauenbewegung.

Sie sammelte sich also in einem Moment des Übergangs. Deshalb vereinte sie auch von Anfang an ganz verschiedene und scheinbar widersprüchliche Tendenzen: einerseits das moderne, aufklärerische, universalistische und fortschrittsgläubige Prinzip der Geschlechtergleichheit mit einem Schwerpunkt auf der ökonomischen Gleichstellung – sozusagen Freiheit durch gleichberechtigte Arbeit –, andererseits das »postmoderne« oder reflexive Prinzip, welches das planvolle gesellschaftliche und ökonomische Denken infrage stellte und nach einer neuen Kultur suchte, wobei die Abberufung des Patriarchats und die Einbeziehung »weiblicher« Elemente in die Kultur in eine bessere Zukunft führen sollten.

Diese Zweideutigkeit wurde in den frühen Jahren der neuen Frauenbewegung durch den Strukturwandel verstärkt: Innerhalb von 15 Jahren stieg die Zahl der Arbeitslosen von 0,7 Prozent im Jahr 1970 auf 9,3 Prozent im Jahr 1985. Die Ölkrise im Jahr 1973 kündigte vom Ende des Wachstums, aber noch stieg das Bruttoinlandsprodukt. Bewährte Handlungsmuster, etwa beim Ressourcenverbrauch, und deren zu erwartende langfristige Folgen mussten abgeglichen werden.[18] Der Mikrochip löste die Rohstoffe der alten Industrien ab, Arbeit und Leben wurden immer mobiler, währenddessen eine vom Wohlstand begünstigte psychosoziale Revolution zur massenhaften Entdeckung und Entwicklung individualistischer Glücksbedürfnisse führte.

Den Frauen brachten die Umbrüche in den sechziger Jahren viele Veränderungen gleichzeitig. Die Antibabypille und deren baldige Problematisierung, nicht zuletzt durch Feministinnen, ist ein gutes Beispiel für die Doppeldeutigkeit der modernen Errungenschaften. Einerseits wurde die Pille als Befreiung begrüßt, andererseits als Fanal der Machbarkeitsideologie abgelehnt, und das fast gleichzeitig und von denselben Frauen.[19] Auch das positive Bild der Hausfrau begann im selben Moment zu verblassen, in dem die Technik den Haushalt eroberte. Einerseits wuchsen durch Staubsauger, Mixer, Waschmaschine, Trockner und Tiefkühlkost die Standards an die perfekte Haushaltsführung, andererseits wurde Hausarbeit entwertet und galt als öde und nicht vollwertig. Einige Jahre später würde Johanna von Koczian trällern: »Das bisschen Haushalt macht sich von allein, sagt mein Mann.«

Zum neuen Leitbild in der Mittelschicht wurde die modebewusste, sportliche, rational wirtschaftende und expertengeleitete »moderne« Hausfrau, die womöglich in Teilzeit etwas zum Lebensunterhalt dazu verdiente, damit die wunderbare neue Warenwelt und die Urlaube für die Familie bezahlbar wären, die aber darüber nicht ihren Mann und ihre Kinder vergaß. Frauenzeitschriften bejubelten die berufserfahrene Ehefrau als ernstzunehmende Gesprächspartnerin ihres Mannes, wobei die Berufstätigkeit »maßvoll« bleiben sollte, denn die Rolle des Haupternährers gebührte weiterhin dem Mann.[20] Das schon in den fünfziger Jahren eingeführte Steuerprivileg für diese Lebensform war und ist das Ehegattensplitting.

Trotzdem waren die sechziger Jahre die wichtigste Zeit für die Modernisierung der Geschlechterverhältnisse. Auch wenn traditionelle Vorstellungen weiterhin dominierten, vergrößerten sich die Handlungsspielräume, wurden die Lebensentwürfe pluraler. Die Heiratsziffer fiel, das Heiratsalter stieg. 1964 erreichte der Babyboom seinen Höchststand, ab da nahm die Zahl der Großfamilien immer stärker ab. Ein bis zwei Kinder wurden zur Norm. Die Scheidungsraten wuchsen, wobei zwei Drittel der Scheidungen in Großstädten von Frauen eingereicht wurden.

Die Gesellschaft trat in eine Diskussionsphase über die veränderten Lebensentwürfe ein, was sich in langwierigen Reformbemühungen beim Scheidungsrecht (Abkehr vom Schuldprinzip) und beim Nichtehelichenrecht niederschlagen sollte. Als sich Iris Berben 1971 weigerte, den Namen ihres Kindsvaters zu enthüllen, gab sie damit dem allgemeinen Wertewandel ein Gesicht. 1969 wurde der Kuppeleiparagraph abgeschafft, der es bei Gefängnisstrafe untersagt hatte, Unverheirateten die Gelegenheit zur »Unzucht« zu bieten. Schulen führten Sexualkundeunterricht ein.

Die Reformstimmung wirkte sich aus. Hatten Alva Myrdal und Viola Klein 1956 noch das Drei-Phasen-Modell weiblicher Erwerbstätigkeit propagiert – Berufstätigkeit, Familienphase, Berufstätigkeit – machte sich zehn Jahre später die Erkenntnis breit, dass der vorübergehende Ausstieg aus dem Beruf für die Laufbahn der Frauen nicht vorteilhaft war. Allenfalls die ersten ein bis drei Lebensjahre des Kindes sollten nun für die Familie reserviert werden. Das Institut für sozialwissenschaftliche Forschung in München, das großen Einfluss auf die frauenpolitische Zielsetzung der Bundesanstalt für Arbeit nahm, argumentierte, das Drei-Phasen-Modell zementiere nur den Status der Frauen als Reservearmee: »Wenn einmal durch eine längere Periode der Nichtberufstätigkeit der Konnex zur beruflichen Sphäre abgerissen ist, reduziert sich die Wahrscheinlichkeit einer Rückkehr ins Erwerbsleben rapide.«[21] Der Gleichheitsdiskurs bei der Verteilung von Arbeit und Familienarbeit war eröffnet. Und zwar schon Jahre vor einer öffentlich sichtbaren »neuen« Frauenbewegung!

Der Wertewandel brachte natürlich nicht nur mehr Freiheit, sondern auch mehr Entscheidungsdruck. Die neuen Optionen bei der privaten Lebensführung brachten Mütterlichkeit und Partnerschaft in Konkurrenz zueinander.[22] Und das ausgerechnet zu einer Zeit, als in Deutschland verspätet das psychoanalytische Bindungsparadigma »entdeckt« wurde – eine Erkenntnis aus den vierziger Jahren, die im Ergebnis die selbstlose Hinwendung der Mutter zum Kind förderte. In der ersten Lebenszeit bedürfe das Kind der intensiven Beziehung zur Mutter (oder eigentlich: Betreuungsperson), was gleichgesetzt wurde mit permanenter Präsenz. Nur so sei eine gesunde psychische Entwicklung des Nachwuchses gewährleistet. Gleichzeitig gehörte zum modernen Rollenbild der Frau die partnerschaftliche Ausrichtung auf die Bedürfnisse des Mannes, was sowohl emotionale und sexuelle Verfügbarkeit bedeutete als auch eine eigene Berufsausbildung, womöglich ein eigenes Erwerbseinkommen. Dass diese Zielvorstellungen kollidierten, liegt auf der Hand.

Einen Einblick in die Zerrissenheit zwischen den verschiedenen Anforderungen an Mittelschichtfrauen geben die Tagebuch-Ausschnitte der Frau eines Münchner Richters:

> »11. September 1965: Auf meinem Weg zur Straßenbahn habe ich mit den Tränen zu kämpfen. Zwar schelte ich mich selbst eine dumme Gans, denn es war ja meine Idee, diesen Fünf-Mark-Job anzunehmen, damit Papi endlich ein

Büchergestell bekommt. Zwei Wochen noch, dann habe ich mein Butzelchen wieder den ganz Tag um mich ... Du bist das Liebste und Kostbarste, was Papi und ich besitzen ...«

»16. Mai 1966: Glaub mir Putzchen, wir beide haben ein unendliches Massl (Glück M. G.), daß Papa soviel Geld bekommt, daß wir uns zuhause ein vergnügtes Leben machen können. Viel zu viele Mamis müssen arbeiten gehen oder meinen, sie müssen es und laden ihre Babies in Kinderheimen ab, wo kaum jemand Zeit für sie hat. Sie haben keine Ahnung, was ihnen entgeht, diese Mamis. Und jene armen Würstchen, die nur zum Wickeln oder Füttern in die Arme genommen werden, haben letztlich alles zu bezahlen ... als ob sie freiwillig in diese Welt gepurzelt wären! Und doch behandelt man sie oft so, als hätten sie eine Schuld abzutragen. Häufig die Schuld am fehlenden Auto, Fernseher oder sonstigen luxuriösen Einrichtungen.«[23]

Frauenpolitik in der BRD und in der DDR

Um 1970 herum setzte ein stetiger Prozess der beruflichen Integration von Frauen in den Arbeitsmarkt ein. Der Vergleich zwischen der BRD und der DDR verdeutlicht, wie unterschiedlich die Entwicklung verlief. Während des Krieges hatten Frauen in Deutschland einen Großteil der Arbeitskräfte gestellt. Im Osten setzte sich diese Entwicklung fort, die Frauenerwerbsquote stieg von 52,4 Prozent im Jahr 1950 auf 65,2 Prozent im Jahr 1960. Im Jahr 1960 hatten 12 000 Frauen den Lehrabschluss nachgeholt, 1970 waren es 41 000 Frauen. Der Anteil der Frauen bei der Berufsausbildung stieg von 39 auf 47 Prozent und unter den Studierenden von 27 auf 42 Prozent.[24] Ab Mitte der sechziger Jahre beschloss die SED-Regierung, den Anteil der Frauen in technischen Berufen und in leitenden Funktionen gesetzlich zu steuern, es gab Frauensonderklassen an Fachschulen und ein Frauensonderstudium. In der neuen DDR-Verfassung von 1968 wurde die Förderung der Frau »besonders in der beruflichen Qualifizierung« festgeschrieben. Im Jahr 1970 hatte die DDR den weiblichen Anteil an den Studierenden auf fast 60 Prozent gesteigert, während der Studentinnenanteil im Westen fünf Jahre später immer noch bei 36 Prozent lag.[25] Mitte der 1960er Jahre arbeiteten in der DDR bereits 70 Prozent der Frauen, während in der BRD noch 1970 weniger als 35 Prozent zur Arbeit gingen. In der Endphase der DDR waren zwischen 81 und 91 Prozent aller Frauen erwerbstätig, damit lag der SED-Staat in der internationalen Spitzengruppe, während in der BRD nach wie vor nur ein Drittel der Frauen durchgehend erwerbstätig war, ein zweites Drittel die Erwerbstätigkeit für die Kinderjahre unterbrach und ein letztes Drittel für immer aus dem Berufsleben ausschied.[26]

Die Ursachen für diese eklatanten Unterschiede lagen in einem größeren Reformwillen in der Sowjetischen Besatzungszone (SBZ) beziehungsweise DDR in den Bereichen Emanzipation, Erziehung und Bildung nach Kriegsende.[27] Schon in der Zeit der sowjetischen Besatzung wurde das kommunistische Emanzipationsideal aufgegriffen, die Gleichstellung der Geschlechter auf allen Gebieten gefordert, und in der Verfassung der DDR von 1949 findet sich der fortschrittliche Passus: »Gesetze und Bestimmungen, die die Gleichberechtigung von Mann und Frau in der Familie beeinträchtigen, sind aufgehoben.« Das bedeutete, anders als in der BRD konnten Frauen bei der Wahl des Wohnortes, bei Fragen der Haushaltsführung und der Kinderziehung gleichberechtigt mitbestimmen, zumindest stand es so auf dem Papier. Auch das Versorgungs- und Scheidungsrecht war um Jahrzehnte moderner als im Westen: Grundsätzlich behielt nach einer Trennung jeder Partner sein eigenes Vermögen. Gemeinsam angeschaffte Dinge gehörten beiden Eheleuten, unabhängig davon, ob die Frau durch eigenes Einkommen oder durch Haushaltstätigkeit beigetragen hatte. Und – auch keine Lappalie in der damaligen Zeit – junge unverheiratete Frauen waren auch dem Namen nach »Frauen« und nicht kleine »Fräulein« wie im Westen.

Es entsprach der sozialistischen Ideologie, die Dinge auf der Grundlage wissenschaftlicher Anleitung und Planung in die Hand zu nehmen.[28] Der SED-Staat stellte zwar ebenfalls Familie und Ehe unter den Schutz des Staates, gab jedoch gleichzeitig das Ziel der Vergesellschaftung familiärer Aufgaben vor. Kindererziehung im Kollektiv hatte bereits die sozialistische Frauenbewegung vor 1933 im Sinn gehabt, jetzt ging es an die staatliche Umsetzung. Dabei dachte man nicht nur an die Vereinbarkeit von Familie und Beruf; es bestanden auch grundsätzliche Zweifel an der Zweckdienlichkeit einer reinen Familienerziehung. Die DDR setzte auf den Ausbau von Ganztags- und Wocheneinrichtungen nicht nur, um Mann und Frau gleichzustellen, sondern auch aus Misstrauen gegenüber der Erziehung in der Familie.[29] Aber erst in den sechziger Jahren begann sich das Ziel einer umfassenden Einbindung aller Kinder vom Säugling bis zum Jugendlichen in das staatliche Erziehungssystem zu verwirklichen, ebenso wie die gleichberechtigte Einbindung der Mütter in die Arbeitswelt.[30] Die Quoten von Frauen an den Universitäten, auch in den technischen Bereichen, eilten denen in der BRD um Jahrzehnte voraus. Auch das jedoch nicht nur im Interesse der Frauengleichstellung, sondern vor allem im Interesse einer gesamtgesellschaftlichen Wissenschaftsorientierung, einer Ausrichtung der ganzen Gesellschaft auf Arbeitsprozesse.[31]

Die unterschiedliche Familien- und Frauenpolitik in Ost und West wirkte sich bekanntlich verschieden auf die Geburtenraten in den beiden deutschen Staaten aus. Während sich in der BRD der schon im 19. Jahrhundert eingesetzte demographische Wandel nach dem Geburtenberg zwischen 1955 und 1965 weiter fortsetzte mit der Folge, dass in den frühen siebziger Jahren die Zahl der Geburten unter die Zahl der Todesfälle fiel, gab es in der DDR nach 1975 wieder mehr Geburten. Dazu trugen nicht nur sozialpolitische Maßnahmen wie die Entlastung der berufstätigen Mütter bei der Kinderversorgung bei, sondern auch die besseren Karrieremöglichkeiten von Frauen gerade in Berufen und Positionen, die im Westen Männern vorbehalten waren. Die Idee, weibliche Berufstätigkeit und Kinderkriegen stünden im Konflikt, hat sich – nicht nur in der DDR – als Trugschluss erwiesen.

Tomatenflecken

Zu den strukturellen Veränderungen, die schon lange vor 1968 die Frauenbewegung vorbereiteten, musste eine weitere Zutat kommen, um das Ganze zum Kochen zu bringen: die Studentenrevolte. Auch deren Bedeutung für den erneuten Aufbruch wird von Alice Schwarzer im Interesse ihrer eigenen Bilanz heruntergespielt. Doch erst die Kulturrevolution der Achtundsechziger brachte den entscheidenden Impuls; ohne '68 keine »neue« Frauenbewegung. Die ersten Lebenszeichen kamen aus Orten mit Hochschulen. Es waren die privilegierten, jungen Frauen, die von der Bildungsexpansion und dem Arbeitskräftemangel profitierten, die den ersten Stein beziehungsweise die Tomate warfen. Sie reagierten auf die Folgeprobleme, die der Wertewandel der sechziger Jahre mit sich brachte. Die jungen Frauen waren nicht mehr gewillt, als Hausfrauen isolierte, endlose und unsichtbare Arbeit zu verrichten, wenn es die Möglichkeit gab, das Leben auch sinnvoller zu verbringen. Und sie waren nicht amüsiert über die ungleichen Arbeitsbedingungen und Lebensperspektiven, die in der Gesellschaft auf sie warteten. Ein früher Liedertext der Frauenbewegten fasste das in folgende Zeilen:

»Frauen schuften, schuften, Bosse zieh'n den Nutzen,
Frauen steh'n am Fließband, Männer sind im Vorstand,
Männer sind meist Herrn – Frauen Knecht,
Frauen kriegen Kinder – Männer sind Erfinder.«

Die holprige Strophe verdeutlicht, worum es ging – eine linke Position, die um die produktive Arbeit kreiste. Das gilt für Deutschland, aber auch für Frankreich, die USA oder Italien. Schon in den fünfziger Jahren hatten sich in diesen Ländern linke Intellektuelle in losen lokalen Kreisen zusammengeschlossen. 1961 kam es in der BRD zum Bruch der Linken: Die SPD trennte sich vom Sozialistischen Deutschen Studentenbund (SDS), in dem sich ihre jungen, akademischen, weiter links stehenden Anhänger organisiert hatten, die sich als »neue Linke« verstanden. In Abgrenzung zur ehemaligen Mutterpartei engagierte sich der SDS ab 1966 in der Debatte um die Notstandsgesetze und schloss sich den Ostermärschen für Frieden und Abrüstung an. Daraus sollte sich die Außerparlamentarische Opposition (APO) entwickeln, die sich angesichts der damaligen großen Koalition aus SPD und CDU/CSU als einzig wahre Opposition im Land betrachtete.

In Frankreich nannte sich die neue linke Sammelbewegung aus Studierenden, Gewerkschaftern und Hochschulpersonal die »Enragés«, in den USA »New Left«. In all diesen Ländern agitierte man gegen den Vietnamkrieg, gründete Diskussions- und Aktionsgruppen und Gegenorganisationen wie etwa die »kritische Universität« in Berlin und diskutierte in Publikationen wie »neue kritik« oder »Das Argument« sozialistische Theorie und die Schriften der »Frankfurter Schule« um die Philosophen Adorno, Horkheimer und Marcuse.

In seinem einflussreichen Buch »Der eindimensionale Mensch« hatte Herbert Marcuse gefordert, dass, angesichts des Versagens des Proletariats, nun eine intellektuelle, künstlerische und studentische Avantgarde den Kampf gegen die Unterdrückung der Massen angehen müsse.[32] Frauen erkannten sich in dem Appell als Unterdrückte nicht nur im Produktionsprozess, sondern auch bei der gesellschaftlichen Teilhabe und den Möglichkeiten der Bedürfnisbefriedigung wieder. Sie wollten zum gesellschaftlichen Wandel beitragen und setzten den »Reproduktionsbereich«, also die Familie, auf die Tagesordnung. In einem revolutionären Prozess sollte genau dieser Bereich, der nicht umsonst in Anlehnung an den Begriff »Produktion« »Reproduktion« genannt wurde, eine zentrale Rolle zufallen.

Drei Merkmale waren für die neue internationale Frauenbewegung der mittleren und späten sechziger Jahre charakteristisch: Erstens der Glaube, dass man sich, wie die Neue Linke insgesamt, durch begrenzte Regelverletzung, durch antiautoritäres Agieren gegen das »System« wehren könne. Zur neuen Lieblingswaffe wurde die Provokation. Zweitens die Selbstorganisation in Gegeninstitutionen, die sogenannte »Revolutionierung des Alltagslebens«. Kindergarten, Schule, Universität und Familie wurden dabei zu wichtigen Austragungsorten des Konflikts. Drittens die Veränderung des Individuums. Ganz oben auf der Agenda stand die Umerziehung der Menschen. Es ist vielleicht das wichtigste Charakteristikum der linken Revoluzzer jener Zeit, ob Frauen oder Männer, dass sie es für nötig hielten, jeden einzelnen von seinem »repressiven« und »autoritären« Charakter zu heilen. Dieser Aspekt, die Umerziehung des Menschen, war in der deutschen Linken und Frauenbewegung offenbar besonders ausgeprägt. Und das ist meines Erachtens bis heute ein Merkmal und vor allem ein Problem der Siebzigerjahre-Feministinnen geblieben: Sie sind ihren erzieherischen Überschwang noch immer nicht los.

Wie eng die Ziele der beiden Bewegungen, der Studentenbewegung und der Frauenbewegung, zusammenhingen, wird am Beispiel der »Kinderladen-Bewegung« deutlich. Die alternativen Kindergärten oder Kinderläden waren zugleich politisches Programm der Achtundsechziger und für die Frauen ein Akt der Befreiung vom Joch der Alleinzuständigkeit bei der Versorgung des Nachwuchses. In der Ideologie der Achtundsechziger hatte die bürgerliche Kleinfamilie ihre Legitimität als »Keimzelle des Staates«, wie man im 19. Jahrhundert sagte, im Nationalsozialismus verspielt. Die »repressive« bürgerliche Familienerziehung wurde in einem psychoanalytisch-marxistischen Gedankenmodell, das sich vor allem auf Wilhelm Reich stützte, verantwortlich gemacht für die Hervorbringung des »autoritären Charakters«, einer demokratieuntauglichen Persönlichkeitsstruktur. Als Heilmittel dafür hofften die Protestler auf die Politisierung der Kindheit; sie träumten von der »repressionsfreien«, aus der Isolierung der Kleinfamilie herausgelösten und sexuell befreiten Erziehung im »Elternkollektiv«, die einen neuen Menschen ermöglichen würde, der nicht mehr autoritätsfixiert und neurotisch wäre und im Ernstfall den Mut zum politischen Widerstand aufbrächte.[33]

Deshalb ist die deutsche »Kinderladen-Bewegung« im Rückblick so eng mit der neuen Frauenbewegung verbunden: Nicht, wie Alice Schwarzer nahelegt, weil die protestierenden Studentinnen einfach nicht wussten, wohin mit ihren Kleinkindern, während sie studierten und protestierten, sondern vor allem, weil sich daran eine von Frauen und Männern gleichermaßen gehegte politische Hoffnung, eine Utopie verband, die für die Achtundsechzigerinnen und Achtundsechziger so wichtig war. Sie waren davon überzeugt, dass herkömmliche Kindergärten Zuchtstätten der »autoritären« Persönlichkeit seien. Die lediglich auf Ordnung, Sauberkeit und Disziplin abhebenden »Verwahranstalten« für Kinder versäumten in ihren Augen die wesentliche Aufgabe, nämlich die Befreiung des Menschen von Hemmungen und Neurosen.

Eine wesentliche Rolle spielte dabei die Sexualität. Nach Wilhelm Reich verfügt der Mensch von Natur aus über eine gesunde sexuelle Energie, eine »orgastische« Kraftquelle, die auszuleben für seine Ausgeglichenheit grundlegend sei. Wird sie abgeschnürt und ausgetrocknet, wachse zwangsläufig ein neurotischer, autoritätshöriger, konterrevolutionärer und vor allem aggressiver Mensch heran, für den es keinen anderen Ausweg gebe, als seine Mitmenschen zu unterdrücken oder im Extremfall in ein Konzentrationslager zu stecken. Diesen sadistischen Trieben wollte die Studentenbewegung durch die sexuell befreite frühkindliche Erziehung vorbeugen.

Das war zugleich der theoretische Überbau der sexuellen Revolution; die Befreiung von der »Zwangstreue« der Paarbeziehung, der Fixierung auf einen Partner, der ritualisierten ehelichen Beiwohnung am Samstagnachmittag versprach die Befreiung von »psychosexuellen« Verklemmungen. Die Studentinnen und Studenten wehrten sich gegen die Beschränkungen von »vorehelichem« oder »außerehelichem« Sex und betrieben – nicht zuletzt – die sexuelle Aktivierung von Frauen und Kindern (denn auch die wurden als sexuelle Wesen gesehen). Ziel war es, die Monopolstellung der männlich dominierten (Zwangs-)Heterosexualität zu brechen und eine selbstbestimmte weibliche und infantile Sexualität dagegenzustellen. Schamhaftigkeit galt es in allen Belangen zu überwinden, wozu etwa in Wohngemeinschaften die Türen ausgehängt wurden. Der »zwanghaften Zweierbeziehung« von Mann und Frau wurde die »polymorphe Perversion« entgegengesetzt, worunter der Lustgewinn mithilfe aller möglichen körperlichen Quellen gemeint war. Diesen Kontext müssen wir im Hinterkopf behalten, um die spätere Obsession der »neuen« Frauenbewegung mit dem Thema Sex besser zu verstehen.

Die Kindererziehung war ein gemeinsames Anliegen der Studentenbewegung. Was die Studentinnen allerdings erboste, war, dass die revolutionären Männer die Kinderfrage zwar theoretisch ernst nahmen, die Frauenfrage aber weiterhin in der Tradition der sozialistischen Ideologie für einen »Nebenwiderspruch« hielten, also für etwas, das sich durch die Überwindung des Kapitalismus schon von alleine lösen würde. Die Studentinnen mussten erleben, wie ihre Kommilitonen weghörten, wenn sie über ihre alltäglichen Probleme mit der Arbeitsteilung von Frauen und Männern in der Gesellschaft und im Privaten klagten, und sie verstanden, dass ihre scheinbar persönlichen Probleme in der Paarbeziehung politisch waren.

Die Erkenntnis, dass das Persönliche politisch ist, wurde von der amerikanischen Frauenbewegung übernommen und sollte die eigentliche theoretische Neuerung gegenüber der älteren Frauenbewegung werden. Mit der Parole wollten die Aktivistinnen ausdrücken, dass auch die Institution Familie von gesellschaftlichen Herrschaftsstrukturen dominiert sei und sich Themen wie Sexualität, Gebären, Hausarbeit und Erziehung nicht losgelöst von ihnen behandeln ließen. Die Filmemacherin Helke Sander formulierte das als eine der ersten in einem handgetippten Flugblatt aus dem Februar 1968 folgendermaßen:

> ich habe lange damit zugebracht, mir zu überlegen, ob die konflikte, die ich als frau habe, subjektive oder objektive sind. ... als ich heiratete, weil ich ein kind bekam, es aus wirtschaftlichen gründen nicht schaffte, unverheiratet zu bleiben, war es selbstverständlich, dass ich natürlich meine studien unterbrach, damit der mann zu ende studieren konnte. es war klar, dass der mann studieren musste, weil es natürlich so ist, dass der mann die familie ernähren muss, dass der mann eine ausbildung haben muss und dass die frau sich um die kinder kümmern muss. und natürlich war es sogar einleuchtend.... weil man weiss, dass die frauen gewöhnlich weniger verdienen als die männer... die frauen irren heimatlos in diesem system umher, sie haben ihre erfahrungen allein gemacht und nicht im kollektiv. sie sind niemals dazu aufgefordert worden, geschichte zu machen ...[34]

Helke Sander, im Januar 1937 in Berlin geboren, hat laut eigenen Angaben 15 Schulen in verschiedenen Städten besucht, bis sie das Abitur in Remscheid ablegte. Nach zweijähriger

Schauspielausbildung in Hamburg heiratete sie den finnischen Schriftsteller Markku Lahtela und bekam einen Sohn. Sie filmte fürs finnische Fernsehen und inszenierte am Finnischen Arbeitertheater. 1965 kehrte sie nach Berlin zurück und arbeitete vorübergehend als Sekretärin, daneben studierte sie an der Berliner Film- und Fernsehakademie, arbeitete als Übersetzerin und Reporterin. Sie engagierte sich in feministischen Organisationen und trug auch durch ihr filmisches Werk zum Kampf bei. »Kinder sind keine Rinder« und »Eine Prämie für Irene«, »Macht die Pille frei?« und »Männerbünde« sind Arbeiten aus jenen Jahren. 1973 organisierte sie das erste Internationale Frauenfilmseminar, ein Jahr später gründete sie die Zeitschrift »Frauen und Film« und übernahm einen Lehrauftrag an der Hochschule für bildende Künste in Hamburg. Ihr erster langer Spielfilm aus dem Jahr 1977, »Die allseitig reduzierte Persönlichkeit – Redupers«, erhielt mehrere internationale Preise. Wenn wir eine »Mutter« der wieder aufgeblühten Frauenbewegung suchen möchten, so ist Helke Sander wohl die richtige Adresse – sie war einflussreich und deutlich vor Alice Schwarzer am Thema dran.

Sieben Monate nachdem sie das erwähnte Flugblatt getippt und auf einer SDS-Versammlung verteilt hatte, trat sie als Sprecherin des sogenannten »Aktionsrats zur Befreiung der Frauen« auf einer Versammlung des SDS auf. Es war der 13. September 1968, am zweiten Tag der 23. Delegiertenkonferenz der sozialistischen Studenten. 38 Hochschulgruppen aus der ganzen Bundesrepublik und Berlin hatten sich an der Universität Frankfurt versammelt, um die Rolle der Intellektuellen, die Funktion des Studentenbundes, seine Position in der APO und die auseinanderdriftenden Tendenzen von antiautoritären und orthodox-marxistischen Gruppen zu diskutieren.

Es wird (ausgerechnet) über Demokratiekonzepte gestritten, als Helke Sander vortritt und eine Rede beginnt, deren Inhalt sie mit niemandem abgestimmt hatte, was gegen die Regeln war. »Warum sollte ich denen vorher erzählen, was ich reden will?«, meinte sie später. Sanders Kernaussage: In der Studentenbewegung würden die alten Rollenmuster der bürgerlichen Gesellschaft gepflegt, die eigentlich bekämpft werden sollten. Sie bot die Zusammenarbeit des »Aktionsrats« mit dem SDS an, jedoch nur auf der Grundlage der Anerkennung der »spezifischen Problematik der Frauen«, der Kinderfrage und der Bildungsfrage. Mit den Kinderläden setze die Frauenbewegung einen Schwerpunkt auf die Politisierung des Privatlebens. Darüber müsse diskutiert werden. Anderenfalls bleibe es dabei, dass die männlichen Studenten nur über den Klassenkampf öffentlich redeten und andere wichtige Probleme, zum Beispiel ihre Orgasmusschwierigkeiten, für zuhause aufsparten: »genossen, wenn ihr zu dieser diskussion, die inhaltlich geführt werden muss, nicht bereit seid, dann müssen wir allerdings feststellen, dass der sds nichts weiter ist als ein aufgeblasener konterrevolutionärer hefeteig. die genossinnen werden dann die konsequenzen zu ziehen wissen.«[35]

Eine kurze Pause tritt ein, und dann geht es einfach weiter im Programm. Der nächste Redner, Hans-Jürgen Krahl, Vorsitzender des SDS, steht schon am Mikrofon und will sein Referat beginnen. Da springt die schwangere Sigrid Rüger, eine namhafte SDSlerin und Unterstützerin von Sander, auf und schleudert mit dem Ruf »Konterrevolutionär ... Agent des Klassenfeindes« sechs Tomaten auf das Podium. Eine trifft Krahl am Schlüsselbein.

In der Rückschau war das die Schlüsselszene, der symbolische Gründungsakt der »neuen« Frauenbewegung. Dem

Tomatenwurf gingen jedoch etliche lokale Aktionen von Feministinnen voraus. In Bonn hatte sich schon früher ein »Arbeitskreis Emanzipation« um Florence Hervé gegründet, der zunächst klassische Texte der Frauenemanzipation las, sich dann jedoch mit dreißig Akteurinnen in offenen Briefen, Vorträgen und Unterschriftensammlungen Gehör zu verschaffen suchte. In Münster hatte sich 1966 zum ersten Mal eine studentische Gruppe zum Thema Frau zusammengefunden. Organisatorin war Karin Schrader-Klebert, die auch 1966 das erste Seminar zum Thema Frau abhielt. In Frankfurt gab es den »Weiberrat«, in München die Frauenkommune und den Republikanischen Club. In Hamburg entblößten neun Frauen vor dem Landgericht ihre Brüste, nachdem die wegen Hausfriedensbruch angeklagte Ursula Seppel dem Gericht autoritäres Gehabe und obrigkeitsstaatliches Denken vorgeworfen hatte.

Ein Ort, an dem der Beginn der neuen Frauenbewegung besonders gut rekonstruiert wurde, ist München. Mit einem eigenen Verlag, einer Verlagsbuchhandlung, mehreren Frauenzentren, Frauencafés und spektakulären Großaktionen sollte München in den siebziger Jahren das »feministische Wunderland« werden. Die Chronologie der beginnenden feministischen Erregung: Zuerst entstanden an der Ludwig-Maximilians-Universität und der Kunstakademie Kinderläden. Sie wurden zum Basislager für zumeist studierende Frauen. Als nächstes bildete sich eine reine Frauenkommune, angestrebt wurde schließlich die Aufhebung der Institution Familie. Dann fielen Feministinnen gruppenweise in einschlägige linke Studentenkneipen ein, zu der Zeit noch keine Selbstverständlichkeit für Frauen. Sie färbten sich die Haare, trugen kriegerisches Make-Up, kleideten sich in schwarze Lackstiefel, enge Rollkragenpullover und rosa Cordhosen und besetzten die Seminare an der Universität. Überliefert ist auch ein »Schweinchen-Attentat«, bei dem Kommunardinnen auf einer SDS-Versammlung die Männer mit rosa Plastikschweinchen bewarfen.[36]

Auf bundesweiter Ebene stand kurz nach der Tomatenwurf-Szene die nächste Delegiertenkonferenz des SDS an. Diesmal trat die 25-jährige Mona Steffen aus Frankfurt auf und warf den versammelten Männern repressive Kommunikationsstrukturen und Zynismus vor. Ein Flugblatt des Frankfurter »Weiberrats«, das auf der Konferenz kursierte, zeigte eine Frau mit Beil und abgehackten Penissen. Unterschrift: »Befreit die sozialistischen Eminenzen von ihren bürgerlichen Schwänzen.« Die Schwänze waren nummeriert und trugen die Namen von führenden SDSlern – die das natürlich überhaupt nicht lustig fanden.[37]

Ein Memorandum des »Aktionsrats zur Befreiung der Frauen« von 1968 drückte aus, wo die Frauenbewegten damals standen. Sie sahen sich als eine dem antiautoritären Lager und der APO zugehörige politische Gruppierung. Ihr Kampf galt jedoch der Unterdrückung der Frau, ein Problem, das sich nicht individuell oder juristisch lösen ließ, da es eine Grundlage des kapitalistischen Systems sei. Angestrebt wurde deswegen nicht nur »Emanzipation« wie zu Zeiten der bürgerlichen Frauenbewegung, um ökonomisch und sozial mit den Männern gleichzuziehen; vielmehr sollten Lebensbedingungen geschaffen werden, »die jedes Konkurrenzverhältnis zwischen Menschen überhaupt aufheben«. Erreicht werden sollte dieses Ziel »durch die Umwandlung der Produktionsverhältnisse und Machtverhältnisse mit dem Ziel einer sozialistischen Gesellschaft.« Außerdem kündigte der Aktionsrat einen vorübergehenden Rückzug aus der gemischt geschlechtlichen Welt an, um sich in die Lage zu versetzen, »ohne Rücksichten und Kompromisse unser Selbstverständnis erst einmal zu finden«.[38]

In diesem historischen Moment ging also der Mann über Bord. Zwar hatten Männer in Frauenorganisationen des 19. Jahrhunderts auch oft kein Stimmrecht oder waren gar als Mitglieder unerwünscht. Nun jedoch wurde der Männerausschluss zum Markenzeichen der Bewegung. Der Bundesfrauenkongress am 12. März 1972 beschloss offiziell die Selbstorganisation von Frauen und die Separierung vom Mann. »Wir schließen Männer aus unseren Gruppen aus, weil wir die Erfahrung gemacht haben, dass sich Bevormundung und Unterdrückung, die wir in allen Lebensbereichen erfahren, in gemischten Gruppen reproduzieren. Wir wollen in unseren Gruppen die auch von uns Frauen verinnerlichten Autoritätsstrukturen und Herrschaftsmechanismen in Frage stellen und solidarisch abbauen.«[39] Anfangs als Selbstverteidigung gegen die erdrückende männliche Hierarchie in der Linken und in der Studentenbewegung gedacht, entwickelte sich aus der »Autonomie« ein positives Argument. Dabei ging es um herrschaftsfreie Selbsterfahrung und Artikulationsmöglichkeit. Um die eigene Lage als Frau besser verstehen zu können, müssten männerfreie Räume geschaffen werden, in denen Frauen zu sich selbst finden und ihre Erfahrungen austauschen könnten. Schließlich wurde daraus ein Reformprogramm: Im Interesse einer neuen Wirklichkeit müssten zunächst die Repräsentanten der alten ausgeschlossen werden. Strittig war, ob die Trennung der Geschlechter nur ein Übergangsstadium sein sollte oder nicht.

Letztlich behielten die Frauen die Trennung bei: Auch bei der ersten »Sommeruniversität« im Jahr 1976 mussten die

Männer draußen bleiben. An der FU Berlin kamen sechshundert Frauen zusammen, vormittags gab es Vorträge, nachmittags Arbeitsgruppen, abends Diskussionen. Gisela Bock, die bekannte Historikerin, hielt eine Eröffnungsrede, in der sie zum Ausschluss der Männer Stellung nahm: »Dabei ist die Aufmerksamkeit, die der Ausschluss von Männern erregt, selbst schon aufschlussreich. Wer hat sich bisher darüber erregt, dass Frauen von den meisten Männerversammlungen ausgeschlossen sind? Haben sich Männer dafür je rechtfertigen müssen? Und warum nicht? Weil im Grunde die Frauen für die Privatsphäre verantwortlich sind, unpolitisch und nicht recht geeignet fürs öffentliche Leben. Wir aber wissen, dass wir meist keine andere Wahl, sehr wohl aber andere Bedürfnisse haben.« Wie du mir, so ich dir. Ein Journalist der Deutschen Presse-Agentur (dpa) gab der Rednerin unfreiwillig Recht, als er schrieb, die Veranstaltung finde »unter Ausschluss der Öffentlichkeit« statt. Dabei wollten die Frauen ja gerade eine »Gegenöffentlichkeit« schaffen.[40] Beim »1. Frauenforum im Revier« im Jahr 1979 blieben die Frauen immer noch unter sich. Das Programm der einwöchigen Weiterbildungsveranstaltung sah jedoch immerhin vor, dass sich nachmittags Männer mit Männern treffen sollten, um in einer eigenen Gruppe über ihre Erfahrungen zu reden.

Der Männerausschluss wurde schon damals heftig kritisiert und auch heute ist die Frage noch relevant. War es sinnvoll, dass in der deutschen Frauenbewegung so viel Wert auf die »Autonomie« vom Mann gelegt wurde, anders als beispielsweise in den USA? Gründete nicht darauf der Vorwurf des »Männerhasses« gegen die Frauenbewegung, ein Vorwurf, der sicher nicht dazu beitrug, die Lage der Frauen zu verbessern? Schließlich lebten Frauen nicht auf einer einsamen Insel, und nur die wenigsten waren so konsequent, sich auch in ihren Liebesbeziehungen nur auf Frauen zu kaprizieren. Das Ergebnis war eine Schizophrenie: Im Privatleben mit individuellen Männlichkeiten konfrontiert, gingen die Feministinnen in ihrer Bewegung dazu über, die Männer analog zu den Frauen als Kollektiv zu definieren und schlussendlich so auch wahrzunehmen. Welche Konsequenzen das insbesondere für den Feminismus einer Alice Schwarzer hatte, sehen wir im folgenden Kapitel. Zunächst jedoch ein Blick über den Tellerrand nach Frankreich und in die USA. Der Vergleich kann uns etwas erzählen über die Eigenart des deutschen Feminismus. Die Auswahl dieser Beispiele ist natürlich unbefriedigend; auch Länder wie Italien, Holland und England wären interessant. Da es jedoch besonders französische und amerikanische Feministinnen waren, deren Texte und Konzepte in Deutschland aufgegriffen wurden, erscheint mir die Beschränkung vertretbar.

Die französische Art: Zu viel Frau oder zu wenig Frau?

Frankreich hatte nicht nur eine Simone de Beauvoir, Frankreich hatte mit Paris ein intellektuelles Kraftfeld, das die Theoriebildung des internationalen Feminismus entscheidend befeuerte. Auch hier tauchte die Frauenbewegung zuerst im linken Spektrum auf. In Paris ging im Jahr 1967 eine »féminin, masculin, avenir« genannte Gruppe aus der 1962 gegründeten sozialistischen Frauenorganisation MDF hervor. Sie veranstaltete 1968 eine Debatte an der Sorbonne, die die Wiederbelebung der französischen Bewegung einleitete. Eingeladen dazu wurden explizit auch Männer, da nicht nur Frauen für ihre

Emanzipation aktiv werden müssten, sondern eben auch Männer, indem sie ihre Rolle als Unterdrücker verweigerten. Zeitgleich entstand eine weitere Gruppe, die sich um die Lektorin Antoinette Fouque und die Schriftstellerin Monique Wittig an der Universität Paris-Vincennes sammelte. Vincennes war als Reformuniversität ein spannendes intellektuelles Zentrum, an dem Berühmtheiten wie Gilles Deleuze, Michel Foucault und Hélène Cixous unterrichteten. Fouque und Wittig lasen Marx, Freud und vor allem Lacan, den für die französische Frauenbewegung so einflussreichen Psychoanalytiker. Fouque begann bei Lacan eine Psychoanalyse – ein Schritt, der für den französischen Feminismus aber auch für die internationale Theorieentwicklung entscheidend werden sollte. Vereint mit der Analytikerin Luce Irigaray bildeten die »Filles de Vincennes« die Gruppe »Psychoanalyse & Politique«, kurz »psy et po«.

Zunächst übernahmen die französischen Feministinnen die amerikanische Strategie, sprachen analog zum Rassismus von »Sexisme« und führten den Begriff »male chauvinism«, »männlicher Chauvinismus«, auch in der französischen Sprache ein. Im August 1970 hielten neun Feministinnen ein Transparent am Pariser Triumphbogen in die Luft mit der Aufschrift: »Es gibt jemanden, der noch unbekannter ist als der unbekannte Soldat: seine Frau!« und legten einen Kranz nieder. Das war die erste offizielle Aktion der französischen Frauenbewegung MLF (»mouvement pour la liberation des femmes«). Kurz darauf brachten sie eine 250-seitige Broschüre mit den zentralen amerikanischen Texten des »Women's Liberation Movement« heraus. Die »féministes révolutionaires« um Christine Delphy gründeten kleine Aktionsgruppen zur weiblichen Bewusstseinshebung. Es gab die »Rotkäppchen« (Guoines Rouges), die ihr Lesbiertum als subversive Praktik verstanden wissen wollten, es gab den »Cercle Elisabeth Dimitriev«, die im Kapitalismus das größte Hindernis für die Befreiung der Frauen sahen, es gab die von Simone de Beauvoir mit initiierte »Ligue du Droit des Femmes«, die das erste französische Frauenzentrum gründete.

Zum gemeinsamen Anliegen und vorübergehenden Bindemittel der französischen Feministinnen sollte ab 1971 der Kampf gegen die Kriminalisierung der Abtreibung werden. Seit 1920 hatte Frankreich ein Gesetz, das Abtreibung, aber auch Werbung und Verkauf von Empfängnisverhütung verbot und mit einem bis fünf Jahren Gefängnisstrafe und einer Geldstrafe zwischen (umgerechnet) 30 000 und 60 000 Euro bestrafte. Auch wenn das Gesetz leger ausgelegt und seit 1967 wenigstens die Verhütung erleichtert wurde, verlangten die Feministinnen nun auf der Grundlage ihres körperlichen Selbstbestimmungsrechtes die Legalisierung der Abtreibung.

Am 5. April 1971 erschien die berühmt gewordene Selbstanzeige von 343 Frauen im »Nouvel Observateur«. Sie bekannten, abgetrieben zu haben. Zu den Unterzeichnerinnen gehörten organisierte Feministinnen, aber auch Schauspielerinnen wie Jeanne Moreau und Schriftstellerinnen wie Marguerite Duras, Colette Audry, Françoise Sagan. Simone de Beauvoir war der bekannteste Name. Die Kampagne löste eine Welle von weiteren Selbstanzeigen aus, unter anderem von tausend Männern, die sich als Komplizen einer Abtreibung bezeichneten, und von Ärzten, die eine Abtreibung vorgenommen hatten. Mehrere tausend Frauen demonstrierten für eine Gesetzesänderung, man organisierte Abtreibungsfahrten und rief zum Frauenstreik auf, bis schließlich am 17. Januar 1975 das neue Abtreibungsgesetz verkündet wurde, das den Schwangerschaftsabbruch bis zur zehnten Woche nach einer mehrmaligen Beratung an öffentlichen Krankenhäusern zuließ. Die »campagne avortement« war für die Mobilisation der Frauenbewegung ein wichtiger, einigender Moment, der die Konflikte bei den Strategien und Zielen überbrücken half. Dieser gemeinsame Erfolg war es, den Alice Schwarzer hautnah miterleben und später in der Bundesrepublik nachahmen sollte.

Was die französische feministische Kultur von der westdeutschen jedoch deutlich unterschied, war die offene und akademisch verankerte Diskussion des feministischen Grundproblems, das die Frauenbewegung seit ihren Anfängen im 19. Jahrhundert umgetrieben hatte – nämlich dass die Geschlechterordnung und die gesellschaftlich-ökonomische Ordnung eines sind und nicht voneinander getrennt behandelt werden können. Hier, in Paris, war die intellektuelle Schlagkraft groß genug, um sich dem Problem zu widmen – und die Toleranz groß genug, dass am Ende gegensätzliche Positionen nebeneinander existieren konnten, anders als in der Bundesrepublik, wo sich eine Seite, und zwar die von Alice Schwarzer und ihrer »Emma«, die mediale Diskurshoheit holte. Worum ging es? Was die feministischen Strömungen trennte, waren entgegengesetzte Beschreibungen und Erklärungen des Problems der Frauen und entsprechend unterschiedliche Strategien zu dessen Lösung. Die eine Seite, so etwa Wittig und Delphy in Frankreich und Schwarzer in Deutschland, vertrat die aufklärerische, die moderne Position: Der Unterschied zwischen Frauen und Männern ist kulturell beziehungsweise sozial konstruiert und wird generell überschätzt. Die Gebärfähigkeit der Frau ist kein natürlicher und zwangsläufiger Tatbestand (mehr) und kann abgekoppelt werden von ihrer Identität. Welche Konsequenzen eine Gesellschaft aus der Gebärfähigkeit der Frauen zieht, steht ihr frei. Wir erkennen hier die alte Position einer Olympe de Gouges wieder. Die Geschlechteridentität ist ein Ergebnis von Machtverhältnissen und gesellschaftlichem Rollenzuschreiben auf der Grundlage angeblich »weiblicher« und »männlicher« Eigenschaften. Durch eine andere Erziehung und durch die Veränderung der Gesellschaft, insbesondere der ökonomischen Strukturen, würden sich Frau und Mann zu ihrer eigentlichen »Menschlichkeit« entwickeln. Frauen und Männer sprechen, denken und handeln nur deshalb unterschiedlich, weil sie in eine bestehende, vom bürgerlichen beziehungsweise kapitalistischen System favorisierte Geschlechterordnung hineingeboren werden. Das historische und auch noch gegenwärtige Problem der Geschlechterordnung ist, dass Frauen immer noch zu sehr Frauen und zu wenig Menschen sind.

Die andere Seite hat nicht *den Menschen* als Zielvorstellung. Die aufklärerische Vorstellung einer universalen Menschlichkeit sei schließlich ebenfalls ein (männlich erdachtes) Konstrukt. Diese Frauen wollen in der Geschichte noch weiter zurückgehen, hinter die Moderne, hinter die Aufklärung, wo sie hoffen, eine ursprüngliche Weiblichkeit zu finden, die sich zum Beispiel auf die Gebärfähigkeit stütze. Aus ihrer Sicht verfügten Frauen über Wissen und Erfahrung, die sie von Männern unterscheiden. Diese verschütteten Ressourcen gelte es wieder zu nutzen. Frauen besitzen also eine »ungelebte Substanz«, die es zu befreien gilt. Dass diese weibliche Essenz tatsächlich auf die weibliche Gebärfähigkeit zurückgeht, ist dabei nur eine Interpretationsvariante. Im Allgemeinen wäre es zu einfach, die französischen Differenzfeministinnen darauf zu reduzieren, dass sie die Unterschiede der Geschlechter mit Biologie erklärten, wie das Alice Schwarzer später immer behaupten wird. Es ist im französischen Differenzfeminismus vielmehr die Psyche, die Frauen und Männer unterscheidet und die letztlich nicht getrennt von der Anatomie gedacht wird. Das auf psychoanalytische Vorstellungen zurückgehende Modell besagt, dass Mädchen und Jungen von Geburt an in einer unterschiedlichen Beziehung zur Mutter stehen (homosexuell versus heterosexuell) und dass sich dieser Sachverhalt in die Psyche von Frauen und Männern quasi einbrennt. Die französischen Differenzfeministinnen, die auch in den USA und in Deutschland sehr einflussreich wurden, glauben, in unserer »phallischen« Kultur lebe das weibliche frühkindliche Erleben untergründig im Unbewussten weiter und könne und müsse durch die Frauenemanzipation ans Licht gebracht werden.

Aus den unterschiedlichen Grundannahmen entstehen selbstverständlich ganz verschiedene Vorstellungen von Emanzipation. Während die einen sagen: »Frauen, ihr seid zuviel Frau und zu wenig Mensch«, meinen die anderen: »Frauen, erkennt euch selbst«. Die Emanzipation der ersten Position besteht in einer Reduzierung von Weiblichkeit, die als reine Äußerlichkeit verstanden wird, die zweite, die »poststrukturalistische« Variante, wehrt sich genau gegen diese Zumutung und versteht unter Emanzipation eine Steigerung der Weiblichkeit.

Die Entscheidung für das eine oder das andere hat natürlich Konsequenzen für die Methoden und Strategien des Feminismus. Für die einen liegt der Dreh- und Angelpunkt in den sozialen Verhältnissen, für die anderen in den psychischen und symbolischen Verhältnissen. Die Feministinnen, die sich an den Werken Simone de Beauvoirs orientieren, sehen Frauen als eine soziale Klasse, die nicht allein vom Kapitalismus, sondern auch vom »Patriarchat« unterdrückt wird. Das Patriarchat wird als globale Einrichtung verstanden, die

Frauen auf der Grundlage sozio-ökonomischer Strukturen – Familie, Ehe, Sexualität, Arbeit – unterdrückt. Auf all diesen Feldern herrscht ein männliches Definitions- und Machtmonopol, das sich etwa in Lohnunterschieden, unbezahlter Hausarbeit, sexueller Ausbeutung, Kleider- und Diätzwängen und entsprechenden Wissensproduktionen manifestiere und das folglich bekämpft werden muss.

Für die anderen ist die Wiederentdeckung des weiblichen Erlebens nicht zuletzt in der Sexualität das wesentliche Emanzipationsziel. Die weibliche Sexualität wird als primär homosexuell und erst später heterosexuell definiert, sie ist in der herrschenden symbolischen Ordnung marginalisiert und muss daher in ihrem subversiven Potential erkannt und genutzt werden. Von dieser Ausgangslage waren die Feministinnen schnell bei der lesbischen Liebe angelangt, die manchen von ihnen als die einzig wahre Liebe galt. Damit ist nicht nur eine real ausgelebte Sexualität unter Frauen gemeint, sondern ein weiter gefasster Begriff von weiblichem Einvernehmen und gegenseitigem Unterstützen als ein Akt weiblicher subversiver Loyalität.

Aus der Sicht des Differenzfeminismus stellt sich allerdings sodann die spannende Frage, ob es so etwas wie eine weibliche Geschlechtsidentität tatsächlich geben kann. Die Antwort der Intellektuellen darauf lautet, dass die Rede von einer festen Identität nur auf einer männlichen Logik beruhe. Die Feministinnen sollten lieber von Differenz als von Identität sprechen. Es gehe nicht darum, Frauen als Nicht-Männer zu begreifen, sondern als fließende, fluktuierende Größe, die in der Kultur immer die Differenz, das Andere, Ausgeschiedene, Marginalisierte verkörpere. Weiblichkeit sei immer ein Verweis auf etwas anderes. Um dem Frausein zur Geltung zu verhelfen, genüge es nicht, die sozialen Verhältnisse und Rechtsbeziehungen der Geschlechter zu reformieren. Denn die »phallische« Symbolik durchdringe nicht nur die tiefsten Schichten der Psyche, sondern die gesamte Gesellschaft. Das Paradepferd, an dem diese Feministinnen ihre Theorie aufzäumten, war daher die Sprache, da auch Grammatik und Schreibweisen von der phallischen Logik geprägt seien. Groß- und Kleinschreibung wurde damals als Ausfluss einer phallisch/heterosexuellen Grammatik, eines »Phallologozentrismus« abgelehnt, das alles in binäre Oppositionen zwingen müsse: Hier das penetrierende Subjekt, groß geschrieben, dort das passive weibliche Prädikat, klein geschrieben.

Reduzieren wir die beiden Positionen im französischen Feminismus, die abgeschwächt auch in der Bundesrepublik die feministische Szene spalteten: Die eine Partei sah und sieht in der Überwindung der Geschlechterunterschiede das Heil, die andere in der Überwindung der (unbewussten) Geschlechterhierarchien in der Psyche der Frauen. Aus der einen Haltung erwuchs die an die Frühzeit der Frauenbewegung erinnernde Forderung, alle Arbeiten und Aufgaben, auch die militärischen, unter Frauen und Männern gleich zu verteilen, denn es gibt im Grunde keine Frauen und Männer, sondern nur menschliche Individuen. Aus der anderen Haltung entstand die Idee, dass nur Tiefbohrungen in der Kultur und Subversion eine neue Geschlechterordnung ermöglichen. Diese beiden Sichtweisen halten die Frauenbewegung also weiterhin in Atem.

Vorteil Amerika

»Viele Jahre lang lag das Problem den Frauen unausgesprochen im Sinn. Es war eine seltsame Erregtheit, ein Gefühl der Unzufriedenheit, eine Sehnsucht, worunter die Frauen der Vereinigten Staaten in der Mitte des 20. Jahrhunderts litten. Jede der in den Vororten lebenden Frauen kämpfte für sich allein dagegen an. Wenn sie Betten machte, einkaufen ging, Stoff für neue Schonbezüge ausmaß, mit ihren Kindern Erdnussbutterbrote aß, oder mit dem Auto zu ihren Pfadfindergruppen brachte, wenn sie nachts im Bett lag – immer scheute sie sich, die leise Frage zu stellen: ›Ist das alles?‹«[41]

So beginnt der wichtigste Text für die Erneuerung der globalen Frauenbewegung im 20. Jahrhundert. Geschrieben hat ihn die Amerikanerin Betty Friedan. Sein Erscheinen im Jahr 1963 löste weltweite Resonanz aus. Friedan präsentierte darin eine Analyse des von ihr sogenannten »feminine mystique« (mit »Weiblichkeitswahn« nur unzureichend übersetzt), der kulturellen Übereinkunft, was Weiblichkeit sei. Wegen dieser Übereinkunft sei die weiße Mittelschichtfrau in ihrem Vorort lebendig begraben, ohne Einkommen, allenfalls karitativ tätig. Eine eigene Karriere zu verfolgen, beruflich oder politisch, bleibe ihr im konservativen und familienorientierten Nachkriegsklima verwehrt, denn trotz der gestiegenen Bildungs- und Ausbildungsquoten schwebe über ihr, grell beleuchtet durch Medien, Wissenschaft und Werbung, ein Frauenideal, das sich in der Rolle der Hausfrau und Mutter erschöpfe. Die weibliche Babyboomer-Generation habe sich einreden lassen, dass Frauen wie Tiere seien, weniger als menschlich, unfähig zu denken wie Männer, geboren um zu brüten und Männern zu dienen. Sexistische Erzieher und Lehrer hätten ihnen beigebracht, je früher sie einen Mann fänden, umso besser, weshalb die Collegejahre in erster Linie der Suche nach dem geeigneten Kandidaten dienten. Ergebnis dieses Zustands, so Friedan: ein »Gefühl ohne Namen«, eine Leerstelle zwischen dem, was eine Frau tut, und dem, was eine Frau will. Selbstverwirklichung dürfe sie nur in sexueller Passivität, männlicher Unterdrückung und sorgender Mutterliebe suchen. Der Weiblichkeitswahn verhindere, dass Frauen ihr ganzes menschliches Potential ausschöpften und sich aus ihrem häuslichen Gefängnis befreiten.[42]

Eine laute Fanfare war das, die da in den frühen sechziger Jahren aus Amerika kam, zu einer Zeit, als in vielen anderen westlichen Ländern die Frauen noch im Stillen in ihren Interessensverbänden wirkten. Dass der Weckruf in Amerika ertönte, war kein Zufall. Nirgendwo auf der Welt sollte der Feminismus so erfolgreich werden wie in den USA. Nirgendwo gab und gibt es so mächtige Organisationen und so schillerndes Personal. Nirgendwo konnte der Feminismus programmatisch so weit gedeihen und gleichzeitig in der Öffentlichkeit präsent bleiben. Die amerikanische Frauenbewegung veranlasst uns seit jeher zu einem sehnsüchtigen Blick über den Atlantik.

Worin besteht der so große Unterschied zwischen dem amerikanischen und dem restlichen Feminismus, abgesehen von den allgemeinen strukturellen Vorteilen in den Vereinigten Staaten wie dem historischen Demokratievorsprung und der wichtigen Rolle der Frauen bei der Besiedlung des Mittleren Westens? Die Frauenbewegung in den USA hatte von Anfang an mehr Rückenwind. Im Juli 1848 versammelten sich zweihundert Frauen und vierzig Männer in Seneca Falls im Staat New York und unterzeichneten nach mehrtätiger Debatte ein Manifest, die Declaration of Sentiments. Die Teilnehmerinnen und Teilnehmer kannten sich aus der Antisklavereibewegung und von evangelikalen Gruppierungen. So wie Olympe de Gouges die Frauenrechtserklärung an die Menschenrechtserklärung angelehnt hatte, so liehen sich die Amerikanerinnen Formulierungen aus der Unabhängigkeitserklärung und verkündeten, nicht nur seien alle Menschen gleich, sondern auch alle Männer und Frauen. Sie leiteten daraus Forderungen nach wirtschaftlicher, politischer und rechtlicher Gleichstellung ab. Die Deklaration hatte großen Nachhall, von nun an kamen Frauen und Männer jedes Jahr zu einer Frauenrechtskonferenz zusammen und formulierten immer weitergehende Forderungen etwa nach Eigentumsrechten, Sorgerecht für Kinder, Bildung und Frauenstimmrecht. Noch im Bürgerkrieg gründete sich die erste landesweite Frauenorganisation, die Woman's National Loyal League, die auf Seiten der Nordstaaten stand und für die Abschaffung der Sklaverei 400 000 Stimmen sammelte. 1869 führte Wyoming als erster Staat das Frauenwahlrecht ein und ließ Frauen im Gericht als Geschworene zu, ein Jahr später folgte Utah. Die Frauenrechtsbewegung, die von 1878 bis zu ihrem Sieg im Jahr 1920 immer wieder ein und denselben Entwurf zum Frauenstimmrecht einbrachte, verbündete sich Ende des 19. Jahrhunderts äußerst erfolgreich mit der Temperenzbewegung gegen Alkohol und der Clubbewegung für Bildung und Wohlfahrt.

Anders als in Europa waren in der amerikanischen Frauenbewegung immer wieder auch prominente Männer aktiv, und der Staat griff angesichts der weiblichen Forderungen nicht zu Verteidigungsmaßnahmen wie einem Versammlungs- oder Publikationsverbot. Auf Anhieb fällt auch der unterschiedliche Umgang mit dem Begriff Feminismus auf: In den USA heute so selbstverständlich, dass er auch konservativen Frauen leicht über die Lippen geht, in der BRD dagegen unbeliebt und sehr oft mit abfälligem Unterton benutzt. Der amerikanische Feminismus-Begriff ist offensichtlich weniger stark ideologisch aufgeladen als der deutsche.

In ihrem Vergleich der deutschen und der amerikanischen Frauenbewegung ist die Historikerin Stefanie Ehmsen auf zahlreiche wichtige Details gestoßen, die erklären, warum sich die Amerikanerinnen in vielerlei Hinsicht mit ihren Anliegen besser durchsetzen konnten als die Deutschen.[43] Sicher ein entscheidender Unterschied ist das Rechtsdenken: Die amerikanische Gleichstellungspolitik geht von der grundsätzlichen Gleichheit von Mann und Frau aus. Der Staat ist nicht dafür zuständig, bei Problemen in der verschiedenartigen Lebensgestaltung von Männern und Frauen einzuspringen. Deshalb gibt es keinen nennenswerten bezahlten Mutterschaftsurlaub und kein Erziehungsgeld. Eine Frau, die ein Kind bekommen will, kann zwölf Wochen unbezahlten Urlaub nehmen, der Rest ist Vertragssache. Dem steht jedoch ein weit fortgeschrittenes Antidiskriminierungsrecht gegenüber. Während eine Frauenquote in Deutschland bis heute als heikel und vielen wenn überhaupt nur im politischen Feld anwendbar erscheint, hat sich in den mittleren 1960er Jahren in den USA mit dem Modell der »Affirmative Action« ein Instrument etabliert, das die historischen Benachteiligungen von Frauen und Minderheiten zu kompensieren half. So ist es dort beispielsweise schon länger Usus, Bewerbungen zu anonymisieren, damit Geschlecht, Hautfarbe oder Alter das Auswahlverfahren nicht von Anfang an beeinflussen, eine Praxis, die hier erst vorsichtig getestet wird. Gleichstellungspolitische Forderungen können sich auf eine wirkungsvolle Rechtsprechung stützen. Allein im Jahr 2005 gingen bei der amerikanischen Gleichstellungsbehörde über 23 000 Klagen wegen sexueller Benachteiligung ein.[44]

Die amerikanische Frauenrechtsentwicklung begann jedoch nicht nur früher als in Europa, sie hatte auch viel mächtigere Organisationen im Rücken als das in Europa der Fall war. Die liberale Tradition in Amerika brachte es mit sich, dass soziale Bewegungen eine relativ große gesellschaftliche Bedeutung besitzen, der Staat demgegenüber eine schwächere Rolle einnimmt als in Europa und damit auch nicht erster Adressat politischer Forderungen ist.[45] Die Dominanz liberalen Denkens in der amerikanischen Frauenbewegung hatte auch offensichtliche Nachteile, etwa was die soziale Sicherung von Frauen angeht, aber sie hatte den einen großen Vorteil, dass sie das Engagement in Graswurzelbewegungen förderte. Unter der großen Dachorganisation National Organization for Women (NOW), 1966 von 28 Frauen gegründet, fanden Anfang der 1980er Jahre 200 000 Frauen und Männer Platz, heute sind es über 500 000 Mitglieder. Das war nur deshalb möglich, weil man sich nicht einer bestimmten feministischen Ideologie verschrieb, sondern ideologische Ansätze von ganz links bis streng konservativ vereinte. Die liberale »Bewegungskultur« in den USA reichte weit in die Gesellschaft hinein und konnte sich im Mainstream verankern. In Deutschland hingegen wurde die rechtliche Gleichstellung von oben dekretiert, was zwar einige Gerechtigkeitslücken zwischen Mann und Frau schließen half, aber eine viel größere Lücke zwischen der rechtlichen Zielvorgabe und der gesellschaftlichen Akzeptanz von Gleichberechtigung riss. Die »autonome« Frauenbewegung in Deutschland kümmerte sich kaum oder gar nicht um die Belange des weniger jungen und gebildeten »Lieschen Müller«.

Die historische Verbindung der amerikanischen Frauenbewegung mit der Antisklavereibewegung im 19. Jahrhundert und der Bürgerrechtsbewegung im 20. Jahrhundert führte in den Vereinigten Staaten zu einer Gleichsetzung von Geschlechter- und Rassendiskriminierung. Deshalb stand dort die Gleichbehandlung von Minderheiten und Frauen gemeinsam ganz oben auf der politischen Agenda. Dem Equal-Rights-Ansatz folgten Gewerkschaften, Demokraten und Feministen gleichermaßen. Sie zogen an einem Strang, während in Deutschland der arbeitsrechtliche Sonderstatus die grundsätzlich als schützenswert betrachteten Frauen aus ganzen Branchen ausschloss (zum Beispiel Bauwesen und Bergbau), sie in schlechter bezahlte »Leichtlohngruppen« verbannte und so nebenbei einer großen Allianz von Gewerkschaften und Frauenbewegung von vorneherein einen Riegel vorschob. Auch gegenüber der Arbeitsmigration wahrte die deutsche Frauenbewegung eine mütterlich sorgende, zuweilen auch herablassende Distanz. Sogenannte Gastarbeiterfrauen wurden in der frühen deutschen Frauenbewegung nicht als Leidensgefährtinnen, sondern als bedauernswerte und unterlegene Opfer ihrer Kultur betrachtet.[46] Eine Gepflogenheit, der Alice Schwarzer mit ihrer Islamkritik bis heute treu geblieben ist.

Ein ganz wesentlicher struktureller Unterschied zwischen den Frauenbewegungen in den USA und in Deutschland liegt in den unterschiedlichen Wohlfahrtssystemen begründet. In Deutschland standen Ehe und Familie unter dem besonderen Schutz des Staates, was die bürgerliche Geschlechterordnung aus dem 19. Jahrhundert über das BGB weit ins 20. Jahrhundert hinein zu verlängern half. Das hatte nicht nur Konsequenzen für die konkreten Lebens- und Arbeitsumstände von Frauen, sondern bestärkte die allgemeine Idee, dass Frauenförderung vor allem Familienförderung sei, weshalb die Einrichtung von Kindertagesstätten beispielsweise in Firmen und Universitäten heute immer noch als Gleichstellungspolitik zählt, obwohl sie eigentlich nur Familienförderung ist. Die familienorientierte Politik zog die Privilegierung der Alleinernährerfamilie nach sich. Und selbst wenn Frauen sich in Deutschland in traditionelle Männerbastionen begaben, waren ihre Aufstiegschancen geringer, denn die Ökonomie und die Gesellschaft als Ganzes war sozial weniger durchlässig als in den USA, wo der Mythos des leistungsbedingten Aufstiegs vom Tellerwäscher zum Millionär gepflegt wurde.

In den USA herrscht der Gedanke der »Assimilation an die männliche Norm« vor, in der BRD der »Ausschluss von der männlichen Norm«.[47] In einem Vergleich der Situation erwerbstätiger Frauen in Europa und USA hat es die Zeitschrift »Newsweek« gut auf den Punkt gebracht: »Europe is killing it's women with kindness.«[48]

Keine Angst vor weiblichem Intellekt

Das führt mich zum zweiten wichtigen Unterschied zwischen den USA und Deutschland, den tollen Frauen. Deutschland ist offensichtlich kein Land für intellektuelle Frauen, *public intellectuals, femmes de lettres*, oder wie sie auch immer genannt werden. Seit Margarete Mitscherlich konnte sich so gut wie keine Frau mehr als öffentliche Intellektuelle einen Namen machen, geschweige denn eine feministische Intellektuelle. Marion Dönhoff und Gesine Schwan fallen einem noch ein, dann wird es schon dünn. Als Schwan für die Bundespräsidentschaft kandidierte, knurrten Antifeministen, sie habe zu viele Locken, lache zuviel und zügele nicht genügend ihr Temperament. Das Land war nicht bereit für den femininen Typus eines intellektuellen Alphatierchens.

Dazu kommt, dass in Deutschland eine rote Linie zwischen ernsthaftem Denken, das eigentlich nur an Universitäten praktiziert wird, und der Vermittlung der gewonnen Einsichten in einer massentauglichen Sprache verläuft. Journalismus hat ein schlechtes Image an der Uni, Wissenschaft ein schlechtes bei Journalisten. Publikumsverlage scheuen meist davor zurück, für wissenschaftliche Bücher das wirtschaftliche Risiko der Vermarktung einzugehen, und umgekehrt, die meisten Wissenschaftler sehen keine Veranlassung, an der gesellschaftlichen Wirksamkeit ihrer Projekte zu arbeiten, da es genug Fachverlage gibt, die gegen einen Druckkostenzuschuss alles drucken, was aus dem Hörsaal kommt. Das Phänomen erklärt sich mit einem selbstgenügsamen Elitebewusstsein der Akademiker, das einer Demokratisierung der (immerhin staatlich finanzierten) geistigen Arbeit eindeutig im Weg steht. Ich glaube, das ist ein Hauptgrund, warum sich der Feminismus in diesem Land aufteilt in eine feine akademische Enklave ohne gesellschaftliche Relevanz auf der einen Seite und eine laute, aber intellektuell unerhebliche Medienveranstaltung auf der anderen Seite.

Ganz anders Amerika. In den USA wird auch von Intellektuellen und Universitätslehrern erwartet, dass sie sich allgemein verständlich ausdrücken und mit ihrer Arbeit einer breiten Öffentlichkeit stellen. Eine rein akademisch agierende feministische Elite, wie sie in diesem Land existiert, ist in Amerika nicht vorgesehen. Margaret Mead, Joan Didion, Susan Sontag sind oder waren feministische Intellektuelle, die gleichzeitig für Intellektuellenpublikationen und Frauenzeitschriften geschrieben haben, eine hierzulande unerhörte Grenzverletzung zwischen Ernst und Unterhaltung. Didions Aufstieg zur Vorzeigeintellektuellen begann bei der »Vogue«, und es schadete ihr nicht. Sontag ließ sich ganz bewusst für Titel populärer Zeitschriften fotografieren. Sie wusste, Vermarktung gehört zum Geschäft. Über die wahrnehmbaren Unterschiede zwischen deutschen und amerikanischen Intellektuellen kommt die Journalistin Susanne Mayer in der »Zeit« ins Schwärmen: »Exzentrik gehört zu ihrem Gestus, auf elegante Weise. Man kennt die Didion mit handtellergroßen *sunglasses* am Strand von Kalifornien, glamourös wie Sontag, die mit androgynem Charme den Jetset von Andy Warhol aufmischte, nebenbei das ästhetische Empfinden der Szene als Camp mythologisierte und noch, über ihren Tod vor vier Jahren hinaus, eine unwiderstehliche Aura entfaltet«.[49] Mein Kontrastbild dazu zeigt einen männlichen Fernsehphilosophen, der seit vielen Jahren nicht mehr beim Friseur war. Eine scharfzüngige Denkerin, die sich für »Vanity Fair« fotografieren lässt und trotzdem hohe Vortragshonorare kassiert, ist hierzulande undenkbar. Stattdessen üben, so die »Zeit«-Mitarbeiterin Mayer zutreffend, deutsche Professorinnen, »wie man sich in der Fakultätssitzung kleiner, zarter, harmloser macht, um den Testosteronspiegel der Kollegen nicht in Wallung zu bringen, die sich so sehr provoziert fühlen angesichts anschwellender Frauenkonkurrenz, von etwa 5 auf weniger als 15 Prozent in 20 Jahren.«[50]

Dieser Unterschied in der Wahrnehmung und im Selbstbewusstsein von Frauen, die in der Öffentlichkeit ihre geistige Arbeit vertreten, hat historische und wissenschaftspolitische Gründe. Während in Deutschland Mädchen und Frauen bis um 1900 von der höheren Bildung ausgeschlossen waren, gab es dank der Women's Colleges in den USA schon im frühen 19. Jahrhundert eine institutionalisierte höhere Mädchenbildung. Zum Vergleich: Die Universitäten öffneten sich für Frauen in den USA im Jahr 1833, in Zürich in den 1840er Jahren, in Frankreich 1863, in England 1869, in Schweden seit 1873. In Deutschland durften Frauen erst ab den 1890er Jahren als Gasthörerinnen an die Uni. Hope Bridges Adams Lehmann war die erste Frau in Deutschland, die ihr Medizinstudium als Gasthörerin mit einem Staatsexamen abschloss. Ihr Abschluss wurde jedoch nicht anerkannt, weshalb sie nach Bern ging und dort promovierte. Das Großherzogtum Baden gewährte als erstes deutsches Land im Jahr 1900 Frauen den vollen Zugang zu den Landesuniversitäten in Freiburg und Heidelberg. Unter den ersten Studentinnen waren außerdem viele Jüdinnen, unter anderen Rahel Straus, die erste Medizinstudentin in Deutschland, die nach 1933 der deutschen Kultur fehlen. 1904 zog Württemberg nach und erlaubte Frauen das Studium in Tübingen. In Preußen mussten bis 1908 noch einmal vier Jahre ins Land gehen, bis es den Professoren zumutbar schien, Frauen zu unterrichten. Im Jahr 1913 waren etwa acht Prozent aller Studierenden weiblich, dieser Anteil stieg bis 1930 auf 16 Prozent. Eine Erklärung für die deutsche Rückständigkeit bietet die Historikerin Ute Gerhard. Sie sagt, dass »die deutsche Universität für Männer der bürgerlichen Schichten in einer nach wie vor ständisch und autoritär strukturierten Gesellschaft die entscheidende Schleuse für sozialen Aufstieg und damit zugleich Rekrutierungsfeld für Staatsbeamte war, ein männlich-exklusives Berechtigungswesen.«[51] Mit anderen Worten, Bildung war viel zu wichtig, um sie den Frauen zu überlassen.

Für die Frauenbewegung hatte Amerika also einen strukturellen und einen personellen Vorteil. Nichtsdestotrotz war der feministische Aufbruch in den USA nach 1945 beeindruckend. Denn auch dort forderten die Männer, die von der Front zurückkamen, mit der Parole »A woman's place is in the home« die alte Arbeitsteilung zurück. Innerhalb eines Jahres kehrten vier Millionen Frauen zurück an den Herd.[52] Die Familie mit einem Häuschen in der Suburbia, einer Garage, drei Kindern und einer emsigen Hausfrau wurde zum Ideal. Die Heirats- und Geburtenraten schossen nach oben, die Frauen wurden in immer jüngeren Jahren schwanger, die Kinder kamen in immer kürzeren Abständen zur Welt. Gleichzeitig stieg bis 1960 das Pro-Kopf-Einkommen in einem lang anhaltenden Wirtschaftsboom um durchschnittlich zwanzig Prozent. Viele Menschen fanden in den Vorstädten Arbeit und verlagerten ihre Wohnung dorthin, das Fernsehen fütterte die Zuschauer mit den dazu passenden Idealbildern. Das Phänomen der amerikanischen Vorortidylle (oder Vorhölle), das die TV-Serie »Mad Men« zuletzt so farbenprächtig in Szene gesetzt hat, erklärt jedoch nur eine Seite der Geschichte. Es verdeckt die Verhältnisse, in denen Unterschichten und Kleinbürger lebten. Und es verschweigt, dass Industrie und Handel in der ersten Hälfte des 20. Jahrhunderts immer mehr Frauen als Sekretärinnen, Schreibkräfte, Archivarinnen und Empfangsdamen beschäftigten. Der Handel expandierte und gierte nach jungen Verkäuferinnen, die öffentliche Verwaltung dehnte sich aus und brauchte Telefonistinnen, Sachbearbeiterinnen und Schalterangestellte. Die weiße Amerikanerin hatte nicht nur eine, sondern zwei Optionen, die Küchenschürze und das Businesskostüm.

Es waren diese beiden Erfahrungskontexte, das Leben der Mittelschichtfrau im Vorort und das Leben der kleinen Angestellten in der Stadt, die in den frühen 1960er Jahren in den USA die Frauenbewegung neu belebten.

Die Mittelschichthausfrau und das Sexy Single Girl

Zwei Frauen stehen dafür stellvertretend. Die eine, Betty Friedan, wurde weltberühmt, die andere, Helen Gurley Brown, ist hierzulande kaum bekannt. Obwohl es natürlich auch viele andere, vielleicht wichtigere Symbolfiguren gab, allen voran Gloria Steinem, möchte ich speziell diese beiden so unterschiedlichen Feministinnen nebeneinanderstellen, denn die Geschichten von Friedan und Brown führen am besten vor Augen, welche Bandbreite der frühe Feminismus in den USA hatte – im Gegensatz zum bundesdeutschen.

Betty Friedans »Weiblichkeitswahn« verkaufte sich millionenfach, jede feministisch interessierte Frau hatte es im Bücherschrank. Friedans Name steht außerdem für so mächtige Organisationen wie die »National Organization for Women« (NOW) und den »National Women's Political Caucus«, die sie in den Jahren 1966 und 1971 mit gründete und in den wichtigen Anfangsjahren präsidierte. Sie hat – nicht ganz unähnlich zu Alice Schwarzer – frühzeitig an ihrem Mythos gearbeitet und verbreitete über sich das Bild einer Frau, die aus leidvoller eigener Erfahrung als gelangweilte Hausfrau und Mutter in einem amerikanischen Vorort zum Feminismus gekommen sei. Wir wissen heute, dass diese Darstellung eine autobiographische Konstruktion war, um ihr Buch und ihre Botschaften überzeugender zu machen. Denn in Wahrheit ging Friedans Frauenengagement auf die 1940er Jahre zurück. Das ist deshalb wichtig zu wissen, weil damit die oft behauptete personelle Lücke zwischen der ersten und der zweiten Frauenbewegung geschlossen werden kann. Die Symbolfigur des amerikanischen »Second Wave«-Feminismus, genauso wie ihr französisches Pendant Simone de Beauvoir, beweisen, dass der Faden zwischen den Frauengenerationen nie abgerissen ist.

Friedan kam am 4. Februar 1921 in Peoria, der zweitgrößten Stadt in Illinois, als Bettye Naomi Goldstein zur Welt. Ihr Vater Harry war ein aus Kiew eingewanderter Jude, der erst Knöpfe, dann Uhren und Juwelen verkaufte. Seine 18 Jahre jüngere Frau Miriam Horwitz Goldstein stammte von ungarischen Einwanderern ab. Sie schrieb als junges Mädchen für eine Lokalzeitung, bis ihr frischgebackener Bräutigam sie zwang, zu kündigen und in seinem Betrieb mitzuhelfen. Bettye wuchs mit Haus- und Kindermädchen auf, sie fuhr regelmäßig in die Sommerfrische, doch überschatteten ihr unvorteilhaftes Aussehen als Mädchen, das Beinschienen, Brille und Zahnspange tragen musste, und das launische Wesen ihrer kränklichen und unterforderten Mutter ihre Kindheit. Sie war die Klassenbeste in der Highschool, sah sich als Jüdin jedoch an den Rand gedrängt. Die frühen Jahre unter der dreifachen Bürde, intelligent, jüdisch und unattraktiv zu sein, sollten lange Jahre ihre Psychotherapeuten beschäftigen.

Erst am berühmten Smith College, an dem es weibliches und jüdisches Lehrpersonal gab, fühlte sich Friedan erkannt. Sie studierte Psychologie, wurde Chefredakteurin der hochpolitischen Unizeitung und erhielt frühzeitig so viel Lob für ihre studentischen Leistungen, dass sie nach Berkeley wechselte, wo ihr ein Promotionsstipendium angeboten wurde, das sie jedoch ablehnte. Was sie mehr reizte, war die antifaschistische und sozialistische gesellschaftliche Praxis. Sie heuerte bei einer gewerkschaftseigenen Nachrichtenagentur und später bei einer Gewerkschaftszeitung an und kämpfte für sozialen Ausgleich zwischen den Klassen, Hautfarben und Geschlechtern. Diese Periode in ihrem Leben als »neue Linke«

dauerte von 1943 bis 1952. Sie fiel in eine Zeit, in der die zunehmend drängende Problematik der Rassentrennung das Land spaltete, und Friedan, wie so viele andere, politisierte, und in der die Spannungen zwischen den Geschlechtern wuchsen. Goldstein heiratete 1947 den Theatermacher Carl Friedan und bekam 1948, 1952 und 1956 zwei Söhne und eine Tochter. Während der dritten Schwangerschaft wurde ihr gekündigt. Sie zog mit ihrer Familie an den Rand von New York, wo sie bei der Lokalzeitung arbeitete und sich kommunal engagierte. Obwohl sie selbst also nie das klassische Leben einer zur Untätigkeit verdammten Mittelschichtfrau lebte, bereute sie zu diesem Zeitpunkt ihre Entscheidung, die Universität mit ihren inspirierenden Lehrern verlassen zu haben. Für die Suche nach Liebe und Verantwortung hatte sie ihre eigene Entwicklung und Selbsterfüllung vernachlässigt.

Deshalb steht in ihrem Buch »Der Weiblichkeitswahn« auch das Thema Selbstrealisierung im Vordergrund. Sie rückte vom sozialistischen Modell ab und stellte stattdessen das Individuum und seine persönlichen Glücksvorstellungen in den Mittelpunkt. Das war das Geheimnis ihres Erfolgs. Friedan recherchierte im Milieu der weißen Mittelschichtfrau und veröffentlichte in ihren einschlägigen Publikationen wie »Ladies' Home Journal«, »Cosmopolitan«, »Mademoiselle« und »Harper's Magazine«.

Dabei führte sie Thesen von Simone de Beauvoir und Thorstein Veblen zusammen, der im Jahr 1899 in seiner »Theory of the Leisure Class« behauptet hatte, moderne Gesellschaften hielten sich – wie früher primitive Stämme – Frauen als »Trophäen des Wohlstands«. Indem Männer ihren Frauen eine Erwerbstätigkeit verboten und sie zu Luxuskonsum animierten, wollten sie ihrer Umwelt ihren Status und ihren Wohlstand demonstrieren. Friedan vertrat außerdem die Annahmen des Psychoanalytikers Wilhelm Reich, wonach sexuelle Erfüllung nur in Freiheit gefunden werden kann. In ihrem Weltbild war das Streben nach Identität und persönlicher Entwicklung oberstes Ziel. Im Endeffekt vertrat Friedan also, genauso wie später Alice Schwarzer, jene Form des Feminismus, die in Anlehnung an die Arbeiter- und Anti-Apartheid-Kämpfe von Freiheitsrhetorik getragen war und die in Anlehnung an Hegel und Marx die Erwerbstätigkeit für den zentralen Hebel der Emanzipation hielt. Nicht die Anerkennung der »reproduktiven« Arbeit, der Sorge für Heim und Kind, sei die Lösung – die Fußfesseln der bürgerlichen Arbeitsteilung müssten gesprengt werden. Nicht in freiwilliger Arbeit in der Gemeinschaft liege die Antwort, wie das noch zum Jahrhundertbeginn geglaubt wurde, nicht in der aufopferungsvollen Sorge um die Angehörigen, sondern in der männlich dominierten Arbeitswelt als Grundlage persönlicher Selbsterfüllung und Unabhängigkeit. Wie andere Autoren kritisierte Friedan die Konsumgesellschaft und ihre falschen Befriedigungen, durch die Menschen von ihren eigentlichen Problemen abgelenkt würden. Am Ende zähle nicht die ökonomische Sattheit, nicht der soziale Status, sondern die Verwirklichung des eigenen Potentials. Der grassierende »Weiblichkeitswahn« müsse mit der Arbeit am eigenen Selbst bekämpft werden. Friedan steht also klar für den »Ändere dich gefälligst«-Feminismus.

Ihr eigener Weg führte in die Scheidung. Nach 22 Jahren Ehe verließ sie ihren Mann, der sich sofort von ihr und dem Feminismus distanzierte. Sie zog zurück nach Manhattan, wo sie fortan gegen berufliche Diskriminierung, für ein verändertes Ehe- und Scheidungsrecht, für gleiche Wettkampfregeln für Sportlerinnen und Sportler und für eine Revision von Schulbüchern und

Fernsehprogrammen unter der Maßgabe der Geschlechtergleichheit kämpfte. Sie baute mächtige Lobbyorganisationen auf, organisierte Massenproteste gegen das Abtreibungsrecht, für bessere Kinderbetreuung und Bildungschancen.

Um 1970, als Friedan Ende vierzig war, begann ihr Stern als feministische Leitfigur jedoch zu sinken. In ihrer Art ruppig, ungeduldig und reizbar, stieß sie immer häufiger mit jüngeren Feministinnen zusammen, die ein anderes Ziel hatten, nämlich nicht nur die weibliche Position innerhalb des (patriarchalen) Systems zu verbessern, sondern vielmehr das System insgesamt zu verändern. Auch in den USA war der Feminismus also an dem Punkt angekommen, an dem die Zumutungen einer modernen Geschlechterordnung mit der Reflexion über Identität und Andersartigkeit des weiblichen Geschlechts beantwortet wurden. Trotz ihres ungebrochenen Ruhms musste Friedan erleben, dass ihr Feminismus veraltete. Sexualität und lesbische Liebe standen nun im Mittelpunkt der Diskussionen und nicht mehr Arbeit und Gleichberechtigung. Vergeblich versuchte sie mit ihrem zweiten Buch »The Second Stage« (in der deutschen Ausgabe »Der zweite Schritt«) dagegenzuhalten.

Betty Friedan starb im Jahr 2006 an ihrem 85. Geburtstag. Hinterlassen hat sie, außer einer mächtigen Organisationsstruktur, einige Ideen, die auch Eingang in den westdeutschen Feminismus gefunden haben: Die Übertragung der marxistischen Idee der entfremdeten Arbeit auf die Hausarbeit, das Versprechen sexueller Erfüllung durch die Befreiung von hergebrachten Weiblichkeitsvorstellungen, die Suche nach dem persönlichen Glück, die persönliche Entfaltung, der Vergleich der Lage der Frauen mit der von verfolgten Minderheiten wie den Schwarzen und den Juden (Friedan bezeichnete das

Heim in der Vorstadt als komfortables KZ), die Priorität der Erwerbsarbeit vor der »care«-Arbeit, der freiwilligen weiblichen Sorge für andere, die Kritik an der Konsumgesellschaft, die Betonung der Erziehung und Ausbildung, die Hoffnung, dass der Weiblichkeitswahn als mentales Konstrukt mit anderen, besseren Ideen bekämpft werden könne.[53] Betty Friedan ist in mancher Hinsicht das überlebensgroße Original für die deutsche feministische Symbolfigur Alice Schwarzer. Allerdings verwendete Friedan ihren Machtinstinkt auch, um eine schlagkräftige Organisation aufzubauen und nicht nur dafür, ihren persönlichen Einfluss zu mehren. Und sie entstammte einer Welt, in der Konkurrenz das Geschäft belebt und nicht nur als Bedrohung der eigenen Stellung empfunden wird.

Verglichen mit diesem eindrucksvollen Erbe erscheint meine zweite Heldin wie ein Leichtgewicht. Den Namen Helen Gurley Brown suchen wir zumindest in einer deutschen Überblicksdarstellung des amerikanischen Feminismus vergebens. Brown vertrat Positionen, die sich hierzulande nicht einmal mit dem Begriff Feminismus vertragen – und trotzdem ist sie ein wichtiges Bindeglied zur heutigen feministischen Diskussion.

Brown war fast gleich alt wie Friedan. Sie wurde am 18. Februar 1922 in dem winzigen Ort Green Forest in Arkansas geboren als Tochter einer früh resignierten Mutter, die zugunsten von Familie und Ehe ihre eigenen Ambitionen hatte zurückstellen müssen. Die Abgrenzung gegen dieses weibliche Lebensmodell sollte der treibende Motor ihrer Entwicklung werden, wie das übrigens auch bei vielen anderen Feministinnen und nicht zuletzt bei Betty Friedan der Fall war, die von der Mutter ausdrücklich durch die Tür geschickt wurde, die dieser selbst verschlossen geblieben war. Browns Vater war

Lehrer und Parlamentarier, weshalb die Familie in die Landeshauptstadt Little Rock umzog, ein glückloser Umzug, denn der Vater starb, als Helen zehn Jahre alt war. Weil ihr Vater die finanziellen Rücklagen unseriös investiert hatte, lebten sie und ihre bittere, tablettenabhängige Mutter von da an in Armut. Aufgrund des fehlenden Geldes und der Fürsorge für ihre Mutter konnte das junge, von Akne gezeichnete Mädchen nur ein Jahr lang das College besuchen. Danach ging sie auf eine Sekretärinnenschule.

Alles, was dann passierte, scheint nicht in die Biographie einer Feministin zu passen. Denn anders als andere Feministinnen war Brown davon überzeugt, dass man das patriarchale System ausspielen und nicht ändern, und die von Männern geschriebenen Regeln manipulieren und nicht neu erfinden müsse. Sie legte ihre Akne ab, wurde attraktiv und begann sich zu amüsieren. Mit 25 Jahren wurde sie die Geliebte ihres verheirateten Chefs. Dem sollten etliche ähnliche Beziehungen folgen. Um ihren Lebensunterhalt aufzubessern, ging sie mit mehreren Männern gleichzeitig aus; wer nicht bereit war, sie zu unterstützen (mindestens die Restaurantbesuche, die Alkoholika und die Taxifahrten sollte der Mann zahlen), fiel sofort durch. Mit dreißig Jahren war sie immer noch ungebunden und kinderlos – zu jener Zeit, als Frauen schon im College auf die Jagd nach einem Heiratskandidaten gingen, sehr ungewöhnlich. Brown fand, die Ehe ist eine Versicherung für die schlimmen Zeiten im Leben, in den guten Jahren brauchten Frauen keinen Ehemann. Für sie waren Männer Spaßfaktoren und Subventionsspender aufgrund ihrer höheren Einkommen, aber keine Versorgungsanstalten.

Brown stieg von der Sekretärin zur Texterin in einer Werbeagentur in Los Angeles auf und wurde eine der höchstdotierten Werbetexterinnen Amerikas. 1962, ein Jahr vor Friedans »Weiblichkeitswahn«, kam sie mit einem Buch auf den Markt, das über Nacht zum Bestseller wurde. Der Titel: »Sex and the Single Girl«. Das Buch war eine Mischung aus Ratgeber und Report, genau das, was in dieser Zeit gerne gelesen wurde, und verkaufte sich innerhalb von drei Wochen mehr als zwei Millionen mal, wurde in Zeitungen nachgedruckt, in 35 Ländern verbreitet und machte seine Autorin zum Stargast in amerikanischen Fernseh- und Radio-Shows. In Kapiteln mit Überschriften wie »How to be sexy« oder »The Affair – from the Beginning to End« beschrieb Brown mit persönlichen und direkten Worten, was die ledige, weibliche Durchschnittsberufstätige ihrer Meinung nach wirklich suchte: Männerbekanntschaften, Geld, Sex und Arbeit, und das, ohne sich dabei schuldig und unnormal fühlen zu müssen. Die Ironie daran: Brown selbst hatte ihrem freien, sexy Leben inzwischen Adieu gesagt und blieb dennoch die glaubhafte Kronzeugin ihrer Thesen. Das hing auch damit zusammen, dass sie, anders als Friedan, mit Ende dreißig in dem Filmproduzenten David Brown einen wohlhabenden und selbstbewussten Mann gefunden hatte, der sie in allem, was sie tat, unterstützte.

Worum ging es in ihrem Buch? In den ersten Kapiteln schlachtete Brown eine heilige Kuh, nämlich den Glauben in der amerikanischen Nachkriegsgesellschaft, dass junge Frauen nur gezwungenermaßen ein Singleleben führten. Im Gegenteil, schrieb sie, das Singledasein ist für Frauen mehr als nur ein möglichst kurzes Intermezzo, es ist nicht das Vorspiel für das eigentliche Leben als Familienfrau, sondern es ist das Leben selbst und kann mit dem Ehefrauenstatus durchaus mithalten. Sie selbst habe sich nie aus Angst vor der Einsamkeit im Alter mit dem nächstbesten Mann verheiraten wollen, ließ sie ihre Leserinnen wissen. Damit hätte sie sich vielleicht Kummer und finanzielle Sorgen erspart, aber auch jede Menge Spaß verpasst. Ihre siebzehnjährige Singlephase habe sie erst dazu befähigt, für sich selbst zu sorgen und eigene Ansichten zu vertreten und sie zu der Frau gemacht, die für ihren Mann attraktiv sei. Das Leben als Single Girl schilderte Brown als ein Leben mit mehr Zeit und mehr Geld für den Eigenbedarf, mit mehr Freiheit im Vergleich zur Existenz Ehefrau. Singles hätten besseren Sex, sie müssten sich nicht mit ein und demselben Mann langweilen und könnten sich frei entscheiden, ob sie Sex haben wollten (im Gegensatz zur Ehefrau!) und mit wem.

Heute kommt uns die Botschaft, dass auch das Leben allein ein Leben ist, banal vor. Zu Browns Zeiten war das jedoch eine Neuigkeit, die kaum laut ausgesprochen wurde. Selbstständige berufstätige Frauen verlören ihre Weiblichkeit, warnten die Medien und viele Wissenschaftler. Immerhin heirateten zur selben Zeit, als Helen Gurley Brown im Alter von 37 Jahren den Stand der Ehe einging, ein Drittel der Frauen schon im Alter von 15 bis 19 Jahren. Achtzig Prozent der für den Kinsey-Sexreport Befragten fanden, Frauen sollten vor der Ehe keinen Sex haben – (von diesen achtzig Prozent gab allerdings die Hälfte zu, gegen diese Regel verstoßen zu haben). In den Buchhandlungen lagen Selbsthilfebücher, die den Ledigenstatus einer Frau als sozialen Defekt beschrieben und wissenschaftliche Krankheitsbegriffe damit in Zusammenhang brachten: »Coitophobia« (Angst vor dem Sexakt), Gymnophobie (Angst vor dem Anblick des eigenen oder eines fremden nackten Körpers) und Aphephosmophobie (Angst vor Berührung) und die schlimmste aller Pathologien: Unlust zur Haushaltsführung. Und die Frauen glaubten es. Einer Magazinumfrage zufolge behaupteten im Jahr 1956 über neunzig Prozent der befragten Amerikanerinnen, dass alleinstehende Karrierefrauen ihre zentrale Rolle und Identität als Frau gründlich missverstünden, sie seien an ihrer wichtigsten Aufgabe, einen Haushalt zu gründen, gescheitert. Die Zeitschrift »life« warnte die amerikanische Öffentlichkeit noch im Jahr 1956: »Die alleinstehende Karrierefrau mag zwar ihre Befriedigung im Job finden, aber es ist sehr wahrscheinlich, dass sie dadurch psychologischen Schaden erleiden wird. Sollte sie heiraten und sich fortpflanzen, werden ihr Mann und ihre Kinder zutiefst unglücklich sein.«[54] Singlefrauen galten als »Misfits«.[55] Diese Diskrepanz zwischen gesellschaftlicher Praxis und Werthaltung war es, die Brown erkannte und bloßstellte. Sie selbst hatte die sexuelle Scheinheiligkeit am eigenen Leibe erlebt, und sie wusste, sie war nicht allein.

Eine besonders harte Nuss für Leserinnen und Leser, die ihr ansonsten zu folgen vermochten, war ihre Verteidigung von Verhältnissen mit verheirateten Männern. Menschen sind nun einmal nicht monogam, behauptete Brown, ob man das schön finde oder nicht: »Sie mögen es auch nicht, wenn ihr entzückendes Perserkätzchen eine verletzte, halbtote Taube in Ihr Wohnzimmer bringt, aber das ist nun einmal die Natur des Perserkätzchens.«[56] Ihrer Meinung nach gab es für Affären mit verheirateten Männern genauso viele gute Gründe, die dafür wie dagegen sprachen; gegen verheiratete Männer als Liebhaber spräche, dass sie sich fast nie scheiden ließen, und wenn doch, nicht unbedingt ihre Geliebte heirateten, sie seien meist unabkömmlich, wenn man sie brauche, vor allem an Wochenenden und in den Ferien, sie lögen oft, und man müsse sich davor hüten, sich in sie zu verlieben. Was für sie spricht: Verheiratete Männer seien oft großzügig bei Geschenken und

Geldzuschüssen, gut im Bett, wüssten, wie man verhütet, und treu. Sie seien emotional zugänglicher und bindungsfähiger und hätten keine Angst vor ledigen Frauen. Brown beabsichtigte nicht, promiske verheiratete Männer in Schutz zu nehmen. Sie plädierte nur für Pragmatismus im Umgang mit ihnen. Ledige Frauen sollten sie aus ihrem Beuteschema nicht aussortieren, sondern als Haustiere betrachten: »Während sie Sie dazu benutzen, ihr Ego zu pflegen, benutzen Sie sie dafür, Ihr Leben zu würzen.«[57]

Das erstaunliche Buch war auch ein finanzieller Ratgeber. »Mit Geld umgehen zu können, ist sexy.« Brown gab dezidierte Ratschläge, wo das Single Girl sparen könne (bei teurem Markenshampoo) und welche Investition lohnend sei (schönes Kleid). Ihr Ziel müsse dabei immer die Unabhängigkeit bleiben. Niemals, forderte Brown, dürfe der Mangel an finanziellen Ressourcen eine Rechtfertigung für die Abhängigkeit von einem Mann sein.

Daher ist für Brown auch die Berufstätigkeit essentiell. Sie ist ein tragendes Element der weiblichen Identität, nicht nur um Geld zu verdienen und um Männer kennenzulernen. Eine verheiratete Frau beziehe ihre Existenzberechtigung aus der Ehe. Bei allen Härten, die sie womöglich aushalten muss, sie habe zumindest immer einen Platz im Leben durch den Status der Ehefrau von XY. Die Singlefrau findet ihren Selbstwert in der Arbeitswelt. »Während Sie auf eine Ehe warten, oder auch wenn Sie nie heiraten wollen, wird der Job Ihre Liebe sein, Ihre Glückspille, Ihr Weg, herauszufinden, wer Sie sind und was Sie können, Ihr Laufstall, Ihre Familie, Ihr Zugang zum sozialen Leben, zu Männern und Geld, die verlässlichste Medizin gegen Einsamkeit und Ihre Möglichkeit der gesellschaftlichen Teilhabe.«[58]

Brown jedenfalls fand ihren Lebenssinn in der Arbeit. Drei Jahre nach Erscheinen ihres Buchs wurde sie Chefredakteurin der amerikanischen »Cosmopolitan« und blieb das 32 Jahre lang. Unter ihrer Ägide wurde das Blatt zu einem Sprachrohr der weiblichen sexuellen Befreiung und der Botschaft: Frauen können alles haben, Liebe, Sex und eigenes Geld. Brown selbst wurde zur Verkörperung eines Rollenmodells, dem »Cosmo-Girl«, das Glamour, Modebewusstsein, Sex-Appeal und beruflichen Erfolg verbinden konnte. Eine in der BRD eher unübliche Mischung, vor allem damals. Als Brown 1997 die Leitung der »Cosmopolitan« abgab, hatte sie die Zeitschrift zur sechstgrößten Amerikas gemacht und zur beliebtesten in den amerikanischen Colleges. Sie wurde mit über achtzig Jahren zur dreizehntwichtigsten Frau Amerikas ernannt. Ihre Ehe mit David Brown hielt übrigens fünfzig Jahre und endete erst mit seinem Tod im Jahr 2010.

Was kann uns die Geschichte von Helen Gurley Brown über den Feminismus erzählen? Heute dominiert eine Erinnerung an den »neuen« Feminismus der sechziger und siebziger Jahre, die getrübt ist vom Bild bestimmter Frauen ohne modischen Ehrgeiz, misstrauisch gegenüber Heterosexualität und voller Abneigung gegen jede Art von Charme – die Karikatur des Lila-Latzhosen-Feminismus. Das Leben der Helen Gurley Brown ist das erfrischende Kontrastmittel. Kapitalismus und Feminismus, Sex mit dem Chef, Affären mit verheirateten Männern, sich »aushalten« lassen, Unabhängigkeit und Selbstbewusstsein, das geht bei ihr alles zusammen. Ihre Geschichte ist die Geschichte einer Feministin, die erklärt, Männer und Kinder sind wunderbar, aber man sollte sie bitteschön nicht zum einzigen Lebensinhalt machen; die bereits in den fünfziger Jahren den »Lipstick-Feminismus« vorlebte; die all diejenigen hinter sich ließ, die Angst hatten vor weiblicher Unabhängigkeit, aber auch all die anderen, die Frauen für zu sensibel für die Arbeitswelt hielten, und erst recht diejenigen, die den Mann zum natürlichen Feind der Frau erklärten, schreibt Browns Biographin Jennifer Scanlon. Brown stärkte das weibliche Selbstvertrauen. Sie ist eine »Werde, die du bist«-Feministin, jedoch ohne weiblichen Heiligenschein. Wobei sie sich über derartige ideologische Gräben ohnehin hinweggesetzt hätte.

Diese Ausprägung von Feminismus, in dem es nicht um Täter und Opfer, sondern um weibliche Unabhängigkeit und Spaß an Weiblichkeit ging, sollte, man ahnt es schon, bei Moralisten und Feministinnen nicht gut ankommen. Helen Gurley Brown musste sich als sexistisch, ko-abhängig und selbstverachtend beschimpfen lassen. Aber Helen Gurley Brown zweifelte nie daran, dass sie ebenfalls eine Feministin war, eine, die »an das verborgene Potential all derjenigen Frauen glaubte, denen man zu ihrer Zeit nachsagte, sie seien alte Jungfern oder skrupellose Verführerinnen.«[59]

Brown war die Anwältin der kleinen Sekretärin, nicht nur der bürgerlichen Hausfrau im Vorort oder der privilegierten Studentin. Und, was noch schwerer wiegt, sie ist das *missing link* zwischen der Frauenbewegung der neuen Linken und den Bedürfnissen vieler heutiger Frauen. Sie glaubte nicht an revolutionäre Umbrüche, sondern an einen kreativen Umgang mit dem System. Humorlose Feministinnen haben sie als Antifeministin bezeichnet, doch tatsächlich hat sie wahrscheinlich durch ihr Leben und ihr Schreiben genauso viel erreicht wie die politisch korrekte Betty Friedan. Und sie hat einen Weg bereitet, auf dem Carrie Bradshaw und Konsorten unter der Überschrift »Sex and the City« drei Jahrzehnte später wie ein fader Abklatsch daherkamen.

Kapitel 4
Die apokalyptische Frau

»Das ist der Stuhl von Alice«

Auf der politischen Bühne und in der allgemeinen Wahrnehmung war und ist Alice Schwarzer die wichtigste deutsche Feministin. Sie wird als Geburtshelferin der »neuen« Frauenbewegung gesehen. Durch ihr Talent zur Medienarbeit, angefangen mit der »Ich habe abgetrieben«-Kampagne im »Stern«, trug sie auch tatsächlich entscheidend dazu bei, dass der feministische Funke aus Amerika, Frankreich, den Universitäten und Kommunen überspringen konnte auf die breite bundesdeutsche Öffentlichkeit. Sie war es, die durch spektakuläre Konfrontationen, stete publizistische Arbeit und eigene Medienpräsenz den Feminismus höchstpersönlich von den Salons der Boheme in die Wohnzimmer der Vorstädte getragen hat. Dieses Verdienst ist respekteinflößend und bleibt ihr unbenommen. Dafür hätte sie schon viel früher das Bundesverdienstkreuz erhalten müssen, nicht erst 1996 und 2005, als ihr Stern eigentlich schon am Sinken war. Schwarzer ist das beste Beispiel dafür, dass eine soziale Bewegung nicht nur auf Theorien und kluge Diskussionen bauen kann, sondern auch charismatische Galionsfiguren braucht – Menschen der Tat –, die bereit sind, im politischen Kampf ihren Kopf hinzuhalten und sich von einer Sache mit Haut und Haar vereinnahmen zu lassen, mit allen Begleiterscheinungen. Nur mit den Bewohnerinnen der Elfenbeintürme und ihren differenzierenden Gedanken ist eben kein Staat zu machen.

Schwarzers Bedeutung für die »neue« Frauenbewegung vor allem in den siebziger Jahren kann deshalb kaum überschätzt werden. Umso erstaunlicher, dass sie bei allem Selbstbewusstsein neuerdings auf Distanz zur Frauenbewegung geht. »Ich bin nicht gewählt wie die Kanzlerin und auch nicht die Vorsitzende der Frauenbewegung«, sagt sie immer wieder in Variationen. Damit kontert sie den Vorwurf, sie habe sich nicht rechtzeitig um eine Nachfolge gekümmert. Warum sollte sie? Mit Fichte lässt sie uns wissen: »Ich bin ich.« »Wenn die Schwarzer mal nicht mehr sein sollte, weil sie sich nach Frankreich verdrückt hat oder in den Rhein gefallen ist – ja, dann bleibt ihr Stuhl leer. Das ist nämlich der Stuhl von Alice.«[1] Es gibt nur eine Alice Schwarzer. Im Vorfeld ihres 70. Geburtstags eine verständliche Haltung. Wer möchte sich schon mit der eigenen Austauschbarkeit konfrontieren. Allerdings gefährdet die Nach-mir-die-Sintflut-Rhetorik ihre Lebensleistung. Schwarzer legt die (klassisch männliche) Einstellung eines Familienpatriarchen an den Tag, der die Früchte seines Lebenswerks opfert, nur um sie keinem Jüngeren zu überlassen. Mit seinem Ende ist dann meist auch das Unternehmen am Ende.

Dazu passt eine biographische Anekdote, die Schwarzer anlässlich der Veröffentlichung ihres »Lebenslaufs« dem »Spiegel« erzählt hat. Als sie im Jahr 1974 von Paris nach Deutschland zurückkehrte, sei sie entsetzt gewesen von dem, was sie vorfand. Sie musste feststellen, dass in der deutschen feministischen Szene der Brauch der geordneten Rednerreihenfolge herrschte. In Frankreich habe sie einfach lauter geschrien. In Deutschland ermahnte sie die Protokollführerin jedoch: »›Setz Dich, du bist noch nicht dran. Außerdem weißt du immer alles besser.‹« Schwarzer empfand das »basisdemokratische« Vorgehen als ihrer nicht würdig. » ›Was ist, wenn ich weiß, dass ich es besser weiß‹?«, fragte sie zurück und hörte zu ihrem Basserstaunen: »›Dann hältst Du trotzdem den Mund.‹«[2] Die Episode stellt uns nicht nur Alice Schwarzers Selbstbewusstsein und ihre Ungeduld mit demokratischen Konventionen vor Augen, hier tut sich auch ein Problem für die deutsche Frauenbewegung auf. Alice Schwarzer möchte nicht hinten in der Reihe anstehen, aber gleichzeitig lehnt sie die Verantwortung der Führungsposition ab. In Amerika sagt man dazu: Sie will den Kuchen haben, aber sie will ihn auch essen.

Natürlich hat sie ein Recht auf ihren Radikalindividualismus. Niemand möchte heutzutage in einer Sache aufgehen und nur als Teil eines übergeordneten Apparates gelten. Allerdings muss sich Schwarzer fragen lassen, warum sie sich dann an die Spitze einer sozialen Bewegung gestellt hat. Das habe ich nicht, sagt sie dazu. »Hinter mir steht weder eine Partei noch eine Bewegung«, lässt sie die Öffentlichkeit wissen. Das ist jedoch falsch. Eine soziale Bewegung existiert nicht, weil sich jemand dafür entschieden hat, sich mit ihr zu identifizieren. Sie existiert auch nicht, weil sie von jemandem ins Leben gerufen und getauft wurde. Eine soziale Bewegung ist kein Organismus und kann sich nicht artikulieren. Eine soziale Bewegung existiert, weil sie existiert. Feminismus entsteht mit sozialen Verwerfungen, artikuliert Anliegen in der sozialen Welt und vergeht wieder, wenn diese Voraussetzungen erloschen sind. Oder, um es in Schwarzers eigenen Worten zu sagen: »Feminismus ist keine Partei und keine Organisation, sondern Ausdruck eines Bewusstseins« (aus: Der »kleine Unterschied«, 1975). Kurz gesagt: Einer sozialen Bewegung wie dem Feminismus ist es egal, ob sich Alice Schwarzer zu ihr bekennt oder nicht. Wenn sie behauptet, hinter ihr stehe keine Bewegung, ist das, wie wenn sich ein kleines Mädchen die Augen zuhält und glaubt, jetzt könne es niemand mehr sehen. Wie ist diese Fehleinschätzung zu erklären?

Ein Teil der Antwort liegt sicher in dem Bestreben, sich als absolutes und souveränes Individuum zu setzen. Dahinter stecken lang andauernde gesellschaftliche Individualisierungsprozesse, die sich heute im Extremfall darin äußern, dass sich sogar der Kapitän eines havarierten Dampfers von Bord schleicht, bevor alle Passagiere gerettet worden sind. Die Selbstaufgabe im Interesse höherer Instanzen, das Sterben für Firma und Vaterland ist nicht mehr angesagt. Man ist eben nicht nur Funktionsträger, sondern auch ein bedürftiger Mensch. Es ist jedoch ein großes Missverständnis zu glauben, damit sei die soziale Funktion aus der Welt. Ein berühmtes Beispiel für dieses Missverständnis waren die Badefotos des Verteidigungsministers Rudolf Scharping in einer Klatschzeitschrift, die er damit rechtfertigte, dass er eben nicht nur Verteidigungsminister, sondern auch Mann sei. Doch die Bürger sahen auf den Zeitschriftenfotos nur einen possierlich planschenden Verteidigungsminister, während seine Truppen kurz vor dem Einsatz in Mazedonien standen.

Zum anderen erklärt sich Schwarzers Missverständnis mit der Tatsache, dass sich soziale Strömungen verflüssigen. Seit den siebziger Jahren, als das alternative Milieu und nicht zuletzt die Frauenbewegung nach neuen Organisationsprinzipien jenseits von straffer Führung und Kadergehorsam suchten, haben sich Institutionen informalisiert. Das war eine wichtige politische Konsequenz aus der obrigkeitsstaatlichen und autoritären Vergangenheit, bedeutet jedoch nicht im

Umkehrschluss, dass die basisdemokratische, dezentrale und »autonome« Frauenbewegung nach 1945 keine soziale Bewegung war, sie hat sich nur nach anderen Prinzipien organisiert als im 19. Jahrhundert.

Wie falsch die Annahme von Alice Schwarzer ist, hinter ihr stehe keine Bewegung und deshalb trage sie auch keine Verantwortung dafür, zeigt auch folgende Überlegung: Niemand würde behaupten, Alice Schwarzer habe als Privatperson die Abtreibungskampagne organisiert oder über den Kachelmann-Prozess geschrieben. Sie hat das im Namen der deutschen Frauenbewegung getan, sonst hätte sie auch kein Gehör gefunden. Schwarzer hat ganz bewusst ihre Rolle als Repräsentantin genutzt, als sie in der »Bild«-Zeitung Partei ergriff für das vermeintliche Opfer des Fernsehmeteorologen. Ihre Einschätzungen formulierte sie nicht auf der Grundlage ihrer Berufserfahrung als kaufmännische Angestellte oder als Journalistin und Essayistin, sondern als führende Feministin.

Alice Schwarzer hat immer im Namen der Frauen agiert und die höchsten Ehrungen in diesem Lande dafür gerne angenommen – nun will sie es nicht gewesen sein. Auch wenn niemand mit Mitgliederpass und Fahne winkt, hat sie den deutschen Feminismus hinter sich, oder vielmehr, im Rücken. Die Analogie mit dem Stuhl stimmt eben so nicht: Wer einmal auf dem Thron Platz genommen hat, muss wissen, nur weil die Königin stirbt, wird deshalb noch nicht die Monarchie abgeschafft. Alice Schwarzer muss sich deshalb gefallen lassen, dass sie auf Gedeih und Verderb mit der »neuen« Frauenbewegung identifiziert wird. Deshalb meine Frage: Hat sie der Sache mehr genützt oder mehr geschadet? Um diese Frage zu beantworten, müssen wir zunächst einen Schritt zurücktreten und nachforschen, wer diese Frau eigentlich ist.

Alice und das weiße Kaninchen

Die berühmte Geschichte »Alice im Wunderland« von Lewis Carroll handelt von dem Mädchen Alice, das in eine Welt versetzt wird, die nicht nach den gewohnten logischen Gesetzen funktioniert. Ein weißes Kaninchen öffnet ihr den Zugang zu dieser Welt, in der sie mal zur Überlebensgröße wächst, mal auf Miniaturformat schrumpft und alle möglichen verrückten Gestalten trifft. Alice Schwarzer will mit ihrer Autobiographie »Lebenslauf« natürlich kein Märchen erzählen, sondern ihr reales Leben; zu zeigen, »dass meine Realität in weiten Strecken so ganz anders aussieht« als die »Klischees und Projektionen der Öffentlichkeit« ist das Motiv ihres Buchs.[3] Ein klassisches Rechtfertigungsprojekt zum Lebensende hin. Ein Vermächtnis.

Auch Schwarzer benutzt ein weißes Kaninchen, um ihren Lesern den Zugang zu ihrer Welt zu weisen. Ihr weißes Kaninchen ist ihre Mutter, oder eigentlich, ihre Mutterlosigkeit. Immer wieder, auch in den nach Erscheinen des Buchs geführten Interviews, hob sie auf diesen Umstand ab. Sie sei mutterlos aufgewachsen, ihre Großmutter habe sie »Mama« genannt, zu ihrer echten »Mutti« Erika habe sie nur ein geschwisterliches Verhältnis gehabt. Geprägt hätten sie ihr fürsorglicher Großvater, der sie im Wesentlichen aufzog, und ihre kratzbürstige Großmutter, von der sie die Neigung zum Widerspruch geerbt habe. Beide Großeltern waren eingefleischte Antifaschisten. Diese Konstellation deutet sie auf zweierlei Weise: als Erklärung für ihr feministisches Engagement und als Erklärung, warum sie selbst nicht als »Mutter« des deutschen Feminismus gelten wolle und daher jede Verantwortung für »Nachwuchs« in der Frauenbewegung ablehne. Folgen wir ihr auf diesem Weg.

Doch zuvor noch ein paar Worte über meinen Umgang mit Schwarzers autobiographischen Zeugnissen, die ich, wie jede andere historische Quelle auch, analysieren und deuten werde, ohne das mit ihr abgesprochen zu haben, wie das in der wissenschaftlichen Welt (und im kritischen Journalismus) üblich ist. Autobiographien, ob von einer Berühmtheit oder einem Unbekannten verfasst, folgen gewissen Regeln: Den Regeln der Erinnerung, den Regeln des Genres und den aktuellen Deutungsbedürfnissen der Betreffenden. Dieser Sachverhalt hat zunächst einmal nichts mit absichtlicher Fälschung oder Irreleitung der Leser zu tun. Die Gedächtnispsychologie ebenso wie die Literaturwissenschaften lehren uns: Wir können unser Leben gar nicht erinnern, wie es wirklich war. Nicht nur sind unsere Erinnerungen äußerst unpräzise, es ist auch so, dass spätere Ereignisse im Leben die ursprüngliche Codierung im Gedächtnis verändern. Wir können deshalb nur von der momentanen Gegenwartsposition aus Annäherungen an die Vergangenheit suchen. Hinzu kommt, dass Schreib- und Erzählkonventionen unsere Lebenserinnerungen vorformen. So wie wir als Lesende bestimmte Versatzstücke in einer Autobiographie erwarten, müssen sich Autorinnen und Autoren an bestimmte Schreibkonventionen halten. Zum Beispiel an die Abfolge Kindheit, frühe Berufung, Höhenflug und Bilanz. Oder: Irrungen, Konversion, Läuterung. Nur wenige avantgardistische Schriftstellerinnen und Schriftsteller haben sich getraut, diese Schreibregeln zu brechen und ihr Leben ganz anders erzählt. Um es vorwegzunehmen: Alice Schwarzers Autobiographie ist nicht avantgardistisch. Sie erzählt ganz konventionell von einer Kriegskindheit in Deutschland, von den Prüfungen, die ein Frauenschicksal in der Nachkriegszeit bereithielt, den Widerständen und vor allem Leistungen und

Erfolgen ihres Lebens. Ambivalenzen, Kontingenzen, Zweifel oder gar Selbstkritik präsentiert Schwarzer keine. Sie gestaltet den Text ihres Lebens wie ein Bilderbuch.

Selbstverständlich beeinflusst auch fehlendes Wissen die autobiographische Erzählung. Wir haben keinen totalen Blick auf unsere Lebensumstände und neigen dazu, unsere jeweilige Geschichte als einmalig wahrzunehmen, auch wenn unser »Schicksal« alles andere als einzigartig ist. Darüber hinaus gibt es ganz bewusste Motive der Selbstdarstellung, etwa das Bedürfnis, unangenehme oder peinliche Elemente aus der Lebensgeschichte zu tilgen – ein Klassiker ist die Involviertheit in der NS-Zeit – oder der Wunsch, andere Menschen von der Stimmigkeit der eigenen Persönlichkeit und des eigenen Werdegangs zu überzeugen. Das autobiographische Schreibprojekt soll grundsätzlich ein vorteilhaftes Bild der Verfasser zeigen. Positionen, mit denen jemand später einmal berühmt und erfolgreich geworden ist, werden deshalb gerne als schon »in der Wiege« angelegt geschildert. Seit der Erfindung der literarischen Gattung Autobiographie legen sich die Menschen eine lineare und plausible Geschichte ihres Lebens zurecht, mit dem Resultat, dass auffallend häufig allgemein geschätzte Tugenden wie Leistungsbereitschaft, Gerechtigkeit, Kreativität, Mut, Engagement und so weiter als Leitmotive in die Erzählung eingebaut werden.

Ein gutes Beispiel für biographischen Gestaltungswillen ist, wie wir schon gesehen haben, die Selbstdarstellung der berühmten amerikanischen Feministin Betty Friedan. Um den Leserinnen die Identifikation mit sich zu erleichtern und ihrem bahnbrechenden Werk »Der Weiblichkeitswahn« mehr Glaubwürdigkeit zu verleihen, hatte sie behauptet, sie habe erst in den 1960er Jahren aus Frustration über ihr eigenes unausgefülltes

Hausfrauenleben in der amerikanischen Vorstadt den Feminismus entdeckt. Tatsache ist jedoch, Friedan war schon in den 1940er und 1950er Jahren berufstätig und frauenpolitisch aktiv. Ihr frühes, unter Kommunismusverdacht stehendes Gewerkschaftsengagement für Frauen passte jedoch später nicht mehr so gut zu ihrer Agenda als Befreierin der weißen Mittelschichtfrau und wurde von ihr deswegen tunlichst verschwiegen. Ich stelle diese allgemeinen Bemerkungen zum Thema Autobiographie voran, um klar zu machen, dass das kritische Deuten eines Selbstzeugnisses selbstverständlich ist, wenn man sich beim Lesen nicht nur einlullen lassen möchte. Hören wir also, wie Alice Schwarzer ihr Leben schildert.

Ein Kind der Resistenz

Die Anfänge einer Autobiographie geben fast immer die Grundmotive vor, die als charakteristisch für die eigene Lebensgeschichte gewertet werden und die Leserschaft in eine bestimmte Richtung bei der Lektüre lenken sollen. Welche sind das in unserem Fall? Alice Schwarzer ist am 3. Dezember 1942 geboren. Das sei, so historisiert sie sich selbst, das Jahr der Wannsee-Konferenz und der flächendeckenden Bombardierung Deutschlands gewesen. Die zeithistorische Einordnung der eigenen Geburt signalisiert uns Lesenden, hier ist von einer zeithistorischen Persönlichkeit die Rede. Doch welche Beziehung haben diese Daten zu Alice Schwarzers Leben? Im Fall der Bombardierung erschließt sich das sofort, ihr Haus in Wuppertal-Elberfeld und der Tabakladen ihres Großvaters, bei dem sie aufwuchs, sollten zerstört werden. Inwieweit die am Wannsee beschlossene »Endlösung der Judenfrage« (was historisch übrigens nicht korrekt ist, es wurde die Organisation und Durchführung des Holocaust festgelegt) Alice Schwarzers Kindheit beeinflusst hat, ist nicht unmittelbar ersichtlich. Die Schwarzers waren schließlich keine Juden. Dass sie dieses Thema dennoch an den Beginn ihrer Geschichte stellt, hat einen anderen Grund. Sie suggeriert damit, dass ihr Leben von Anfang an unter einem Leitmotiv der Ungerechtigkeit und der Verfolgung gestanden habe, und weist ihre Leserschaft frühzeitig in die Richtung des Fixsterns, unter dem sie ihre Autobiographie sieht – die Resistenz in einer feindseligen Welt.

Das beginnt bereits bei ihrer Familie, die laut Schwarzer zu den ganz raren Ausnahmen in Deutschland gehört habe, die den Mut aufbrachten, auf Distanz zum Nationalsozialismus zu gehen. Ihre Mutter habe im Alter von 17 Jahren nach der Reichspogromnacht gesagt: »Man sollte in alle braunen Buxen schießen!« Weshalb sie von der Gestapo vorgeladen wurde. Auf die Frage, warum sie nicht Mitglied im Bund Deutscher Mädel sei, habe sie aufmüpfig geantwortet: »Ich sticke an meiner Aussteuer.«[4] An einer späteren Stelle war es nicht die Mutter, sondern die Großmutter, die nach der »Kristallnacht« in jüdischen Geschäften einkaufen ging und sich dafür »vom Spalier der SA-Männer ohrfeigen« lassen musste.[5] »Schon für so was konnte man ins KZ kommen«, schreibt Alice Schwarzer.[6] Die Großmutter habe sich durch zwölf Jahre Nazizeit durchgemogelt, ohne »nur ein einziges Mal ›Heil Hitler‹ zu sagen«; ihr Großvater brachte Zwangsarbeitern Essen vorbei; die Familie Schwarzer war also »ganz entschieden gegen die Nazis«.[7] Da diese Umstände von Alice Schwarzer nicht selbst erinnert worden sein können, dafür war sie zu jung, ist davon auszugehen, dass sie so in der Familie erzählt wurden. Doch ob diese Episoden sich so zugetragen haben oder nicht, entscheidend ist: Alice Schwarzer stellt sich als Heldin ihrer Lebensgeschichte von Anfang an auf die Seite der Guten, der Opfer.

Das zweite zentrale Motiv, das ebenfalls schon am Anfang des Textes anklingt, ist ihr mutterloses Aufwachsen. Das Mutterthema ist besonders interessant, denn natürlich hatte auch Alice Schwarzer eine Mutter, und zwar nicht irgendeine, sondern eine Feministin. Erika Schwarzer, verheiratete Schilling, veröffentlichte in der Frauenreihe des S. Fischer-Verlags ein feministisches Buch mit dem Titel »Manchmal hasse ich meine Mutter« (zuerst 1981), und sie war eine der Erstunterzeichnerinnen der Abtreibungskampagne im »Stern«. Ihr Frauenengagement zog sich durch ihr Leben bis zu ihrem Tod im Jahr 2000. Statt Blumen erbat sie für ihre Beerdigung Spenden an das Frauenzentrum »Urania« in Wuppertal, ein klassisches feministisches Projekt aus dem Jahr 1977, das Raum bot für Frauenbildung, Selbstverteidigungskurse für Frauen, Lesbenliteratur, Selbsterfahrung oder Körperarbeit.[8] Schwarzer erwähnt die Tatsache, dass schon ihre Mutter Feministin war, jedoch mit keinem Wort. Statt als Vorbild oder Wegbereiterin macht sie die Mutter zum Prüfstein ihres Lebens. Erika Schilling sei komplett dysfunktional und abwesend gewesen.

Auch andere namhafte Feministinnen haben sich ein Leben lang an ihrer Mutter abgearbeitet, meist unter einem negativen Vorzeichen. Betty Friedan, Helen Gurley Brown und Gloria Steinem haben sich, laut Selbstbeschreibung, frühzeitig ein negatives Vorbild an ihren Müttern genommen. Sie leiteten ihre weibliche Identität von dem irritierten Blick auf eine Frau ab, die ihre eigenen Talente nicht ausschöpfen konnte, weil sie von ihrer gesellschaftlichen Rolle als Mutter und Hausfrau daran gehindert wurde. Es scheint, nicht nur in diesen Fällen war die mehrdeutige Beziehung zur Mutter eine Voraussetzung des frauenpolitischen Engagements.

Die Frauen blicken natürlich auf unterschiedliche Erfahrungen zurück. Aber beim näheren Hinsehen gibt es Parallelen. Alle schildern, sie hätten Mütter beziehungsweise im Fall Schwarzers auch eine Großmutter gehabt, die aufgrund ihres Frauseins ihre eigenen Ambitionen zurückstellen mussten. Alle schildern, sie selbst seien als junge Mädchen für hässlich befunden worden. Alle führten ihr feministisches Engagement schlussendlich auf ihr schwieriges Verhältnis zur Mutter beziehungsweise Großmutter zurück. Betty Friedan hat ihrer Mutter eine Ausgabe ihres Buchs »Der Weiblichkeitswahn« mit folgender Widmung geschickt: »Trotz aller Schwierigkeiten, die wir miteinander hatten, hast du mir die Kraft zum Durchbruch gegeben. … Ich hoffe, du akzeptierst das Buch als das, was es ist: eine Bestätigung der Werte deines und meines Lebens.«[9] Es liegt nahe, darin einen feministischen Topos zu vermuten, zumal sich ja der Feminismus auch theoretisch ganz dezidiert mit der Problematik der Mutter-Tochter-Beziehung auseinandergesetzt hat.

»Hübsch warst Du nicht gerade. Du warst ganz winzig, tomatenrot und schrumpelig«, so unverblümt, schreibt Alice Schwarzer, habe sich ihre Großmutter Margarete noch nach Jahren über sie als Neugeborene geäußert. Zuerst habe sich die Großmutter sogar geschämt für das »illegitime« Enkelkind. Als Alice Sophie zur Welt kam, war ihre Mutter Erika 22 Jahre alt und ledig. Wie so manche Frau in den Kriegsjahren hatte sie eine folgenschwere Affäre mit einem Wehrmachtssoldaten auf Heimaturlaub. Der Schwarzer-Biographin Bascha Mika erzählte Erika Schilling später, sie habe sich von ihrer eigenen Mutter nicht geliebt gefühlt und nachdem ihre engste

Bezugsperson, Tante Sophie, gestorben war, wollte sie sich an einer Männerbrust trösten. Wer dieser »große, blonde und breitschultrige« Mann war, also Alice Schwarzers Vater, verrät sie nicht. Die Tochter lernte ihn im Alter von zwanzig Jahren kennen. Es blieb bei dieser einen Begegnung.

Die ersten Tage nach der Entbindung verbrachten Mutter und Tochter in einem Heim, dann übernahm der Großvater die gesetzliche Vormundschaft für seine Enkelin. In Schwarzers Erzählung nimmt sich diese Tatsache wie ein Verlassen der Mutter aus. Doch zu dieser Zeit hatten ledige Mütter noch nicht das Sorgerecht für ihre Kinder. Die Amtsvormundschaft war 1924 im Rahmen des Reichsjugendwohlfahrtsgesetzes eingeführt worden mit dem Ziel, dass die Lebensbedingungen sogenannter illegitimer Kinder bis zur Volljährigkeit staatlich überwacht werden konnten. Die Übertragung der elterlichen Gewalt auf die Mutter wurde in Westdeutschland erst ab 1970 möglich. (In der DDR wurde die Amtsvormundschaft für uneheliche Kinder bereits 1950 abgeschafft.) Häufig waren es die Großväter mütterlicherseits, die von Amts wegen einsprangen. Ansonsten wurde ein gesetzlicher Vormund bestimmt. Ein aus feministischer Sicht sicherlich skandalöser Umstand der Bevormundung, aus sozialpolitischer Sicht jedoch ein notwendiger Akt der Fürsorge, denn die Sterblichkeit der Kinder unverheirateter Mütter war in diesen Zeiten exorbitant.

Schwarzers Großvater war jedoch nicht nur der rechtliche Vormund, er hat den Haushalt geführt und das Kind ernährt. Dazu sei ihre leibliche Mutter nicht in der Lage gewesen, schreibt Schwarzer heute noch entrüstet. Angeblich hatte sie eine »saure« Muttermilch. Was das bedeuten soll, ist unklar. Denkbar ist, dass Erika Schwarzer am Stillterror des NS-Regimes scheiterte, wie übrigens viele deutsche Frauen. Nach damaligem Ermessen sollten Kinder erst 24 bis 48 Stunden nach der Geburt angelegt und dann in einem festen zeitlichen Rhythmus um 6, 10, 14, 18, 22 Uhr ohne Ausnahmen mit einer achtstündigen Nachtpause gestillt werden. Gleichzeitig übten die Nationalsozialisten erheblichen Druck auf die jungen Frauen aus zu funktionieren, ihre Eignung zur Mutter unter Beweis zu stellen und möglichst viele gesunde, »arische« Kinder großzuziehen. Wie so vielen Frauen damals war dieser Druck für Erika Schilling vielleicht zu groß, und es gelang ihr deshalb nicht, ihr Kind zu stillen.

Dass Erika Schwarzer unter massiven Belastungen litt, erscheint auch deswegen naheliegend, da sie 1943, im Jahr nach der Geburt ihrer Tochter, wegen eines Nervenzusammenbruchs auf Kur in den Schwarzwald geschickt wurde. Alice Schwarzer hat allerdings eine andere Theorie. Sie glaubt, ihre Mutter habe »wenig Talent zur Mütterlichkeit« besessen, weshalb sie ihr »lebenslang so etwas wie eine eher ferne Schwester« geblieben sei.[10] Sie schreibt, aus der Kur sei ihre Mutter nicht mehr zurückgekehrt. Stattdessen habe sie den deutschen Offizier Rudolf Schilling geheiratet. Das Paar habe sich in Wien in bester Lage einquartiert, was die Autorin zu der Mutmaßung veranlasst, es habe sich um eine »entjudete« (also »arisierte«) Wohnung gehandelt. Schwarzer findet es eigenartig, dass ihre Mutter davon nichts gemerkt haben will. Der moralische Maßstab, den sie an die Mutter anlegt, die selbst ein ungeliebtes Kind war und in schweren Zeiten ungewollt schwanger wurde, ist hoch.

Diese ersten Kindheitsjahre Schwarzers bleiben vage. Im Juni 1943 wird Elberfeld bombardiert, auch das Haus der Schwarzers wird dabei zerstört. Alice muss in ein Kinderheim in Pforzheim, von wo aus sie mit ihren Großeltern nach Franken in das Dorf Oberlauringen evakuiert wird.[11] In der von ihr autorisierten Biographie von Anna Dünnebier und Gert von Paczensky, die vor etwas mehr als zehn Jahren erschienen ist, heißt es, erst nach Bombardierung und Evakuierung sei die Mutter nach Wien gezogen, habe ihr Kind im Stich gelassen. In Bascha Mikas (ohne Schwarzers Mitarbeit entstandener) Biographie steht, dass die komplette Familie Schwarzer einschließlich der Mutter Erika am 12. August 1943 im Melderegister Oberlauringen aufgeführt wird.

Die Ausgebombten werden erst in Oberlauringen dann in dem Dorf Stadtlauringen in einem Bauernhof einquartiert. Hier lernt Alice Schwarzer laufen und sprechen. Das Verhältnis zwischen ihrer Mutter und ihren Großeltern ist offensichtlich angespannt, wohl das Motiv für Erika Schilling, den erstbesten Soldaten auf Heimaturlaub zu heiraten. Als er wieder zurück zu seiner Einheit muss, verlässt sie Wien und kehrt zu ihrer mittlerweile einjährigen Tochter zurück. Wann und wie lange Mutter und Kind getrennt gelebt haben, wird nicht klar. Nebel liegt nicht ohne Grund über dem Text. Der Autobiographin kommt es heute wohl weniger auf die präzise Rekonstruktion an, sondern eher darauf, ihre Kindheit als Aufwachsen ohne mütterliche Liebe zu schildern. »Ich bin die vierte Generation, die nicht von ihrer biologischen Mutter aufgezogen wurde.«[12] Daraus wird später eine feministische Position zum Thema Mütterlichkeit und Frauenemanzipation.

Erika Schilling, Alice Schwarzers Mutter, wollte übrigens nach dem Krieg ebenfalls Journalistin werden. Es gelang ihr sogar, ein wenig Geld damit zu verdienen. Als sie ihrer Mutter stolz ihren Verdienst zeigt und verkündet, Journalistin werden zu wollen, erhält sie die Antwort: »Jetzt wird sie größenwahnsinnig.« Danach habe sie nie wieder etwas Journalistisches geschrieben, sagte sie der Journalistin Bascha Mika. Den Part übernahm dann ihre Tochter.[13] Auch ohne das große psychologische Einmaleins sollte deutlich geworden sein: Alice Schwarzer scheint mehr von ihrer Mutter geerbt zu haben, als es ihr offensichtlich opportun erschien zu berichten. Das Motiv der Mutterlosigkeit war wohl wichtiger.

Eine geborene Feministin

Ein klassischer Topos in Prominentenautobiographien ist die frühzeitige Sensibilität für das Lebensthema, in diesem Fall der Feminismus. Sie war »ein sehr frei aufwachsendes Mädchen, das früh selbstständig ist, gezwungenermaßen, und auch darin bestärkt wird«, schreibt Schwarzer und illustriert das mit der Anekdote, dass sie die Puppe in ihrem ersten und einzigen Puppenwagen gegen eine Katze ersetzt und am liebsten mit ihrem von den Jungs beneideten Ball gespielt habe. Mit Puppen konnte man sie »jagen«.[14] Ein Klassiker der feministischen Theorie, die geschlechtsspezifisches Spielzeug für einen üblen patriarchalen Trick hielt.

Und auch das Thema Gewalt gegen Frauen führt Schwarzer schon zu diesem frühen Zeitpunkt in ihre Lebensgeschichte ein. Ein betrunkener GI habe ihre Mutter, als diese auf Besuch in Stadtlauringen war, aus dem Haus herausholen wollen. Für diesen »Vergewaltigungsversuch« sei er von der amerikanischen Militärpolizei am nächsten Tag »standrechtlich erschossen« worden. Ein Historiker der amerikanischen Besatzung hat rekonstruiert, dass es im Jahr 1945 zu insgesamt rund 1500 Vergewaltigungen durch Angehörige der US-Armee kam, davon wurden 600 geahndet. Es kam zu 300 Verurteilungen.

29 Männer wurden wegen Vergewaltigung mit dem Tode bestraft.[15] Ob das bereits bei einem Entführungsversuch, wie ihn Schwarzer schildert, der Fall gewesen sein könnte? Jedenfalls kündigt sich auch mit dieser Episode in Alice Schwarzers Autobiographie ihre spätere feministische Position zur Gewaltfrage an.

Einen weiteren Hinweis auf ihre frühen Kindheitsprägungen gibt uns Schwarzer am Ende der Evakuierungszeit: Als ihr Großvater nach Wuppertal zurückkehrte, um eine Wohnung zu suchen, habe sie mit vier Jahren die Rolle des »Familienchefs« übernommen. »Mama blieb scheu und introvertiert, ich übernahm die Verantwortung.« Sie ging allein einkaufen, kundschaftete die Gänge ihrer Großmutter beim Schwarzhandel aus und klaute nachts Holz.[16] Mut und Initiative in einer feindseligen Umgebung, das sind die wichtigsten Motive, die Schwarzer an den Anfang ihrer Biographie stellt, gepaart mit Verantwortungsgefühl. »Mein ausgeprägtes Verantwortungsbewusstsein für andere sowie dieses permanente Pendeln und Vermitteln zwischen dem Rand der Gesellschaft und ihrer Mitte. Das ist bis heute mein Platz: randständig sein und dazugehörig zugleich.«[17] Hier finden wir einen Hinweis auf ihre Stellung innerhalb des Feminismus, die sie genau so definiert. Randständig und dazugehörig.

Zurück in Wuppertal verkauft ihr Großvater Zigaretten, ihre Mutter arbeitet als Handlungsreisende für Staubsauger, Uhren und Waschmaschinen. Von Zeit zu Zeit habe sie ihre Mutterrolle wahrgenommen und versucht, Alice näher zu kommen. Bei ihren Großeltern sitzt Alice Schwarzer zwischen den Stühlen. Sie bewundert die Unbestechlichkeit und den Gerechtigkeitssinn ihrer Großmutter, aber sieht auch, dass sie ihren braven Mann tyrannisiert. Das Mädchen steht auf Seiten des Großvaters. Dessen Tod im Alter von 75 Jahren schreibt sie seiner Frau zu. Die destruktiven Launen ihrer Großmutter führte sie auf deren gesellschaftliche Marginalisierung als Frau zurück. Sie habe frühzeitig erkannt, »was passiert, wenn eine potente Frau ins Haus eingesperrt ist.« Ihre Karriere als Feministin trat sie daher im Auftrag der Großmutter an, nicht im Auftrag der alleinstehenden berufstätigen Mutter.[18] Mir fällt an dieser Stelle auf, dass sich Schwarzer in ihrer Familie jedoch nicht mit den Frauen solidarisiert, sondern mit dem offenbar wehrlosen Mann, ihrem Großvater.

Ihre Teenagerzeit schildert Schwarzer schwungvoll und mit offenkundigem Gefallen an dem heranwachsenden Mädchen. Der erste Kuss, die Tanzschule, die Mutation vom »staksigen Mädchen« zur »strahlenden Blondine« sind Themen, die ihr in der Rückschau auf diese Lebensphase besonders am Herzen zu liegen scheinen. Es scheint ihr ganz offensichtlich wichtig zu sein, sich als »normale« und attraktive junge Frau zu porträtieren, nachdem ihr im späteren Leben der Ruf der Brille tragenden Lesbe angehängt werden sollte. Sie beschreibt die Länge und Hersteller ihrer Röcke, die Avancen des Fahrlehrers, die ersten heterosexuellen Liebesgeschichten. Dass sich die Rezensenten darauf besonders gestürzt haben, zeigt, wie Recht sie mit dieser Akzentsetzung hatte.

Mit 17 beginnt Schwarzer nach acht Jahren Volksschule und zwei Jahren Handelsschule eine kaufmännische Lehre bei einem Autohändler. Sie leidet an der Unterforderung und löst den Lehrvertrag, um für zwei Jahre in der Buchhaltung eines Autozulieferers in Elberfeld zu arbeiten. In der Freizeit trägt sie Jeans und Männerpullover und empfindet die anderen Mädchen mit den Petticoats, engen Gürteln und hervorstechenden Brüsten als »total daneben«.[19] 1962 wechselt sie zu einem Marktforschungsinstitut in Düsseldorf. Mit ihrer abwesenden Mutter, die sich nach mehreren Enttäuschungen für ein Leben ohne Männer entschieden habe, zieht sie nichtsdestotrotz in eine Zweizimmerwohnung.

Zu dieser Zeit hat Schwarzer ihren ersten Geschlechtsverkehr, über den sie uns wissen lässt, dass sie dabei nicht geblutet habe. »Das zum Mythos des Jungfernhäutchens«, schreibt sie triumphierend, jetzt wieder ganz die Feministin. Als würden nur unemanzipierte Mädchen bluten. Sie jedenfalls könne sich über ihren Einstieg in die Sexualität »wirklich nicht beschweren.« Die Beziehung hielt allerdings nicht lange. Sie fühlte sich bedroht.[20] Zeit für einen Aufbruch: Alice geht nach Paris.

Auf den Barrikaden von Paris

Viele junge bildungs- und erfahrungshungrige Bundesbürger gingen in jener Zeit nach Frankreich oder in die USA, Hauptsache Westen. Paris war, wie gesagt, das intellektuelle Zentrum Europas mit großen Namen wie Lacan, Foucault, Derrida, Bourdieu, Lévi-Strauss, mit aufregender Mode, dem besten Film und viel frischer Luft im Vergleich zu der noch dumpfen, von etlichen alten Nazis verwalteten Bundesrepublik. Für viele bürgerliche Töchter war der Parisaufenthalt ein (zumindest vorübergehender) Akt der Emanzipation, eine erholsame Warteschleife, bevor sie der Ernst des Lebens in Gestalt einer Ehe einholte. Manche erhielten im Ausland jedoch genug Inspiration, um zurück in der BRD eine Karriere zu starten.

Alice Schwarzer schloss sich dem Zug nach Westen an und fand ihr Eden, zunächst als Au-pair und Sprachenschülerin. Sie wird zwar ausgenutzt, gedemütigt, verspürt Deutschenfeindlichkeit – »Nazi« und »SS« hätten ihr die französischen Männer auf der Straße nachgerufen –, doch alles in allem fühlt sie sich befreit von den ärmlichen und provinziellen Verhältnissen zu Hause. Und sie trifft ihre Liebe, Bruno. Ein großer, dunkler Mann mit sensiblem Gesicht, geistreich, charmant und höflich. Bruno sei außerdem ein »unmännlicher« Mann gewesen wie ihr Großvater, schreibt Schwarzer. Darum habe sie ihn geliebt.[21] Bruno ist in ihrer Autobiographie das andere weiße Kaninchen. Er hilft ihr dabei, ihr Leben heute in ein neues Licht zu stellen. Obwohl sie sich zum großen Ärger der feministischen Lesbenfraktion nie offiziell dazu geäußert hat, galt es bislang als offenes Geheimnis, dass Schwarzer Frauen bevorzugt. Durch ihre emphatische Beschreibung der Liebesgeschichte mit Bruno korrigiert sie nun ihr Bild in jungen Jahren. Damals war sie heterosexuell, und nicht nur das, sie war eine besonders leidenschaftliche und anhängliche Frau, gespalten zwischen Liebe und Arbeit. »Auch ich bin in diesen Jahren also in dem klassischen und bis heute unvermindert andauernden Frauenkonflikt: in der Zerrissenheit zwischen der Leidenschaft für die Liebe und der Leidenschaft für den Beruf. Ich entscheide mich für den Beruf – und erwarte, dass jemand, der mich liebt, das versteht.«[22]

In Paris erlebt Schwarzer ihre intellektuelle Sozialisation. Sie liest Heine, Joyce und Bachmann, entdeckt klassische Musik, bildende Kunst und Kino und schließlich den Feminismus. Doch zunächst kehrt sie noch mal nach Deutschland zurück, in die vom antiautoritären Protest der außerparlamentarischen Opposition erschütterte Bundesrepublik, wo sie nach einer gescheiterten Bewerbung bei der Münchner Journalistenschule im Februar 1966 ein Volontariat bei den »Düsseldorfer Nachrichten« antritt.

Ihre Zeit als Lokal- und Gerichtsreporterin war für Schwarzer sicherlich prägend. In kaum einem anderen Beruf kommt eine Berufstätige in so jungen Jahren so intensiv mit den Wechselfällen des Lebens in Berührung, auch mit denen der sogenannten kleinen Leute. Die Suche der Lokaljournalistin nach einer ergreifenden Geschichte wird sie später, wenn sie Frauen für ihre eigenen Bücher interviewen wird, fortsetzen. Schwarzer schreibt über Prostituierte und über Frauenmörder. Die Tagespolitik war noch nicht ihr Thema. Obwohl sie als Journalistin von den Studentenunruhen und den ersten Zusammenkünften und Aktionen der Achtundsechzigerinnen wissen musste, interessierte sie sich zu dem Zeitpunkt noch nicht für die wieder aufblühende Frauenbewegung. Das war ein anderes Milieu und schien mit ihrem Leben nicht viel zu tun zu haben. Noch heute klingt aus ihren Schilderungen der damaligen Umtriebe an den Universitäten Befremden durch. Nein, der feministische Funken ist da noch nicht zu ihr übergesprungen.

Nach dem Volontariat arbeitet sie eine Zeit lang bei der Frauenzeitschrift »Film und Frau« und hasst es. Sie habe sogar angefangen, sich um ihr Gewicht und ihre Hautbeschaffenheit Gedanken zu machen. Sie trennt sich nach wenigen Monaten von dem Blatt und geht zu »Pardon«. Jetzt ärgern sie nicht mehr die Frauenthemen, sondern die Männerthemen. Als Kündigungsgrund gibt sie die Absicht zu heiraten an. Sie kehrt nach Paris zurück und zieht mit Bruno zusammen, plant tatsächlich zu heiraten und eine Tochter zu bekommen. Doch dann »gerät das Ganze in Vergessenheit«. Es sei einfach nicht die Zeit dafür gewesen.[23] In Paris belegt sie an der Reformuniversität Vincennes, an der kein Abitur verlangt wird, Soziologie und Psychologie und arbeitet als freiberufliche Korrespondentin weiter für »Pardon« und andere linke und liberale

Blätter sowie für den WDR. Für ihre Sprechbeiträge trainiert sie sich eine tiefere Stimme an.

Die Gründungszeit der MLF, der französischen Frauenbewegung, erscheint ihr rückblickend wie im »Rausch«, wie ein »Jahrmarkt«. Jeden zweiten Mittwochabend treffen sich ein paar Frauen in Wohnungen, kochen, texten Flugblätter, planen Aktionen, feiern, singen, führen Sketche auf. Schwarzer mittendrin. Ihre Schilderungen sind noch heute äußerst lebhaft. Ihr Enthusiasmus ist spürbar. Manche Französinnen nennen sie liebevoll-spöttisch »la grosse Berthe«, dicke Bertha, nach dem deutschen Geschütz. Eine ihrer ersten Aktionen ist die Sprengung einer Veranstaltung der französischen »Elle«. Die Feministinnen »entlarvten« die geplante Umfrage des Hefts unter der Rubrik »Was wollen die Frauen?« als getarnte Marktstudie. Die Frauenzeitschrift versuche sich nur an die aufblühende Frauenbewegung anzuhängen, um an neue Leserinnen zu kommen, so ihr Verdacht. Es ist die Zeit angebrochen, in der man anderen Frauen falsche Motive unterstellt; die Zeit des »Ändere dich gefälligst«-Feminismus. Diese Haltung wird auch den westdeutschen Feminismus noch lange kennzeichnen. Eine Frau, die eine klassische Frauenzeitschrift las, muss einfach das falsche Bewusstsein haben. Und das ist ihr auszutreiben.

Alice und die Übermutter

Schwarzer gehört zu den Feministinnen, die Simone de Beauvoir überreden können, sich als Galionsfigur der Bewegung zur Verfügung zu stellen. Nicht nur bei der Selbstbezichtigungskampagne im »Nouvel Observateur« sollte die international bekannte Intellektuelle von nun an Seite an Seite mit der jungen Generation kämpfen. Sie führte auch Demonstrationen an und protestierte vor Fabriken. Die Deutsche und die Französin lernten sich 1970 kennen. Die Bedeutung dieser Begegnung lässt sich nicht überschätzen. Beauvoir half Schwarzer in den Steigbügel, mehr noch, sie wurde zur Kronzeugin der deutschen Feministin. Und umgekehrt trug Schwarzer dazu bei, dass der bundesdeutsche Feminismus zu einem Gutteil ein Beauvoir-Feminismus wurde.

Aus der Seilschaft entstanden in der Zeit zwischen 1972 und 1982 fünf Interviews mit Simone de Beauvoir für deutsche und französische Medien. Diese Gespräche waren für die deutschsprachige feministische Welt Ereignisse, da de Beauvoir darin auch persönliche Dinge offenbarte und ihre Positionen reflektierte. Die in einem Buch herausgegebenen Gespräche der beiden Feministinnen lassen erkennen, wie eng die Gefolgschaft Schwarzers, wie wichtig das Denken der großen Französin für die junge Feministin aus Deutschland war. Zum einen die existentialistische Färbung von de Beauvoirs Feminismus. Im Gespräch mit Schwarzer kommt die damals über Siebzigjährige zu einer pessimistischen Einschätzung der Frauenbewegung. Der Feminismus habe bislang, abgesehen von feministischen Aktionen wie der Abtreibungskampagne, in Wahrheit nur einen kleinen harten Kern erreicht. Ihre allgemeine Beurteilung der Frauen ist hart: Die meisten seien eben doch Weibchen geblieben.[24] Die pessimistische existentialistische Sicht auf Frauen und die Frauenbewegung lässt sich bis heute bei ihrer deutschen Adeptin wiederfinden, wenn Schwarzer beispielsweise behauptet, Frauen seien ihre schlimmsten Gegnerinnen gewesen und vierzig Jahre Frauenbewegung seien »in Wahrheit« nur zehn Jahre gewesen, denn alles, was nach den frühen achtziger Jahren kam, zum Beispiel die »Girlies« der neunziger Jahre und die »Alphamädchen« der 2000er Jahre, seien nur »mediengemachte Phänomene« (als liege ihr selbst der Gebrauch der Massenmedien so fern!).[25]

Zum anderen ist da der universalistische Zug in de Beauvoirs Feminismus. Die Französin leistete im Gespräch mit Schwarzer konkrete Schützenhilfe bei den Kämpfen, die Schwarzer in der deutschen feministischen Szene ausfocht. Zum Beispiel gegen den »Differenzfeminismus«. Ihr universalistischer Feminismus ging auf die Aufklärung und die Französische Revolution zurück und war vom Glauben an das grundsätzlich starke, aber reformbedürftige Individuum getragen, das sich aus seiner existentiellen Beschränkung befreien muss. Damit grenzte sie sich von dem damals aktuellen Bedürfnis von Feministinnen, zu einer ursprünglichen Weiblichkeit zurückzukehren, klar ab. Lieber sollten Frauen dieselben Fehler wie Männer machen, aber sich dafür die Macht sichern, als auf ihrer Andersartigkeit zu beharren und dadurch wirkungslos bleiben. Selbst, wenn der Griff der Frauen zur Macht nichts anderes ergebe als nur eine weitere Machtausübung nach dem männlichen Muster, war sie überzeugt: »Wir Frauen dürfen nicht zögern, nach den sogenannten männlichen Qualitäten zu greifen. Viele davon sind ganz einfach menschliche Qualitäten, die auch uns Frauen zustehen. Wir müssen die Einmischung in diese Männerwelt, die weitgehend eben auch ganz einfach die Welt an sich ist, riskieren!« Die Differenzfeministinnen fänden es richtig, sich nicht zu organisieren, keinen Beruf zu haben, nicht schöpferisch tätig zu sein, nicht zu handeln, diktierte de Beauvoir Schwarzer ins Tonband. Dagegen stellte sie ihre Position: »Ich war immer der Meinung, dass man als Frau das Instrumentarium, das die Männer in Händen halten, einfach nehmen, sich seiner bedienen muss.«

Schwarzer klagte im Interview von 1982 Simone de Beauvoir ihr Leid, dass der Feminismus zur »inflationären Münze« geworden sei. Mit Befremden beobachte sie, dass Frauen für Frieden, Frauen für Kinder, Frauen für Natur kämpften, all das unter dem Label »Feminismus«. Auch darin bekam sie von de Beauvoir Schützenhilfe. Eine feministische Friedensbewegung sei absurd, so die Französin, »weil Frauen den Frieden als Menschen fordern müssen und nicht als Frauen. … Kurzum, Frauen sollten diese weibliche Argumentation ganz und gar fallenlassen, auch wenn und gerade weil man sie ermutigt, im Namen ihrer Weiblichkeit oder Mütterlichkeit für den Frieden zu kämpfen: Denn das ist ja gerade der Trick der Männer, die damit die Frauen wieder mal auf ihre Gebärmutter reduzieren wollen!«[26]

Schwarzer dankte de Beauvoir ihre Unterstützung mit unverbrüchlicher Loyalität. Egal, wohin sich der Feminismus im Lauf der Jahrzehnte entwickeln sollte, für Alice Schwarzer war Simone de Beauvoirs Denken das einzig richtige. Sie übernahm die Rolle der Siegelbewahrerin ihrer »geistigen Mutter«, deren Interpretation des Feminismus sie nie mehr bereit war zu hinterfragen. Noch 2007 beschwerte sie sich über all diejenigen, die nicht Simone de Beauvoirs Schlüsselrolle erkannt und stattdessen lieber »das Rad neu« erfunden hätten.[27] Was das anbelangt, wurde Schwarzer Fundamentalistin. Für sie sollte es den einen Feminismus geben, der von den verschiedenen Frauengenerationen und den unterschiedlichen Gruppierungen nur richtig oder falsch verstanden werden konnte. Damit geriet sie jedoch grundsätzlich in Widerspruch zu dem eigentlich konstruktivistischen Denkstil, der dem zeitgenössischen Feminismus so gut zu Gesicht stand. Warum, muss sie sich fragen lassen, ist ein Phänomen wie Geschlechtlichkeit kulturell konstruiert, gleichzeitig soll eine soziale Erscheinung wie der Feminismus nicht kulturell variabel sein? Frauen sollen sich ändern, aber der Feminismus nicht! Ein logischer Bruch. Die richtige Konsequenz aus der Erkenntnis, dass die Geschlechter kulturell konstruiert sind, wäre, die kulturellen Entstehungsbedingungen der verschiedenen Entwürfe des Feminismus ebenfalls ernst zu nehmen und natürlich auch, sie zu hinterfragen, anstatt auf einer einzigen Ausprägung, nämlich der in den 1940er Jahren von de Beauvoir entwickelten Position, stehen zu bleiben.

Schwarzer ging so weit, Widersprüche gegen de Beauvoir im eigenen Lager als antifeministisch oder »pseudo-feministisch« zu brandmarken. Dadurch schwang sie sich zur Wächterin über gesellschaftspolitische Diskussionen auf, wurde zur Gesinnungsfeministin – und manövrierte sich langfristig ins theoretische Abseits. Ein Schicksal, das orthodoxe oder fundamentalistische Begründer oder Vertreter von Bewegungen und Strömungen immer wieder trifft. Sobald eine Person oder Gruppe darauf beharrt, den richtigen Weg gefunden zu haben, versteinert die Angelegenheit und wird schnell selbst Geschichte.

Alice Schwarzer importierte mit Simone de Beauvoirs intellektuellen Vorlieben eine bestimmte Ausprägung des Feminismus nach Deutschland. Diese intellektuellen Bezugspunkte waren der Existentialismus und der Sozialismus. Für sie war die Frauenemanzipation zwar nicht dem Klassenkampf untergeordnet, wie für die marxistischen Studentinnen, aber auch nicht davon zu trennen. Das hatte tief greifende Konsequenzen für die feministische Ausrichtung – vor allem die einseitige Betonung der kapitalistischen Arbeit als Dreh- und Angelpunkt der sozialen Position von Frauen und die existenzphilosophische Haltung zum Leben als Befreiungsaufgabe, als Aufgabe, sich selbst neu zu entwerfen und zu handeln, was mit großer Kraftanstrengung und Härte gegen sich selbst verbunden ist. Mitfühlendes Verständnis für die verschiedenen Lebenslagen und psychohistorischen Ausstattungen von Frauen war in diesem Konzept nicht vorgesehen.

Auch die Frage der Autonomie beantwortete Schwarzer im Sinne der Französin. Trotz des gemeinsamen Interesses der Geschlechter hielt es Simone de Beauvoir zunächst für notwendig, Frauen und Männern voneinander zu trennen, denn viele Männer könnten sich ihre »männlichen Reflexe« nicht verkneifen, während andererseits viele Frauen »ein gewisses Gefühl der Minderwertigkeit« in Anwesenheit von Männern nicht loswürden. Deshalb befürwortete sie die damalige Praxis des Ausschlusses von Männern aus der Frauenbewegung. »Im Augenblick erlaubt weder die Mentalität der Männer noch die der Frauen eine wirklich ehrliche Diskussion in einer gemischten Gruppe.«[28] Schwarzer spitzte diese Sicht im Interview mit de Beauvoir noch einmal zu. Der Mann habe nicht nur das die Frauen ausbeutende System geschaffen, er profitiere auch individuell von der Unterdrückung der Frau, weshalb er »in einer ersten Etappe Feind Nummer eins ist.«[29] Immer wieder hakte die Deutsche im Gespräch nach, ob es deshalb nicht sogar am besten wäre, wenn Frauen Männer total ablehnten und sich aus einer politischen Haltung heraus auch sexuell zu Frauen hin orientierten. Da kamen der Älteren denn doch Bedenken. De Beauvoir: »Ist eine sexuelle Beziehung zwischen Mann und Frau immer repressiv? Könnte man nicht dahingehend arbeiten, dass man nicht diese Beziehung verweigert, sondern sie ändert? Es schockt mich, wenn man mir erklärt, jeder Koitus sei eine Vergewaltigung. Das kann ich einfach nicht glauben, das fühle ich nicht. Wenn man sagt, jeder Koitus sei eine Vergewaltigung, übernimmt man im Grunde wieder die männlichen Mythen.«[30]

Einer Meinung waren die beiden Frauen in der Kinderfrage. De Beauvoir sah in Mutterschaft und Hausarbeit eine »Knechtschaft« und »Falle« der Frauen. Dem stellte sie als positiven Gegenentwurf ihre privilegierte Position als Philosophie-Professorin gegenüber.[31] Sie plädierte für die »Befreiung« der Kinder von ihren Eltern, sprich, für Kollektiverziehung, weil sie die patriarchale Familie neben dem Kapitalismus für die Wurzel allen Übels hielt. »Ich glaube, dass man nicht nur die Besitzverhältnisse, sondern auch die Struktur der Familie ändern muss.«[32] Und weiter: »Ich denke, dass man die Familie abschaffen muss.«[33] Daran hing auch der weibliche Umgang mit Sexualität. De Beauvoir, von Schwarzer im Interview auf diese Fährte gelockt, verstieg sich sogar zu der Aussage, es sei besser, eine Frau reagiere mit Frigidität auf die »schreckliche Falle« der Sexualität, als mit Lust.

> Beauvoir: »Am schlimmsten ist es für die Frauen, die das Unglück haben, Sexualität mit Männern so beglückend zu finden, dass sie mehr oder weniger abhängig von Männern werden.«
>
> Schwarzer: »Wenn ich Sie recht verstehe, scheint Ihnen Frigidität bei den Macht-Ohnmacht-Beziehungen zwischen Mann und Frau für die Frauen eventuell eine vorsichtigere und angemessenere Reaktion, weil sie die Ohnmacht und das Unbehagen der Frauen spiegelt und Frauen weniger abhängig macht?«
>
> Beauvoir: »Genau.«[34]

Der von de Beauvoir geprägte Feminismus verlangte nicht gerade wenig von Frauen: Heiratet nicht, gebärt nicht, habt keine Lust, geht lieber arbeiten. Und vergesst, dass ihr gerade eure sexuellen Bedürfnisse entdeckt habt, besser, ihr seid frigide. Dass solche Forderungen bei vielen Frauen nicht gerade Euphorie auslösten, sondern, im Gegenteil, die trotzige Betonung einer besonderen weiblichen Identität, ist kaum verwunderlich.

In den Gesprächen zwischen Schwarzer und de Beauvoir wird deutlich, mit welcher Zumutung der universelle Feminismus an die Frauen herantrat, wenn er nicht mehr und nicht weniger als die Beseitigung dessen forderte, was seit gut zweihundert Jahren für die westliche Welt als selbstverständliche Lebensnotwendigkeit galt, und durch Sozialisation bis in die Tiefen der menschlichen Psyche als strukturbildend erfahren worden war – die bürgerliche Kernfamilie und ihre üblichen Rollenangebote.

In ihren verschiedenen Rückblicken auf diese Zeit wird immer wieder deutlich, wie wichtig Schwarzer ihre Integration in die französische Frauenbewegung und ihre persönliche Bekanntschaft mit den Ikonen Jean-Paul Sartre und Simone de Beauvoir war. Sie reklamiert heute de Beauvoir sogar für ihre anti-intellektuelle Attitüde: »Auch das verbindet uns: eine Art politisch zu denken, die nicht abstrakt ist, sondern sich von Erfahrungen ableitet und dem Leben stellt.«[35] Es braucht nicht viel Phantasie, um hierin die Selbstbeschreibung einer Feministin zu erkennen, die ihre Berufung eher in der Aktion und Repräsentation fand als in der Reflexion.

Alice Schwarzer lässt sich in ihrer »offiziellen« Biographie von Dünnebier und Paczensky als »geistige Tochter« von Simone de Beauvoir bezeichnen. Was bei dieser geistigen Gefolgschaft als erstes auffällt ist der Generationenunterschied. Alice Schwarzer übernahm, indem sie sich ein Vorbild aus der vorvorletzten Generation gesucht hat, einen Feminismus, der wahrscheinlich schon nicht mehr den gegenwärtigen Erfahrungen und Bedürfnissen der Frauen entsprach, die nicht wie de Beauvoir um 1900 geboren wurden. Ich möchte noch weiter gehen und behaupten, in ihrer verständlichen Faszination für die große französische Philosophin hat Schwarzer übersehen, wie viel 19. Jahrhundert, wie viel bürgerliches Zeitalter, sie mit dem Beauvoirschen Feminismus gekauft hat.

Die frühen Jahre der französischen Frauenbewegung schildert Schwarzer aus der Perspektive der Aktivistin, die mittendrin steckt. Die verschiedenen theoretischen Ansatzpunkte, die ja von Anfang an nebeneinander her liefen, sind ihrer Erinnerung entglitten. Für Schwarzer waren es die »glücklichunschuldigen Zeiten des Aufbruchs«, in denen die Feministinnen noch nichts ahnten von den herannahenden Zerwürfnissen, dem »Differenzialismus« und der »Gendermanie«. »Noch waren sich alle einig«, behauptet sie.[36] Das ist unzutreffend. Vielmehr hat sie sich von Anfang an auf eine Seite geschlagen, auf die Seite der Universalistinnen, der »Ändere dich gefälligst«-Feministinnen. Immerhin eine Irritation ist ihr in dieser Szene in Paris doch in Erinnerung geblieben: Einmal sei sie darauf angesprochen worden, warum sie als einzige ein Kleid und keine Hose trage. Damit verband sie Kritik an ihrer heterosexuellen Praxis. Und tatsächlich verliebt sich Schwarzer zu dieser Zeit zum ersten Mal in eine Frau. Bruno ist zu einem Faktotum der jungen Frauen geworden. Er hütet Kinder und bereitet Essen zu, während die »Mädchen«, wie sie sich nennen, agitierten.

»Denn im Gegensatz zu Frankreich oder Amerika, ja zu den meisten Ländern der westlichen Welt, gab es damals in Deutschland noch keine Frauenbewegung. Der Tomaten-Aufstand der SDS-Frauen war nur APO-intern gemeint gewesen. Diese Frauen verstanden sich – auch nach ihrem eigenen Verständnis – keineswegs als Feministinnen, sie wollten ›nur‹ mehr Rechte innerhalb der Studentenbewegung«, schreibt Schwarzer über ihre Rückkehr in die BRD.[37] So oft sie diese Behauptung wiederholt, sie wird doch nicht wahr, wie wir gesehen haben. Im Gegenteil, der »Aktionsrat für die Befreiung der Frauen« und andere Frauengruppen hatten vier, fünf Jahre Vorlauf, bis Alice Schwarzer mit ihrer Abtreibungskampagne im »Stern« zur westdeutschen Frauenbewegung stieß. Schon in den allerersten Flugblättern einer Helke Sander und anderer Aktivistinnen wird ausdrücklich von Frauenbefreiung gesprochen und auf die bürgerliche Frauenbewegung Bezug genommen, von der sie sich absetzen wollten. Abgesehen davon hatten sich auch außerhalb des studentischen Milieus, in sozialliberalen Kreisen, Aktionsgruppen gebildet. Das waren zumeist erwerbstätige Frauen, die ganz andere Anliegen hatten als die Studentinnen und auf eine institutionell verankerte Gleichstellungspolitik drangen.[38]

Richtig ist jedoch, ab 1970 verstärkten sich die Frauenaktivitäten. Es sammelte sich eine breite soziale Bewegung um das Thema Abtreibung. Eine Liberalisierung des noch aus der Kaiserzeit stammenden Paragraphen 218 stand schon seit 1969 unter der großen Koalition auf der politischen Agenda, allerdings hielten katholische wie evangelische Kirche, die konservativen Parteien, aber auch der Hartmannbund und andere ärztliche Standesverbände dagegen. Nur die SPD und die FDP, unterstützt von Sexualwissenschaftlern, Psychologen, Soziologen und Gynäkologen, befürworteten ein Ende der Kriminalisierung der Abtreibung. Die körperliche und psychische Belastung einer meist geheim gehaltenen, im Illegalen durchgeführten Abtreibung schien ihnen nicht länger tolerabel. Eine Gruppe liberaler Strafrechtsprofessoren legte im Jahr 1970 rechtliche Alternativen vor, zwei Jahre später reichte die sozialliberale Koalition einen eigenen Vorschlag ein, der vorsah, dass wenigstens in schwerwiegenden Notlagen Abtreibungen erlaubt sein sollten. 51 Abgeordnete verfassten einen Gegenentwurf, der auf die Fristenlösung hinauslief. Die Vorzeichen standen also schon länger auf Reform, als Schwarzer in der Bundesrepublik auf den Plan trat.

Die feministische Abtreibungskampagne formierte sich zwischen Mai 1971 und März 1972. Sie rekrutierte sich aus sozialistischen und autonomen studentischen sowie außeruniversitären Gruppen wie die »Frankfurter Frauenaktion«, die schon seit dem Sommer 1970 gegen den Paragraphen 218 agitierte, und die sogenannte »Mittwochsgruppe«, ein politischer Arbeitskreis der Frankfurter Volkshochschule. Die Forderung der Frauen: Es sollten nur noch gewollte Kinder geboren, Verhütungsmittel allen Frauen zugänglich gemacht und das Verbot der Abtreibung aufgehoben werden. Im Sommer 1971 beschäftigte sich das »Frauenhandbuch Nummer 1« der Gruppe »Brot und Rosen« mit Verhütungsfragen. Der »Sozialistische Frauenbund Westberlin« und die »Rote Frauen Front« in München griffen das Thema auf. Ihre Motive waren dabei nicht immer dieselben. Während die sozialistischen Studentinnen in der Abtreibungsfrage vor allem das Mobilisierungspotential erkannten, denn von ihr waren potentiell alle fruchtbaren Frauen betroffen, ging es den Frauen von »Brot und Rosen« um Autonomie. Im Juni 1971 gründete sich die bundesweite »Aktion 218« zur Koordinierung der lokalen Initiativen. Sie ging aus der »Humanistischen Union« hervor, einer überparteilichen Vereinigung zur Stärkung der Staatsbürgerrechte, die für die uneingeschränkte Fristenlösung innerhalb von drei Monaten aus Gründen der Achtung der Menschenrechte und des Rechts auf Selbstbestimmung eintrat. Diese staatsbürgerliche Debatte über den juristisch längst stumpf gewordenen Paragraphen 218 ging sogar noch weiter zurück. Bereits im Jahr 1962 hatte die Feministin Gunhild Feigenwinter in einer Einzelaktion vor dem Duisburger Bahnhof Flugblätter gegen das Abtreibungsrecht verteilt.

Alice Schwarzers Anteil an der Abtreibungskampagne war nun die Organisation der Selbstbezichtigungskampagne im »Stern«. Es bedurfte einer Organisatorin, um vorhandene Bedürfnisstrukturen zu aktivieren und zu bündeln. Sie legte die Lunte, damit das Lauffeuer unter den Frauengruppen wirken konnte und brachte nicht zuletzt auch einige Prominente, darunter Romy Schneider dazu, ihren Namen unter die Unterschriftenliste zu setzen. Die Beschaffung der 374 Unterschriften und Mobilisierung der 28 Frauen, die sich auf dem »Stern«-Cover abbilden ließen, war tatsächlich ein Krimi. Die Frauen konnten nicht wissen, was ihnen blühte, wenn sie sich einer strafbaren Abtreibung bezichtigten. Schwarzer besuchte Frauengruppen und überredete sie zum Mitmachen. Nicht alle waren zu überzeugen. Einige fanden das Anliegen »kleinbürgerlich«. Wenn Schwarzer von ihren Reisen durch die Republik zurückkam, versteckte sie die Liste im Wohnzimmerschrank ihrer Mutter.[39]

Die Selbstbezichtigung im »Stern« war ein großer Coup. Die Medien sprangen darauf noch stärker an als in Frankreich und trugen damit zur Mobilisierung der Frauen bei. Auch der Staat betätigte sich – unfreiwillig – durch sein ungeschicktes Agitieren als Mobilisator. Alarmiert von der bevorstehenden Aktion kündigten Staatsanwälte und Justizminister der Länder an, Anzeigen gegen die Unterzeichnerinnen wegen des Verdachts auf strafbare Handlungen zu erstatten. In München durchsuchte die Polizei eine Wohnung, in der Unterschriften gesammelt worden waren. Das, und das lebhafte Interesse der Medien, führte dazu, dass sich die Beteiligten und die Unterstützerinnen als Heldinnen fühlten und in der Gemeinschaft Schutz suchten. Das Echo der Kampagne mit 2345 Frauenbekenntnissen, 86 0000 solidarischen Unterschriften und tausend sich der Komplizenschaft beschuldigenden Männern war tatsächlich groß. Die freie Entscheidung für oder gegen Kinder wurde im öffentlichen Bewusstsein zu einem wesentlichen Kriterium weiblicher Autonomie.

Angesichts dieser Resonanz ist eine andere Bilanz der Kampagne umso verblüffender: Keine einzige der damaligen Forderungen wurde bis heute erfüllt. In dem Text zur Selbstbezichtigung hieß es: »Wir Frauen wollen keine Almosen vom Gesetzgeber und keine Reform auf Raten! Wir fordern die ersatzlose Streichung des Paragrafen 218. Wir fordern umfassende sexuelle Aufklärung für alle und freien Zugang zu Verhütungsmitteln! Wir fordern das Recht auf die von den Krankenkassen getragene Schwangerschaftsunterbrechung!« Die erste und einzige konzertierte Frauenkampagne in Deutschland nach 1945 ist inhaltlich auf der ganzen Linie gescheitert.

Im Herbst und Winter 1971 schien die Sache noch voranzugehen. Im März 1972 tagte die erste »Bundesfrauenkonferenz« mit 400 Teilnehmerinnen von 35 Frauengruppen in Frankfurt unter dem Transparent »Frauen erhebt Euch und die Welt erlebt Euch«. Vier Arbeitsgruppen bildeten sich zum Thema autonome Frauenorganisation, Frauenerwerbstätigkeit, Funktion der Familie und Paragraph 218. Auch wenn zwischenzeitlich das Themenspektrum weiter geworden war, stand die Abtreibungsfrage doch im Zentrum der feministischen Umtriebe. Zwei Frauenzeitschriften, die »efa« (emanzipation. frauen.argumente) und die »Frauenzeitung. Frauen gemeinsam sind stark« publizierten bundesweit (und wurden 1976 wieder eingestellt). Der erste feministische Raubdruck aus Amerika, Anne Koedts »Mythos vom vaginalen Orgasmus«, machte Furore. Im April stürmten Frauen eine Versammlung des konservativen »Hartmannbunds« und skandierten: »Stürzt die Ärztegockel von ihrem Medizinsockel«. Um die Diskussionen im Bundestag über den Reformprozess zu begleiten, startete im Frühjahr 1974 der sogenannte »letzte Versuch«. Im Audimax der TU Berlin versammelten sich an die zweitausend Frauen unter einem Transparent mit der symbolischen Faust im Weiblichkeitszeichen. Sie spielten die Aufnahmen von Abtreibungen in Berliner Arztpraxen vor, um zu dokumentieren, dass Ärzte ohnehin trotz Verbots unter »verbrecherischen Bedingungen« und aus »heimlicher Gewinnsucht« illegale Abtreibungen durchführten. Dem Bundestag lagen inzwischen vier Gesetzesanträge zum Thema vor, weil sich die Fraktionen auch untereinander nicht einigen konnten. Am 26. April 1974 dann endlich die Abstimmung. Und siehe da, die Befürworter einer Fristenlösung gewannen mit 247 zu 233 Stimmen. Die Bundesrepublik schien gleichzuziehen mit Frankreich und anderen westlichen Ländern sowie mit der DDR.

Doch die Freude währte nur kurz. An dem Tag, an dem das Gesetz rechtskräftig werden sollte, reiste der 1913 geborene baden-württembergische Ministerpräsident Hans Filbinger, ehemaliges NSDAP-Mitglied und als Marinerichter in der NS-Zeit für vier Todesurteile verantwortlich, persönlich nach Karlsruhe, um beim Bundesverfassungsgericht den Antrag auf Aussetzung des Gesetzes zu stellen. Weniger als zwei Tage später wurde dem stattgegeben. Nun hieß es abwarten, wie das Gericht in der Sache entscheiden würde. Noch einmal sammelten die Frauen ihre Truppen. Vor allem der »Aktion 218« gelang es, Zeichen zu setzen. Im April bekannten sich 329 Ärzte im »Spiegel«, einen Abbruch durchgeführt zu haben. Es gab Schweigemärsche, in Hamburg schleppten 800 Frauen Gefangenenkugeln an den Füßen hinter sich her. In Frankfurt demonstrierten Frauen mit Lockenwickler und Wäscheklammern: »So hätten sie uns gern: Ärzte, Parteien und Männer«. In Berlin wurde eine Abtreibung nach der Absaugmethode gefilmt. Der Bericht sollte in der Nachrichtensendung »Panorama« gezeigt werden. Doch Kirche, Christdemokraten und Ärztefunktionäre intervenierten, die Sendung wurde aus dem Programm genommen. Darauf drangen Frauen in die Funkhäuser des NDR in Hamburg und des Senders Freies Berlin und riefen zu massenhaftem Kirchenaustritt auf. Aber es half alles nichts. Am 25. Februar 1975 verkündete das Bundesverfassungsgericht, das werdende Leben werde in der Neufassung des Paragraphen 218 nicht ausreichend geschützt und der »völlig freien Verfügungsmacht der Mutter« unterstellt. Das neue Abtreibungsrecht war verfassungswidrig.[40]

Es folgten: ein Aufschrei und dann das Verstummen. Nach dem Urteil gingen Tausende auf die Straßen. Demonstrantinnen ketten sich öffentlich an, es gab Fackelzüge, Schweigemärsche, Unterschriftensammlungen, schwarze Listen mit Namen von Ärzten. Der DGB, die sozialdemokratischen Frauen, die Jusos und der Kommunistische Bund Westdeutschlands solidarisierten sich. In Bonn forderten 25 000 Menschen »Weg mit dem Klassenparagraphen«. Die »Aktion 218« organisierte weiterhin Abtreibungsfahrten ins Ausland und verteilte Adressen von empfehlenswerten Klinken und Ärzten.

1976 trat das neue Gesetz in Kraft, die erweiterte Indikationslösung, die zwar Ausnahmen aufgrund medizinischer, sozialer, ethischer und eugenischer Notlagen zuließ, aber die Abtreibung nach wie vor zum Straftatbestand erklärte. Der stärker politischen und machtorientierten Fraktion der Frauenbewegung ging nun endgültig die Luft raus. Die überregionale Mobilisation begann zu verebben, das Bündnis »Aktion 218« zerfiel.[41] Was blieb waren lokale Frauengruppen, die den Schwerpunkt auf Bewusstsein und Erfahrungsaustausch legten und die feministische Identitätsarbeit über die Lobbyarbeit für Frauenrechte stellten.

Warum schlug die Abtreibungskampagne in der Bundesrepublik weitgehend fehl? Die NS-Vergangenheit, die unvollständige Trennung von Kirche und Staat, die besondere Stellung von Ehe und Familie sind Anhaltspunkte. Hinzu kam die Blockrivalität mit der DDR: Das deutsche Konkurrenzunternehmen hatte bereits 1972 die Fristenlösung eingeführt. Bis heute übt zudem die deutsche Ärzteschaft einen konservativen Einfluss aus, was sich etwa bei der hormonellen Abtreibung zeigt: In Deutschland werden nur etwa 14 Prozent, in der Schweiz 60 Prozent und in Schweden 73 Prozent der Abbrüche mit dieser weniger invasiven und angstbesetzten Methode durchgeführt. Auch, was die Schmerzbehandlung angeht, scheint es noch eine Tradition der Abhärtung in Deutschland zu geben. Noch in den neunziger Jahren galt es als sinnvoll, die Abtreibende nicht zu betäuben, mit dem absurden Argument, so ließen sich die psychischen Folgen des Abbruchs besser vertragen.

Es sollte bis 1996 dauern, bis eine Liberalisierung des Schwangerschaftsabbruchs durchsetzbar wurde. Die Abtreibung wird zwar heute noch immer strafrechtlich mit Freiheitsentzug geahndet, jedoch müssen Frauen und Ärzte, die sich an die Ausnahmeregeln (Fristwahrung, Indikation, Beratung) halten, keine Konsequenzen mehr fürchten. Zum Vergleich: Die Niederlande hatten seit 1981 eine sehr liberale Gesetzgebung, die Praxis war aber bereits seit Beginn der 1970er Jahre großzügig. Dort entstanden Abtreibungskliniken, die rasch Anlaufstelle auch für Frauen aus Ländern mit restriktiveren Gesetzen wurden. In den achtziger Jahren wurde die Hälfte aller Abbrüche in Holland an deutschen Frauen durchgeführt. In Großbritannien (außer Nordirland) galt ab 1967 ein liberales Abtreibungsrecht, das einer Fristenlösung gleichkam, daher gab es einen Aufschwung für Abtreibungskliniken mit viel Zulauf aus Kontinentaleuropa. Heute gehört Großbritannien allerdings zu den restriktiveren Ländern Europas, da Schwangere zwei ärztliche Bestätigungen beibringen müssen. In Frankreich ist mittlerweile der Abbruch aus dem Strafrecht ganz verschwunden und ins Gesundheitsrecht gewandert. In den ersten 14 Wochen kann jede Frau von einem Arzt den Abbruch verlangen. Der Arzt hat sie über die Methoden und die Risiken des Eingriffs sowie über das Beratungsangebot zu informieren und ihr eine Informationsbroschüre zu überreichen. Der Eingriff kann nach sieben Tagen Bedenkzeit stattfinden. 1978 trat in Italien eine Indikationsregelung in Kraft und wurde 1981 in einem Volksentscheid bestätigt. Ob Gründe für die geforderte Notlage vorliegen, beurteilt die Schwangere selbst.[42]

Wenn das Selbstbestimmungsrecht bei der Fortpflanzung im Westdeutschland der frühen und mittleren siebziger Jahre die feministische Hauptforderung schlechthin war, dann ist die Bewegung in dieser Frage in großem Stil gescheitert. Schon deshalb finde ich es nicht sehr klug, wenn Alice Schwarzer gerade bei dieser Kampagne den Anfangspunkt der »neuen« Frauenbewegung sieht. Aber auch inhaltliche Gründen sprechen gegen diese Sicht der Dinge. Den Achtundsechzigerinnen ging es um die breite weibliche Teilhabe an der Gesellschaft und vor allem an der Erwerbswelt. Die ökonomische Gerechtigkeitsfrage stand im Mittelpunkt der Diskussion, daran gekoppelt waren die Frage der sexuellen Befreiung und – nicht mehr und nicht weniger als die Erziehung eines neuen, sexuell befreiten und antiautoritären Menschengeschlechts. Im Gegensatz dazu stehen die »Einundsiebzigerinnen: Sie suchten in der Abtreibungsfrage den kleinsten gemeinsamen Nenner der weiblichen Existenz. Dabei ging es nicht in erster Linie um soziale Gerechtigkeit, sondern um das Selbstbestimmungsrecht, das in der Regel gegen die Männer durchgesetzt werden sollte. Nachhaltigkeit war dieser Strategie nicht beschert. Die Liberalisierung und Vereinheitlichung des Abtreibungsrechts war eine gesamteuropäische, ja globale Entwicklung, die kurzfristig ein großes Mobilisierungspotential entwickelte, jedoch den Feminismus nicht in die heutige Zeit transportieren konnte. Und in Westdeutschland handelte die Abtreibungskampagne der Frauenbewegung auch noch ein erstklassiges Misserfolgserlebnis ein.

Sich heute auf die Abtreibungskampagne als Fanal des Feminismus zu versteifen und die Bedeutung der Achtundsechziger für die »neue« Frauenbewegung herunterzuspielen, wie das Schwarzer tut, hat aber noch einen anderen Haken:

Das Thema Abtreibung wäre ohne die Jugend- und Studentenbewegung, ohne den Wunsch nach Befreiung von Autoritäten und von der einengenden Sexualmoral der fünfziger und sechziger Jahre gar nicht auf die Tagesordnung gekommen. Die neuen Diskurse, die da hießen: körperliche Selbstbestimmung, freiwillige und individualisierte Reproduktion, durch die hormonelle Verhütung mit der Pille enorm erleichtert, waren ein Ergebnis eines allgemeinen kulturellen Wertewandels in der »reflexiven Moderne«. Sie waren die Ursache, nicht die Folge des Siebzigerjahre-Feminismus.

Trotz der Niederlage vor dem Verfassungsgericht und des sich anschließenden langwierigen Reformprozesses, der in Schwarzers eigener Sicht bis heute kein befriedigendes Ergebnis gebracht hat, schreibt sie unter dieses Kapitel heute: »Mission erfüllt«.[43] Das führt mich zu der Annahme, dass sie nicht die Sache selbst, sondern den medialen Erfolg und die folgende Mobilisierung als eigentliches Erfolgskriterium betrachtet. Aus heutiger Sicht frage ich mich jedoch, ob die Mehrheit der Frauen nicht mit einer behutsameren Rhetorik besser gefahren wäre. Mit einem Reformvorschlag, der den Ambivalenzen des Themas gerecht geworden wäre, anstatt der Maximalforderung nach »ersatzloser Streichung«. Wenn Schwarzer heute den schwarzen Peter allein den »Kirchenmännern, Juristen, Bevölkerungsexperten und der CSU« – kurz den dunklen Mächten des Antifeminismus – zuspricht, die eine Reform vereitelten, blendet sie (ganz in der Tradition der Universalistin) die drei wichtigsten »Mitspieler« komplett aus: die deutsche Geschichte, die Männer und die Frauen.

Die Geschichte, weil in einem Land, in dem die Abtreibung schon einmal erlaubt war, um »rassisch« und sozial unerwünschtes Leben zu verhindern, die Debatte um das

Recht auf Schwangerschaftsabbruch nun einmal unter einem anderen Vorzeichen steht als anderswo. Und da steht sie noch heute. Schwarzer ignoriert diesen Umstand. Sie spricht auch beim Thema Präimplantationsdiagnostik, also der Frage, ob Embryonen bei einer künstlichen Befruchtung, bevor sie in den Uterus eingesetzt werden, genetisch getestet werden sollen, immer noch von fundamentalistischem christlichen Verständnis und der Weigerung bestimmter Kreise, die Frau als selbstbestimmten Menschen anzuerkennen. »Frauen wird also das Recht, selbst über ihren Körper und ihr Leben zu bestimmen, abgesprochen.«[44]

Die Männer, weil sie in den Augen Schwarzers bei den Abbrüchen nicht mitzureden haben. Im Verlauf der Kampagne veröffentlichte sie ein Buch zum Thema Paragraph 218. Auf den Vorschlag des Suhrkamp-Verlags, darin ein Vorwort von Martin Walser abzudrucken, reagierte sie empört: »Ein Mann das Vorwort zu diesem Frauenbuch? Niemals!«[45] Als hätten Männer etwas mit Schwangerschaften zu tun. Es ist ihr selbstverständlich, dass die Abtreibung ein reines Frauenproblem sei und dass Frauen dazu grundsätzlich anders stehen als Männer. »Mein Bauch gehört mir« war eine eindeutige Aussage, die männliche Erzeuger, Ärzte und Juristen provozieren und ausgrenzen musste. Eine durchaus fragwürdige Position übrigens, wie der Verlauf der Debatte zeigt, denn ohne die Väter war und ist auf Dauer keine Gleichberechtigung in der Kinderfrage möglich. (Mir erscheint es nicht plausibel, die Väter an der Versorgung und Erziehung des Nachwuchses gleich stark beteiligen zu wollen, sie aber bei der Frage, ob ein Kind geboren wird, nicht mit zu beteiligen.) Letztlich lief die 218-Kampagne wieder auf die binäre Codierung, die unversöhnliche Gegenüberstellung der Geschlechter hinaus.

Und nicht zuletzt die Frauen: »Die sexuelle Unwissenheit ist groß, Verhütungsmittel sind quasi unbekannt, die Pille wird kaum verschrieben«, so skizziert Schwarzer die damalige weibliche Notlage. Auch hier wird wieder ihr radikal-aufklärerischer Standpunkt deutlich, der vieles ausblendet: Frauen müssen nur genügend »aufgeklärt« und von ihrer Abhängigkeit vom patriarchalen Arzt befreit werden, dann gibt es bei der Verhütung kein Problem mehr. Ändere dich gefälligst … Was Schwarzer nicht sieht, aber durchaus schon hätte sehen können, ist die Tatsache, dass die internationale Abtreibungskampagne nicht aufkam, weil sich Frauenrechtlerinnen plötzlich über einen hundert Jahre oder älteren Strafrechtsparagraph empörten – sie war Ausdruck eines neuen Bewusstseins, dass Kinderkriegen kein Schicksal mehr war, sondern Folge eines individuellen Entscheidungsprozesses. Der dahinterstehende Individualisierungsprozess löste bei Männern *und* bei Frauen jedoch ambivalente Gefühle aus. Die schon längst eingeführte Antibabypille, die anderen Verhütungsmittel und die technisch verbesserte Abtreibungsmöglichkeit schufen die materielle Voraussetzung für einen mentalen Wandel, der erst einmal in den Köpfen ankommen musste.

Nehmen wir die Pille als Beispiel: Sie war nicht nur eine sichere und handhabbare Möglichkeit der Verhütung, sie zwang Frauen auch eine Veränderung tief liegender Verhaltensweisen auf. Gewöhnt an das Ideal der romantischen Liebe und der Verführung, sollten sie nun auf einmal vorausschauend und planungsvoll handeln. Das heißt, schon lange vor einer Männerbekanntschaft zum Arzt gehen und diesen in das eigene Sexleben einweihen; frühzeitig damit rechnen, dass es zum Sex kommen konnte; sich angesichts der damals herrschenden Doppelmoral womöglich einen zweifelhaften Ruf einhandeln; dem lieb gewonnen Ideal von Zufall und Spontaneität bei der Sexualität abschwören – Rationalität statt Romanze. Für das Phänomen, dass viele Frauen mental noch nicht bereit waren, immer bereit zu sein und selbstbewusst als sexuelle Wesen aufzutreten, gab es in der englischen Fachsprache sogar einen Namen: Sie litten unter »contraceptiv embarassement«, zu Deutsch Verhütungsverlegenheit.

Es waren bei Weitem nicht nur die Machenschaften kirchlich-männlicher Dunkelmänner, die eine klare Haltung zu Verhütung und Abtreibung verhinderten. Eine Rolle spielte auch die Ambivalenz in der Kinderfrage. Verhütung und Abtreibung bedeuteten, bewusst darüber zu entscheiden, ob, wann und mit wem eine Frau ein Kind haben wollte. Diese historisch neue Situation brachte eine Vergrößerung der Freiheit – und der Entscheidungsnotstände. Die Rechtsinitiative der Feministinnen gegen den Paragraphen 218 war da zwar ein notwendiger Schritt in einem Bewusstseinsprozess der Frauen. In erster Linie war sie jedoch ein Argument in einer viel größeren Debatte darüber, wie moderne Frauen (und Männer) leben wollten. Kurz gesagt: Heute erkennen wir in der »Ich habe abgetrieben«-Kampagne auch eine für den universalistischen Feminismus so typische Komplexitätsreduktion einer nichtsdestotrotz komplexen Frage, die sich noch immer einer einfachen Antwort verweigert. Die Wahlfreiheit bei der »Reproduktion« auf der Grundlage von frei verfügbaren Verhütungsmitteln und legaler Abtreibung war eine ambivalente Errungenschaft. »Zumindest bedeutet die Selbstbestimmung in der reflexiven Modernisierung auch die Rationalisierung von Verhütung und Gebären, die die Frauen zu Selbstzwang und Verzicht in neuen Formen drängen kann. So verinnerlichen sie die Normen des Mithaltens in der Konkurrenzgesellschaft mit, wo Kinder tendenziell zur Last umdefiniert werden«, fasst Ilse Lenz die zweideutigen Folgen zusammen.[46] Sobald die Mutterrolle keine Selbstverständlichkeit oder gar Pflicht mehr war, sahen sich die Frauen vor die Zumutung gestellt, dass ihre Reproduktion nach rationalen Kriterien zu einer Frage der Lebensplanung, der Karrierewege und der ökonomischen Befindlichkeit geworden war. Fragen, bei denen sie sich häufig auf sich allein gestellt fühlen. Alice Schwarzer hat sie dabei mit Wucht auf das Dilemma eines Feminismus zurückgeworfen, der angeblich nur eine Alternative anzubieten hat: Ändere dich gefälligst, oder: Werde, die du bist. Der Zweideutigkeit der Abtreibungsthematik wird Alice Schwarzers Herangehensweise jedenfalls nicht gerecht.

Schwarzer als Sexualpolitikerin

Nach der Abtreibungskampagne wurde der Kampf der Frauen grundsätzlicher. Diskutiert wurde über die fehlende berufliche Ausbildung von Frauen, über »Leichtlohngruppen«, über die Aufgabenteilung in der Familie, über geschlechtsspezifische Kindererziehung. Mehr als 400 Frauen aus 35 Gruppen kamen am 11. März 1972 zur »Bundesfrauenkonferenz« in Frankfurt zusammen. Daraus entwickelte sich ein Netzwerk mit flachen Hierarchien, das auf Wissen und Einsatz der Einzelnen in den regionalen Gruppen basierte. So entstand eine Bewegung »wie ein riesiges Weiterbildungsprogramm für politische Führung an der Graswurzel«.[47] Alice Schwarzer fühlte sich darin nicht zu Hause. Sie hielt nichts vom Konzept des »politischen Kindergartens«.[48] Dafür hatte sie keine Geduld, was man ihr nachfühlen kann. Eine Bewegung, die sich erst lange die Augen reibt, um dann einen gründlichen Blick in den Spiegel zu werfen, war nicht ihr Ding.

In Frankfurt wurde auch beschlossen, Frauenbasisgruppen in Betrieben zu gründen und darauf hinzuwirken, dass sich die Familienstrukturen änderten. Es ging um die Befreiung der Frau aus der privaten Sphäre. Die damit oft verbundene marxistische Ideologie, die Arbeit mit Betriebszellen, war ebenfalls nicht Alice Schwarzers Priorität. Die Forderung nach veränderten Familienstrukturen – dazu sollten Großküchen und Großwäschereien beitragen, die Teilzeitarbeit für Mann und Frau, die Aufhebung der Rollenverteilung in der Familie, ein Babyjahr für Mutter oder Vater und die Einrichtung von 24-Stunden-Kindergärten, geschlechtsneutrale Lehrmittel, aber auch Großwohnungen zu niedrigen Mieten, »in denen die Isolation der Kleinfamilie aufgehoben werden kann«[49] – all das zielte an ihrer eigenen Lebenswirklichkeit vorbei. Bruno und ihr Kinderwunsch waren überstanden. Schwarzer lebte mit ihrer Freundin Ursula zusammen und hatte ganz andere Pläne im Leben, als Strampelanzüge zu waschen. Ein anderes Themenfeld war ihr viel wichtiger.

Die beste Kennerin der Entwicklungen in diesen Jahren beschreibt das, was nun kommen sollte, als den »kurzen Sommer der autonomen Sexualität«. Mit emphatischen Worten schildert die Historikerin Ilse Lenz, wie zwischen 1973 und 1980 die Frauenbewegung den weiblichen Körper eroberte und nach einer neuen Sexualkultur suchte. Frauen wussten damals so wenig über ihren eigenen Körper und ihre Sexualität, und das wenige, was sie wussten, war schambesetzt und galt als unrein. Nur vor diesem Hintergrund ist zu verstehen, dass manche Feministin auf einmal damit begann, mit dem Gynäkologenwerkzeug Spekulum ihren Unterleib zu untersuchen.

Öffentlich, gemeinschaftlich. Zum Beispiel im November 1973 im Frauenzentrum Berlin: »Was wir sahen, ist eine Banalität für jeden Frauenarzt, aber ein Geheimnis für uns Frauen selbst: wir sahen unseren eigenen Körper. Die Vagina bis hin zum Gebärmuttermund. … Es war unerhört. … Dass wir wagten, hinzusehen! Und dass alles ganz anders aussah, als befürchtet.«[50]

Lenz meint, dieses Aha-Gefühl lasse sich jungen Frauen vierzig Jahre später kaum mehr vermitteln, da das Wissen über Vagina und Klitoris durch die Kommerzialisierung des weiblichen Körpers in den Medien und der Unterhaltungs- und Pornoindustrie banalisiert worden sei. Ich bin mir da nicht so sicher. Charlotte Roche knüpft nach meinem Dafürhalten genau dort wieder an. Die öffentliche Beschäftigung mit der eigenen Physiognomie hat bei ihr denselben emanzipatorischen Anspruch wie die öffentliche Selbstuntersuchung fast vierzig Jahre früher. Während das Ziel damals jedoch war, den eigenen Körper den Tabus und den Wissensmonopolen der männlichen Wissenschaftler zu entreißen, geht es heute wohl eher darum, den Körper unter dem umfassend kommerzialisierten Blick in der Warenwelt zu ertasten.

Nach der Studentinnenrevolte unternahm die Bewegung also eine Expedition nach Innen: In der sogenannten »Projektphase« der Frauenbewegung sollten sich Frauen nicht nur ihres unterprivilegierten Status bewusst werden, sondern auch körperlich und psychisch neu entdecken und selbst verständigen. Aus den USA übernommen wurde die Idee der bewusstseinsbildenden Gruppenarbeit (*consciousness raising group*). In einem ritualisierten Prozess legten die jungen Frauen ihr persönliches Schicksal voreinander offen, verglichen es mit dem der anderen, um schließlich zu einer Verallgemeinerung ihres individuellen Erlebens zu kommen. Die salopp als »Quatschgruppen« bezeichneten Zusammenkünfte mit ihren Gefühlsbädern waren eine spezifisch weibliche »Subjektivierungspraxis«. Während sich in der Psychoszene in »Selbsterfahrungsgruppen« Frauen und Männer gemeinsam trafen, waren in den Frauengruppen, wie der Name schon sagt, die Frauen unter sich. Ihr Ziel: eine autonome weibliche Sexualität, die Emanzipation von den wissenschaftlich-medizinischen Diskursen sowie die Umdeutung der »Reproduktionsarbeit«, insbesondere der Mütterlichkeit. Diese drei Themenschwerpunkte waren es, mit denen sich damals die großen Sehnsüchte der Frauen nach körper- und selbstbezogener Befreiung verbanden. Auf dem Höhepunkt des feministischen Selbstfindungsprozesses fingen dann viele Frauen an zu schreiben und etablierten ein ganz eigenes literarisches Genre. Mitte bis Ende der siebziger Jahre experimentierten Frauen in der BRD, aber auch in der DDR, mit einem feministischen Schreibstil, der die neuen Gedanken und Gefühle ausdrücken sollte.

Alice Schwarzers »Der ›kleine Unterschied‹ und seine großen Folgen« aus dem Jahr 1975 wurde das bekannteste deutschsprachige Sachbuch zu dieser neuen »Sexualpolitik«. Die Geschichte der Frauenbewegung ist eine Geschichte wichtiger Texte. Auch wenn es immer wieder spektakuläre Aktionen gab und die wichtige, oftmals unsichtbare Arbeit in den Institutionen, so ist der weibliche Kampf doch vor allem mit der Feder ausgefochten worden. Einige Texte von Feministinnen waren so grundlegend, dass sie buchstäblich die Welt verändert haben; weil sie neue Gedanken produzierten, weil sie auf ein schon existierendes allgemeines Bedürfnis ventilierten, weil sie Bekanntes neu anordneten und plötzlich ins allgemeine Bewusstsein rückten. Ein solch »diskursives Ereignis«[51] waren ohne Zweifel »Ein eigenes Zimmer« von Virginia Woolf, »Das andere Geschlecht« von Simone de Beauvoir, »Der Weiblichkeitswahn« von Betty Friedan oder »Das Unbehagen der Geschlechter« von Judith Butler. Heruntergebrochen auf westdeutsche Verhältnisse gehört Alice Schwarzers »Der ›kleine Unterschied‹« in diese Reihe. Sie hat damit nicht nur ihren Beitrag zur neuen »Körperpolitik« im Feminismus geschrieben, sondern auch ein bestimmtes Bild vom Feminismus dieser Phase, vielleicht sogar überhaupt vom Feminismus in Deutschland geprägt. Hauptperson in diesem Bild: die Frau als sexuelles Opfer des Mannes.

Schon das leberkäs-rosafarbene Cover mit der lila Schrift und der geballten Faust im Weiblichkeitszeichen evoziert heute bestimmte Bilder von Latzhosen tragenden Frauen, die sich in Encountergruppen mit peinigenden Selbstenthüllungen zu befreien suchten. Das Unbehagen beim Betrachten dieses Bildes mag daher kommen, dass die weibliche Selbstbezüglichkeit und Selbstgenügsamkeit jener Zeit bis heute als Anmaßung empfunden wird. »Niemandem gefallen wollen, sich nur mit dem eigenen Körper und Geist befassen, sich endlich einmal Frauen emotional zuwenden«, das provoziere die Menschen bis heute und mache sie aggressiv, glaubt die Politikwissenschaftlerin Barbara Holland-Cunz.[52] Bei mir ruft »Der ›kleine Unterschied‹« jedoch aus anderen Gründen gemischte Gefühle hervor. Denn in diesem Buch verband sich das eigentlich positive neue Körperbewusstsein, die erwachte Sensibilität für die eigenen sexuellen Bedürfnisse dieser Zeit mit einem negativen Vorzeichen. Die Körperpolitik der Achtundsechzigerinnen war zunächst eine Freiheitsbewegung. Es ging darum, sich von der verklemmten Weiblichkeit der Mütter zu befreien. Von der »Que Sera, Sera!« säuselnden Überfrau Doris Day. Und darum, ein selbstbestimmtes Verhältnis zu den eigenen körperlichen und psychischen Bedürfnissen zu finden. Im Alice-Schwarzer-Feminismus wird aus der befreienden Lustpolitik eine beängstigende Schmerzpolitik; das emanzipatorische Projekt wird zum erzieherischen Projekt in der Tradition des »Ändere dich gefälligst«-Feminismus.

Eine grundsätzliche Ambivalenz zwischen Angst und Lust kennzeichnete die gesamte Kultur dieser Zeit. Der psychohistorische Wandel der siebziger Jahre war mit einer Wendung nach innen, einer erhöhten Sensibilität und emotionalen Expressivität verbunden. So wuchsen nicht nur Bereitschaft und Fähigkeit, sich in die Lage verschiedenster Opfer- beziehungsweise unterprivilegierter Gruppen einzufühlen, sondern auch in das eigene »Selbst«. Die Brücke nach Innen führte über eine verstärkte Psychologisierung gesellschaftlicher und individueller Probleme. Die Encounter- oder Selbsterfahrungsgruppe ist dafür ein gutes Beispiel. Damit einher ging aber nicht nur eine größere Selbstreflexivität und Berührbarkeit in psychischen, moralischen oder politischen Belangen, sondern auch eine Kultur der Angst. Das moderne Subjekt verinnerlichte Angst vor äußeren, vor ökonomischen, ökologischen und kriegerischen Bedrohungen, vor der Wirtschaftsrezession (Ölkrise 1973!), der Überbevölkerung (Club of Rome!) und dem atomaren Endschlag (Pershing-Rakete!). Die Ängste wurden, so behaupten Historiker, nun verstärkt nach innen gerichtet, auf die eigene Psyche, auf den eigenen Körper und die darin vermuteten Gefahren (zum Beispiel Krebs als neues Thema der autobiographischen Literatur). Auf diese Weise wurden die emanzipatorischen und lebensreformerischen Impulse von einem Grundton der (German)

Angst überlagert.[53] Wenn wir uns nun auf Alice Schwarzers Thesen in ihrem Buch »Der ›kleine Unterschied‹ und seine großen Folgen« konzentrieren, taucht diese Angst wieder auf: In dem Moment, in dem Frauen eigentlich hätten freier werden können, beflügelt von einem positiven Gefühl für sich selbst, griff die kalte Hand einer neuen ängstlichen Moral nach ihrer Seele. Diesmal war es eine feministische.

Die Orgasmus-Lüge

»Frauen sprechen über sich und entlarven dabei den Mythos von der ›befreiten Sexualität‹: sie sind unfreier denn je zuvor. Zu der bisher hingenommenen weiblichen ›Frigidität‹ kommt nun die Orgasmus-Lüge. Sexualität zwischen Mann und Frau ist mehr als nur Spiegel männlich-weiblicher Macht-Ohnmacht-Beziehungen, sondern selbst Instrument zur Erniedrigung von Frauen«[54], kündigt der Klappentext von »Der ›kleine Unterschied‹ und seine großen Folgen« an. Das Buch besteht aus einer kurzen Einleitung, 16 sogenannten Protokollen mit anhängenden Kommentaren der Autorin, einer Zusammenfassung von Positionen zu Sexualität, Arbeit, Hausarbeit sowie einem Anhang mit Adressen von autonomen Fraugruppen. In der Vorbemerkung erläutert die Autorin ihre Absicht: Sie will Frauen zeigen, dass ihre persönlichen Probleme »unvermeidlich« und nicht persönlich seien. Die Ursache für Verunsicherung, Frigidität und Vaginismus, unfreiwillige Entjungferung, Selbstmordgedanken, Langeweile – womit die typisch weiblichen Lebenserfahrungen umrissen wären – lägen allesamt in der Unterdrückung durch die Männergesellschaft begründet.

Beim Lesen ihres Buchs, so Schwarzer, wolle sie Gefühle hervorrufen: Entsetzen, Erleichterung, Wut. Der »Kleine Unterschied« ist also die auf Buchformat gebrachte klassische Rezeptur des »Gefühlsbades« mit dem Zweck der Bewusstmachung. Am schlimmsten wird es den Leserinnen und Lesern in den Textpassagen über Sexualität ergehen, verspricht die Autorin im Vorwort. »Da spiegeln sich Männergesichter in den Augen identitätsloser und gedemütigter Frauen wie erstarrte Symbole und unmenschliche Fratzen«, so das geradezu süffige Versprechen.[55]

Über die Auswahl ihrer anonymisierten Interviewpartnerinnen sagt Schwarzer, sie sei repräsentativ. Allerdings hätten die meisten von ihnen bereits begonnen, ihr Leben selbst in die Hand zu nehmen, sprich, es waren Frauen aus dem Umfeld der Frauenbewegung, die hier zu Wort kamen. Das ist eine entscheidende Einschränkung, denn feministisch sensibilisierte Frauen, die von einer Feministin interviewt werden, haben natürlich ihre spezielle Art und Weise, über sich und ihre Erfahrungen zu reden. Fast alle erzählen eine feministische Entwicklungsgeschichte: Von mehr oder weniger entsetzlichen Qualen in der Kindheit und Jugend, von der ungewollten Entjungferung und der lustlosen ehelichen Beiwohnung bis hin zum Hausfrauenfrust. Dann das feministische Erwachen, der Beginn einer selbstbestimmten Sexualität, Entdeckung der eigenen Libido, eventuell ein Ausbruch aus der Familienarbeit und der »Zwangsheterosexualität« in Gestalt einer lesbischen Liebe. Die erklärenden Passagen Schwarzers nach jedem Protokoll tragen ihr Übriges dazu bei, dass wir das Buch nicht mit einem erfahrungsgeschichtlichen Dokument aus diesen Jahren verwechseln sollten. Die Fallgeschichten reflektieren nicht einen Ist-Zustand weiblicher Befindlichkeit in den frühen siebziger Jahren, sie rufen kathartische Erweckungserlebnisse zum Feminismus auf.

Natürlich sind die Texte eindrücklich. Wenn Hildegard D., eine 35-jährige Hausfrau und Studentin mit zwei Kindern, von ihrer Ehe mit einem Soziologieprofessor erzählt, dem sie Jahre lang den Orgasmus vortäuscht, eingesperrt in tödlicher Hausfrauenlangeweile, und schließlich von ihren zaghaften Versuchen, selbstbestimmt zu leben, stecken da viele – damals und auch noch heute – verallgemeinerbare Erfahrungen darin. Doch die nächsten Fälle sind härter. Eine Frau wurde vom Vater missbraucht, die nächste vom Therapeuten. Die Ehemänner sind in aller Regel Rohlinge, die nicht einmal merken, dass ihre Frauen »frigide« sind, lesbisch, suizidal, und/oder sie aus ganzem Herzen hassen. So wird ein hoch suggestives Pandämonium des Patriarchats erlebbar. Kampfszenen im Ehebett, Frauen, die wegen ihrer »unnatürlichen« Neigungen der Psychiatrie überstellt werden, in der sie dann auch noch missbraucht werden.

Schwarzer hat in ihrem Text die Sätze und Wörter durch Fettdruck optisch hervorgehoben, die sie für besonders wichtig hielt. So werden wir auch typographisch mit der Nase darauf gestoßen: Der Alltag der deutschen Frau, das ist Angst, Schmerz und Gewalt. Die Männer fangen an zu trinken, sobald sich ihre Frauen emanzipieren wollen, sie schlagen zu, erpressen, treiben sie an den Rand des Nervenzusammenbruchs. Als Fanal für die Ausweglosigkeit der Lage ist eine bunte Meldung ausgerechnet aus der »Bild«-Zeitung abgedruckt: Nachdem ein New Yorker Psychiater in den Verdacht des sexuellen Missbrauchs einer Patientin geraten war, gab das Boulevardblatt Entwarnung. Die Patientin habe sich den Missbrauch nur eingebildet. Schwarzer kommt zu dem

Schluss: »Die psychiatrischen Anstalten sind die letzten und infernalsten Stationen zur Versklavung ausbrechender oder gebrochener Frauen.«[56]

So entsteht ein im Wortsinne handgreifliches Manifest. Zudem hat das Buch den Vorzug, dass die geschulte Journalistin in knapper und klarer Form feministische Grundpositionen, zumeist amerikanischer Provenienz, präsentiert. Es wird erklärt, was »Selbsthilfe« ist, wie Frauen nicht nur ein mündiges Verhältnis zur männlich kolonisierten Frauenheilkunde, sondern auch zur eigenen Sexualität fänden. Sodann reitet Schwarzer durch das aktuelle feministische Diskussionsfeld. Ihre Stichwortgeberinnen sind in der Hauptsache Shulamith Firestone mit dem Buch »Frauenbefreiung und sexuelle Revolution« (»The Dialectic of Sex«, 1970) und Kate Millett mit dem Standardwerk »Sexus und Herrschaft« (»Sexual Politics«, 1969). Aus diesen beiden Quellen sowie Anne Koedts Standardwerk »Der Mythos des vaginalen Orgasmus« (»The Myth of the Vaginal Orgasm, 1970) fertigt sie ihre Botschaft, die lautet: Sexualität und Frauenunterdrückung hängen unmittelbar zusammen.

Firestone und Millett kamen aus der linken Tradition. Ausgangspunkt bei der 1945 in Ottawa geborenen Firestone war der biologische Unterschied der Geschlechter bei der »Reproduktion«. Frauen waren ihrer Biologie ausgeliefert und gerieten so in die Abhängigkeit vom Mann. Dadurch sei es in einer »Urgesellschaft« zur Arbeitsteilung zwischen Frau und Mann gekommen, die sich global bis in die Gegenwart quer durch alle Kulturen erhalten habe. Es entstand ein duales System der Geschlechter: Jeder ist entweder Frau oder Mann und in jedem Fall zur Heterosexualität verdammt. Der biologische Ursprung des Problems bedeute jedoch keine Festlegung für alle Zeiten: »Wir sind keine Tiere mehr.«[57] In modernen Zeiten, in denen Frauen selbst über ihre Fortpflanzung entscheiden könnten, sollten sie sich nun der »Tyrannei« des Gebärens und der Kindererziehung entziehen, fand Firestone wie auch schon Simone de Beauvoir. Frauen müssten nicht nur in den Besitz der uneingeschränkten Eigentumsrechte über den eigenen Körper gelangen, sondern auch vorübergehend die Kontrolle über die Fruchtbarkeit des Menschen übernehmen. Und genau wie am Ende der sozialistischen Revolution nicht nur die Abschaffung von ökonomischen Klassenprivilegien, sondern die Aufhebung der Klassenunterschiede selbst stehe, so werde die feministische Revolution nicht nur auf die Beseitigung männlicher Privilegien, sondern der Geschlechtsunterschiede selbst zielen. »Das bedeutet die Rückkehr zur ungehinderten Pansexualität – Freuds ›polymorphe Perversion‹ – und würde dann wahrscheinlich die Hetero-Homo-Bisexualität ersetzen.«[58] Firestone propagierte die »künstliche« Fortpflanzung außerhalb des menschlichen Körpers. Dadurch gehörten Kinder nicht mehr nur der Mutter. »Die ›Blutbande‹ zwischen Mutter und Kind würden endlich zerrissen werden. … So werden wir schon bald in der Lage sein, Leben unabhängig von einem Geschlecht zu erzeugen, so dass eine Schwangerschaft, die dann unverhohlen als plump, ineffizient und schmerzhaft bezeichnet werden kann, dann nur, wenn überhaupt, ironisierend als archaisch ertragen wird.«[59] Die einseitige Abhängigkeit des Kindes von der Mutter werde ersetzt durch die Sozialisation in Kleingruppen, die Ungleichheit zwischen Kindern und Erwachsenen aufgehoben. »Die Tyrannei der biologischen Familie wäre zerschlagen.«[60] Frauen müssen also nur ihre Reproduktion technisieren, dann steht der Angleichung der Geschlechter an ein universelles Menschheitsideal nichts mehr im Wege.[61]

Kate Millett, die andere einflussreiche amerikanische Feministin der siebziger Jahre, bei der sich Schwarzers Buch Anleihen nahm, hielt die Sexualität für das zentrale Kampffeld. Millett, ab 1966 Mitglied der amerikanischen Frauenorganisation NOW, schrieb mit »Sexual Politics« ihre Dissertation in englischer Literatur. Anders als Firestone war in ihren Augen nicht die Fortpflanzung, sondern der heterosexuelle Geschlechtsakt das Exerzierfeld der politischen Herrschaft des Mannes über die Frau. Männer übten auch sexuell ihre Gewalt aus. »Die patriarchalische Gewalt hat eine spezielle Art körperlicher Gewaltanwendung, die besonders sexuell orientiert ist: die Vergewaltigung. ... Patriarchalische Gesellschaften verbinden – und das ist typisch – oft Grausamkeit mit Sexualität, wobei Sexualität meist mit dem Bösen und mit Macht gleichgesetzt wird.« Die Geschichte des Patriarchats ist nach Milletts Dafürhalten eine Ansammlung von Grausamkeiten: Witwenverbrennung, gewickelte Füße, Verschleierung, Absonderung, Keuschheitsgürtel, Beschneidung der Klitoris, Kinderehe, Konkubinat, Prostitution – die verschiedenen Gesichter ein und derselben Tyrannei des Mannes.[62]

Die dritte im Bunde der Stichwortgeberinnen, Anne Koedt, gebürtige Dänin, landete mit ihrem Aufsatz »The Myth of the Vaginal Orgasm« einen Volltreffer. Obwohl schon längst bekannt sei, dass Frauen klitoral und nicht vaginal erregbar seien, habe sich dieses Wissen kulturell immer noch nicht durchsetzen können, mit dem Erfolg, dass Männer (unter Verweis auf Sigmund Freud) Frauen für frigide erklärten, die allein durch Penetration nicht zum Orgasmus kämen. Männer hätten kein Interesse daran, umzudenken, denn für sie sei die Vagina die perfekte Reizquelle. Außerdem schüchtere sie der

»Miniatur-Penis« Klitoris vermutlich ein. Sie sei eine Bedrohung für Männer, denn sie seien der manifeste Beweis dafür, dass es sexuell auch ohne sie ginge.[63]

Schwarzer kanonisierte mit ihrem »Kleinen Unterschied« die Thesen dieser drei Feministinnen aus Amerika. Bei ihr liest sich die Quintessenz so: »Mann-Frau-Beziehung (sic) sind – unabhängig vom Willen des einzelnen Individuums – qua Funktion in dieser Gesellschaft Herrschaftsverhältnisse. Frauen sind unterlegen, Männer überlegen. Diese Machtstrukturen spiegeln sich in der Sexualität. Die herrschenden sexuellen Normen, und damit die Sexualität selbst, sind Instrument zur Etablierung dieser Machtbeziehungen zwischen Mann und Frau. Nur wenn Frauen Männern privat nicht mehr ausgeliefert sind, nur wenn das Dogma der Vorrangigkeit der Heterosexualität infrage gestellt wird, haben Frauen die Chance zu einer eigenständigen, nicht mann-fixierten Entwicklung. … Nicht alle Frauen sollen bisexuell oder lesbisch werden. Aber alle Frauen sollen die Möglichkeit haben, bisher Selbstverständliches infrage zu stellen.«[64]

Heutigen jüngeren Frauen wird an Schwarzers Buch einiges spanisch vorkommen. So ist etwa die zentrale Rolle der Sexualität im Alice-Schwarzer-Feminismus kaum noch zu verstehen. Doch wir dürfen nicht vergessen, die Dramatisierung des Sexuellen haben nicht die »neuen« Feministinnen erfunden. Schon ihren Vorgängerinnen um 1900 wie Helene Stöcker oder Ellen Key hatte eine »gesunde« Sexualität vorgeschwebt, auch, weil sie dachten, das wäre unter bevölkerungspolitischen und »sexualhygienischen« Gesichtspunkten besser. Die Obsession mit der Sexualität riss im Grunde seit der Jahrhundertwende nicht mehr ab. Der Ruf der fünfziger

Jahre als besonders »prüde« Zeit ist historisch unzutreffend. Schon seit den fünfziger Jahren war »Sex« (ein begrifflicher Neuimport aus den USA) zum »konsumierbaren Freizeitvergnügen« geworden. Wie groß die Neugierde darauf war, belegt unter anderem Beate Uhses Erfolg. Mit der Ideologie, wonach Sex eine »Kraft ist, die sich auf die Gestaltung der Gesellschaft auswirkt«, begann sie in der jungen Bundesrepublik Aufklärungsbroschüren und Sexutensilien mit unwahrscheinlichem Erfolg zu vermarkten.[65] Uhse hatte 1961 schon 1,4 Millionen Versand-Kunden und machte die BRD zum Land mit der größten Sexindustrie, bevor sie 1962 den ersten »Sex-Shop« der Welt eröffnete, der übrigens unter der Bezeichnung »Fachgeschäft für Ehehygiene« firmierte.

Der seinerzeit heftig diskutierte Ingmar-Bergmann-Film »Das Schweigen« von 1963 wurde trotz seines Schwermuts wegen einer weiblichen Masturbations- und zweier expliziter Beischlafszenen zum erfolgreichsten Film der Nachkriegszeit. Die Aufklärungsfilme von Oswalt Kolle wie »Das Wunder der Liebe« bescherten den deutschen Kinos Massenzulauf. Bis 1973 sahen 26 Millionen Zuschauer insgesamt acht Kolle-Filme. Ihre Hauptbotschaft war: »So oft wie möglich gemeinsam und gleichzeitig den Orgasmus erleben.«[66] Doch auch Zeitschriften wie »Wochenend«, »Quick«, »Neue Revue« oder »Stern« warfen sich mit Inbrunst auf das verkaufsfördernde Thema, veröffentlichten Sex-Serien und druckten Ratgeberkolumnen unter anderen von Kolle. Sexualität war, wie die Historikerin Sybille Steinbacher heute weiß, »eine Möglichkeit, sich selbst (expertengestützt) zu verhandeln«. Damit ist der paradoxe Umstand gemeint, dass die Deutschen nach 1945 über den Umweg einer von Experten normierten Sexualität zu ihrer Individualität zurückfanden. Dazu benötigten sie die Hilfe von Aufklärungs- und Ratgeberliteratur, Filmchen, Sexspielzeug und packenden Zeitschriftenserien. Sex war ein Modernisierungskatalysator. Wer modern war, hatte Sex. Wer gegen die Moderne war, war gegen Sex. Sexualität wurde zum Schauplatz epochaler Veränderungen in der Selbstwahrnehmung und im Umgang der Geschlechter.

Was später von Feministinnen und Kulturkritikern als »konsumistische« Sexwelle angeprangert wurde, stand jedoch anfangs unter einem hoffnungsfrohen Stern. Sexuelle Befriedigung, Freiheit und Liberalismus gehörten einfach zusammen. Der feministische Sexdiskurs einer Alice Schwarzer war die Antwort darauf. Sie teilte die Obsession mit dem Sex, aber verwandelte ihn zum Angst- und Frustthema.

Die Penetrationsfalle

Eine heute kaum noch nachvollziehbare Betonung legte Schwarzers Bestseller auf die Symbolik der Penetration. Ihre Fallgeschichten durchziehen diesbezüglich Furcht und Abneigung. Mit der Penetration als alleiniger Sexualpraktik könnten die meisten Frauen nichts anfangen. Sie ließen sich entjungfern, weil sie glaubten, es zu müssen. Was sie empfänden, sei Schmerz, Angst und Versagen. Fast alle Interviewpartnerinnen werden von Schwarzer als »frigide« beschrieben. Die Scheide gefühllos, die Klitoris als eigentliches Lustorgan unerforscht oder vom Mann links liegen gelassen.

Der Wunsch der Frauen nach sie besser befriedigenden Sexualpraktiken ist das eine, das erklärliche Anliegen jener Zeit. Dafür hatten sich allerdings schon die Sexaufklärer wie Kolle eingesetzt. Die Gewaltsymbolik der Penetration ist die

Kehrseite des feministischen Aufklärungsprojekts. Nun hieß es nicht mehr, Männer und Frauen stellten sich im Bett ungeschickt an, sondern, Männer wollten durch Sex nur dominieren und nicht befriedigen. »Der die Frau zur Passivität verdammende Koitus ist für Männer die unkomplizierteste und bequemste Sexualpraktik. … Auch ist die psychologische Bedeutung dieses in sich gewaltsamen Aktes des Eindringens für Männer sicherlich nicht zu unterschätzen: Bumsen, wie es im Volksmund so treffend heißt, als Demonstration männlicher Potenz. Außerdem wird für viele Männer Gewalt gleich Lust sein und darum die Penetration vielleicht heute doch auch das lustvollste. … Wenn Frauen Sexualität nach ihren natürlichen Bedürfnissen entsprechend leben könnten: die Penetration in der Heterosexualität wäre dann keine Liebespraktik mehr, sondern der Zeugung vorbehalten.«[67] In dem Moment, in dem der Koitus als »in sich gewaltsamer Akt« beschrieben wurde, war der deutsche Feminismus auf der von Firestone und Millett geebneten schiefen Bahn zum Angst-Feminismus angelangt. Denn anstatt die befreiende Losung »Alles ist erlaubt« unter die Frauen zu bringen, wurde die gebräuchlichste Sexualpraktik als Demonstration von Macht und Gewalt verteufelt.

Auffällig an Schwarzers eingedeutschter Sexualpolitik ist auch die Ökonomie des Orgasmus. Wie schon die von ihr so wenig geliebten Achtundsechziger unterstellte auch sie unausgesprochen eine universelle befreite Sexualität, die sich in der Entfaltung einer »orgastischen Potenz« ausdrücken sollte. Sexualität wird damit zu einem therapeutischen Thema. Schwarzer befragt jede ihrer Fallgeschichten auf die Orgasmusfähigkeit und -häufigkeit der Frauen. Ihre »Frigidität« ist der Gradmesser ihrer Unterdrückung. Diese gelinde gesagt mechanische Sichtweise hatte Alfred Kinseys Sex-Report aus den vierziger Jahren eingeführt, der in den Fünfzigern auch in der BRD ein Riesenecho auslöste. In Kinseys Massenstudie war der Orgasmus das Thermometer für sexuelle Gesundheit schlechthin. Daran knüpfte sich, wie wir gesehen haben, nicht nur ein individuelles Heilsversprechen, sondern auch eine populär-psychoanalytische Gesellschaftsutopie: In einer freien und demokratischen Gesellschaft würden sich alle Menschen selbstbestimmt und erfolgreich im Sinne ihrer Orgasmusfähigkeit entfalten.

Schwarzers Protokolle im »Kleinen Unterschied« sollten nun entlarven, dass die »Sex«-Welle an den Frauen vorbeigelaufen sei, da die meisten von ihnen während der Penetration keinen Orgasmus erlebten und die Männer nicht in der Lage seien, sie auf andere Art und Weise zu befriedigen. Die große Übereinstimmung bei den Interviewten in diesem Punkt ist auffällig. Schließlich gab es damals auch immer wieder Umfragen von Meinungsforschungsinstituten oder Zeitschriften, wonach nicht nur 80 Prozent der Ehefrauen in ihrer Ehe zufrieden waren, sondern auch in sexueller Hinsicht ein »ausgeglichenes« Leben führten, was auch immer das bedeutete.[68] Die Protokolle im »Kleinen Unterschied« legten hingegen die Bundesrepublik als sexualpolitisches Notstandsgebiet bloß.

In Schwarzers Manifest entsteht so ein hoch moralisches Bild von Sexualität. Denn obwohl sie mehrfach die Sexwelle als verlogen und nur den Männern bekömmlich bezeichnet, stellt auch sie die scheinbar dysfunktionale Sexualität ihrer Protagonistinnen in den Mittelpunkt eines gesellschaftlichen Missstandes. So wie die Konservativen vor allzu viel Liberalität in der Liebe warnten und das Abendland dem Untergang entgegen dämmern sahen, identifizierte der Schwarzer-Feminismus die Sexualität als Dreh- und Angelpunkt des Elends der Frauen. Damit war sie wieder ganz nah an den Positionen einiger Feministinnen im bürgerlichen Zeitalter. So wie die Frauen der Sittlichkeitsbewegung ging sie davon aus, dass sich Männer und Frauen sexuell nicht verständigen könnten, weil sie grundsätzlich unterschiedliche Interessen hätten. Männliche Sexualität wollte ihr grundsätzlich als gewaltsam und schädigend vorkommen. Doch während die Feministinnen um 1900 vor allem die bürgerliche Familie und die »Volksgesundheit« vor dem marodierenden männlichen Sextrieb schützen wollten, ging es jetzt um das individuelle Glück der Frau, das offenbar in einer anderen, einer femininen, nicht aggressiven Sexualität lag. Hier erweist sich übrigens auch Schwarzer als Differenzfeministin, was sie immer bestreitet zu sein, wenn sie mit so viel Nachdruck die unterschiedliche »Natur« männlicher und weiblicher Sexualität beschwört.

Um keine Missverständnisse aufkommen zu lassen: Die Fixierung auf die weibliche Sexualität war keine Erfindung Alice Schwarzers. Die Sexualpolitik war eine tragende Säule des Siebzigerjahre-Feminismus, der sich nach der Abtreibungskampagne in den »Quatschgruppen« ausbreitete. Auch dort drehte sich vieles um die Suche nach einem befriedigenden Körperbewusstsein. Allerdings waren die Selbsterfahrungsgruppen weniger normativ. Auch wenn es wohl zu gruppendynamischen Prozessen kam, die einen Zwang auf die individuelle Selbsterfahrung ausüben konnten, so ist die feministische Encounter-Kultur dennoch eine vielstimmige gewesen. Frauen berichteten einander von ihren Erfahrungen, ohne dass eine Chefin oder Therapeutin den Daumen nach oben oder nach unten richtete. Durch ihren großen Erfolg mit dem »Kleinen Unterschied«, die zahllosen Interviews und Besprechungen, trug Schwarzer hingegen eine bestimmte Sexnorm in die breite Öffentlichkeit, die einflussreicher und dauerhafter werden sollte, als das muntere Treiben in den Frauengruppen. Sie besaß ein mediales Monopol, anders als ihre amerikanischen Stichwortgeberinnen, die sich in einem vielstimmigen Konzert durchsetzen mussten.

Erstaunlicherweise sollte Schwarzer ihre Position auch später nicht revidieren. Die zeitgebundene Perspektive, die damals unter dem Eindruck der wichtigen amerikanischen Texte und der gesellschaftlichen Verhältnisse noch erklärlich gewesen sein mag, wird sie nicht mehr aufgeben. In ihrem Buch »Der große Unterschied«, mit dem sie 25 Jahre später Zwischenbilanz zieht, nimmt das Thema wieder den größten Raum ein. Sie schreibt darin unermüdlich die Dramatisierung der sexuellen Verhältnisse zwischen Mann und Frau fort: »Diese Erotisierung des Unterschiedes zwischen den Geschlechtern ist die Basis der Geschlechterdifferenz an sich – und damit auch der Hierarchie zwischen Männern und Frauen: Er erobert, sie lässt sich erobern; er dringt in sie ein, sie gibt sich hin; er liegt oben, sie unten. In der Sexualität wird die Geschlechterordnung immer wieder neu verankert. Und das so besonders Perfide an der Vermischung von Liebe und Sexualität mit Dominanz und Gewalt ist, dass das Innerste und Verletzlichste von Frauen unlösbar verknüpft wird mit Demütigung und Schmerz – und das der Männer mit Herrschaft und Zerstörung.«[69] Bei dieser und vielen ähnlichen Einlassungen fällt auf, dass Schwarzer, wenn es um die weibliche Sexualität geht, auf einmal von einem höchst verletzlichen Gut spricht, so wie die von ihr so oft kritisierten Kirchenmänner auch.

Die Frage ist auch, ob das Thema die Frauen damals wirklich so umtrieb. Von Allensbach einige Jahre später gefragt, in welchen Bereichen die Gleichberechtigung noch nicht erreicht sei, antworteten 79 Prozent beim Einkommen, 70 Prozent bei der Hausarbeit, 58 Prozent bei der Karriere, 52 Prozent bei der Kindererziehung, 40 Prozent in der Politik, 35 Prozent bei der Berufswahl, 31 Prozent bei der Partnerschaft und 20 Prozent in der Sexualität.[70] Heute wird die »Vereinbarkeit« von Familie und Arbeit als wichtigstes Thema genannt. Dabei ist strittig, ob es sich dabei mehr um ein ökonomisches oder eher um ein individuelles Problem handelt. Die Penetration, so scheint mir, war und ist jedenfalls nicht das frauenpolitische Thema Nummer eins.

Neuauflage der Sittlichkeitsbewegung?

Ich glaube, die Obsession mit dem Thema Sexualität in der westdeutschen Frauenbewegung und vor allem in der von Alice Schwarzer verkörperten Variante war mehr als nur die deutsche Übersetzung der amerikanischen »sexual politics«. Sie war auch eine nationale Besonderheit und unbewusste Kontinuität zur Frauen- und Sittlichkeitsbewegung des frühen 20. Jahrhunderts. Diese spezifische Ausprägung war im deutschen Feminismus, wie wir gesehen haben, besonders wirksam: Die mütterlich-fürsorgliche Tradition, die den Schutz von Ehe und Familie in den Mittepunkt stellte, ließ sich in den siebziger Jahren mit einem neuen Mäntelchen bekleidet leicht wiederbeleben. All die Themen, die Schwarzer populär machen sollten: Kontrolle und Ausbeutung weiblicher Sexualität, Gewalt in der Liebe, Pornographie und Prostitution, standen auch schon im Kaiserreich auf der Agenda. Die Begründungszusammenhänge haben sich gewiss geändert – der Glaube an die größere »Tugendhaftigkeit« der Frauen, die defensive Deutung weiblicher Sexualität sind jedoch geblieben. In diesem Punkt ist meines Erachtens eine unreflektierte Kontinuität in der Frauenbewegung zu beklagen.

Dass sich die Mystifikation der weiblichen und männlichen Sexualität so lange halten konnte, lag auch an der formalen Besonderheit der deutschen »autonomen« Frauenbewegung: Sie kam viel stärker als im Ausland ganz ohne Männer aus. Das Prinzip »Autonomie«, das in Westdeutschland besonders »rigide« umgesetzt wurde und »in seiner bekenntnishaften Bedeutung besonders charakteristisch« war, führte zu einem stärkeren Unverständnis zwischen den Geschlechtern auch auf sexuellem Gebiet.[71] Es wäre eine spannende Überlegung, ob bei mehr Kooperation mit dem anderen Geschlecht die Frauenbewegung ebenfalls die Gleichung vom männlichen Sextäter und weiblichen Sexopfer hätte aufstellen können.

Ein weiterer Grund für die besondere Ausprägung der »sexual politics« in Deutschland ist die deutsche Geschichte: Sowohl die protestierenden Studenten als auch die Konservativen bezogen sich in ihren »Sittlichkeits«-Diskursen auf den Nationalsozialismus. Für die einen war Prüderie eine Voraussetzung des »autoritären« und damit faschistoiden Charakters – für die anderen war die sexuelle Liberalisierung ein Rückfall in die angeblich so sittenlose Sexualität unter Hitler. Das Thema »gesunde« oder »ungesunde« Sexualität stand hierzulande unter einem besonderen, moralisch gewichtigen Vorzeichen. Sexualität wurde mit Begriffen wie »Vitalität«, »Gesundheit«, »Natürlichkeit« verbunden, aber auch mit »Freiheit«, »Demokratie« und »Anti-Autoritarismus«. Ein bisschen viel auf einmal.

Für die Historikerin der bundesrepublikanischen Sexdiskurse, Sybille Steinbacher, steht jedenfalls fest, dass nach 1945 in der BRD Sittlichkeitskampf und Sexbesessenheit Hand in Hand gingen. Sie konstatiert das »Nebeneinander von Sittlichkeitskampf und Erotik-Boom, von rechtlicher Repression und liberalisierter Rechtspraxis, von Fortschrittskritik und Fortschrittsdenken, von Modernitätsängsten und Modernisierungshoffnungen.«[72] All diese Entwicklungen hätten sich gegenseitig verstärkt. Die Sexualität wurde zum Feld, auf dem um das Verhältnis zur Moderne gerungen wurde. Und um das Verhältnis zwischen Frauen und Männern.

In diesem Geflecht hat sich der Alice-Schwarzer-Feminismus verheddert. Auch wenn, wie gesagt, Theorien bezüglich Sex und Gewalt zuerst in Amerika formuliert worden sind – die Tatsache, dass sie in der BRD zum scheinbar dominanten Markenzeichen der Frauenbewegung werden konnten, ist aussagekräftig. Und wieder, wie schon beim sexualpolitischen Thema Abtreibung, stand darüber das erzieherische Motto: »Ändere dich gefälligst«. Die Ambivalenz, die mit der sexuellen Liberalisierung einherging, die Verunsicherung der Geschlechterrollen, die Notwendigkeit für beide Geschlechter, gewohnte Verhaltensweisen zu hinterfragen und die eigenen Bedürfnisse offenzulegen, die Militanz der Sexpol-Achtundsechziger mit ihren Parolen »Wer zweimal mit derselben pennt, gehört schon zum Establishment«, all diesen zweideutigen Entwicklungen begegnete das Alice-Schwarzer-Buch vom »Kleinen Unterschied« mit einer neuen Normierung. Nun sollten die Frauen nicht mehr »allzeit bereit« sein, sie sollten am besten gar nicht mehr bereit sein. Die Botschaft des »Kleinen Unterschieds« lautete: Frauen und Männer passen sexuell eigentlich nicht zusammen, da die Penetration im

Penetriertwerden kein angemessenes Gegenstück findet. So trug die Frauenbewegung mit tatkräftiger Hilfe Alice Schwarzers dazu bei, dass Frauen die Sexwelle nicht als Befreiung, sondern als Belastung wahrnahmen, vor allem Frauen im fortschrittlichen Lager.

Für mich überwiegt in Schriften wie dem »Kleinen Unterschied« jedenfalls der Eindruck der Ängstlichkeit. Sie wecken Angst bei der Leserin, Angst davor, sexuell nicht richtig zu ticken, entweder, weil sie nicht lustvoll genug ist, oder, weil sie die falsche, die verbotene Lust verspürt. Wer die Rede von der Zwangsheterosexualität, vom Mythos des vaginalen Orgasmus, von der aggressiven Penetration, von der Ehe als andere Form der Prostitution, vom Damoklesschwert der ungewollten Schwangerschaft ernst nahm, hatte ein Problem.

Schlammschlacht unter Frauen

Das suggestive Buch vom »Kleinen Unterschied« war trotz (oder wegen?) seiner trüben Botschaft äußerst erfolgreich. Doch was wäre aus dem Buch wohl geworden, wenn Alice Schwarzer nicht ein paar Monate vor ihrem Erscheinen zu plötzlicher Medienprominenz gelangt wäre? Denn ihre erste Bekanntheit verdankte sie nicht der sexualpolitischen Kampfschrift, sondern einem Fernsehauftritt im Frühjahr 1975. Ihre Gegnerin – das Wort Gesprächspartnerin wäre euphemistisch – hieß Esther Vilar, eine Schriftstellerin, Dramatikerin und Essayistin, 1935 in Argentinien als Kind deutsch-jüdischer Emigranten geboren. Anlass der Debatte, die im Februar 1975 im Nachmittagsprogramm des WDR gesendet wurde, war ihr Buch »Der dressierte Mann« aus dem Jahr 1971. In der bis heute nachgedruckten antifeministischen Polemik stellte Vilar einige steile Thesen zum Verhältnis der Geschlechter auf. Die Männer seien die wahrhaft Unterdrückten, weil sie für ihre Frauen und Kinder arbeiten müssten, während die sich einen schönen Lenz machten; weil sie Militärdienst leisteten und Frauen nicht; weil sie eine erheblich niedrigere Lebenserwartung als Frauen hätten und keinen Einfluss auf ihre Fortpflanzung; weil sie ihre Kinder nur »geliehen« bekämen, und überhaupt, weniger Geld als Frauen hätten sie auch noch.

Diese von der Wirklichkeit höchstens peripher berührte Schrift löste in der gerade erst von der Frauenbewegung aufgeschreckten Öffentlichkeit ein großes Echo aus, was Feministinnen verständlicherweise ärgerte. Das TV-Duell der beiden Frauen wurde entsprechend medial inszeniert und begleitet. Jede Äußerlichkeit schien von Bedeutung. Welche Frau sah schöner aus, wirkte souveräner, hatte die besseren Argumente? Wer heute die Attribuierungen der beiden Frauen in den Medien liest, schaut in Abgründe der damaligen journalistischen Ethik. Woher kam die Brisanz? Sicher, die Fernsehzuschauer waren noch nicht so abgeklärt, um nicht zu sagen, betäubt, wie heute. Das Medium konnte ohne die private Konkurrenz wie RTL damals noch richtige Ereignisse erzeugen. Schwarzer gegen Vilar, das war so ein Fernsehereignis, ein Zickenkrieg vor laufender Kamera. Und das Land hatte seinen Stellvertreterkrieg; hier die Stimme der Frauen, dort die der Männer.

Eine weitere Pointe aus heutiger Sicht wurde damals allerdings völlig übersehen. Denn da gerieten sich nicht nur zwei Frauen, eine Feministin und eine Antifeministin in die Haare, sondern auch eine nichtjüdische Deutsche und eine jüdischstämmige Emigrantentochter. Dieser Umstand wurde interessanterweise nicht weiter zur Kenntnis genommen. Und das, obwohl Schwarzer so weit ging, die Autorin Vilar als »Faschistin« zu beschimpfen und ihre Thesen als »reif für den ›Stürmer‹« zu bezeichnen. Die Deutsche stellte also die zugegebenermaßen provokante Schrift einer vor den Nazis Geflohenen auf eine Stufe mit der antisemitischen Hasspropaganda eines Julius Streicher und Konsorten. (Man stelle sich vor: Zehn Jahre später, in einem anderen politischen Klima, sie wäre mit solchen Äußerungen nicht durchgekommen.) Im Jahr 1975 war das jedoch kein Thema. Im Gegenteil. Esther Vilar bekam vor und nach der Sendung offenbar viele Hassbriefe, ja sogar Morddrohungen, und einmal wurde sie auf der Toilette der Münchner Staatsbibliothek verprügelt, weshalb sie das Land verließ und in die Schweiz emigrierte (heute lebt sie in England). Schwarzer hingegen erhielt angeblich von Frauen nur Zuspruch. In der mit ihrer Beihilfe entstandenen Hagiographie von Dünnebier und Paczenski werden sogar Leserinnenzuschriften von damals wie diese zitiert: »Liebe Frau Schwarzer, seien Sie bedankt, dass sie so tapfer für uns die Schlacht geschlagen haben. Vor allem für uns Ältere, die es wohl nicht mehr lernen, uns unserer Haut zu wehren.«[73] Wenn da nicht noch ein anderer Subtext mitlief!

Sicher, es ist in Rechnung zu stellen, dass der Faschismus-Vorwurf damals in der Linken für alles herhalten musste. Die BRD war 1975 noch nicht sensibilisiert für den Holocaust; das Menschheitsverbrechen sollte erst ein paar Jahre später ins volle Bewusstsein treten. Und die Linke nahm mit der Rede vom Imperialismus besonders gerne Israel aufs Korn. So schien es auch kein Widerspruch zu sein, Israelis mit Nazis zu vergleichen. Nicht umsonst »selektierten« deutsche Links-

Terroristen bei der Flugzeugentführung in Entebbe jüdische Geiseln. So gesehen, war Alice Schwarzer auch nur ein Kind ihrer Zeit. Dass sich Schwarzer damals wohl nichts dabei dachte, ein Opfer verbal zur Täterin zu machen und sich damit eines typisch deutschen Entlastungsmanövers zu bedienen, ist die eine Sache. Die andere, die beunruhigendere, ist, wie sie heute darüber schreibt.

In ihrer aktuellen Autobiographie widmet sie diesem Fernsehauftritt vier Seiten. Sie berichtet, wie traurig sie in dieser Zeit auf Fotos ausgesehen habe. Das müsse daran gelegen haben, dass sie in der Öffentlichkeit so hart attackiert wurde. Mit Schlagzeilen wie »Die Hexe mit dem stechenden Blick« und Attributen wie »Männerhasserin« und »Schwanz-ab-Schwarzer«. Dann das Streitgespräch mit Esther Vilar. Das TV-Duell habe ihr wochenlang negative Schlagzeilen beschert, obwohl sie Waschkörbe voll zustimmender Briefe erhielt, Petitionen gar, die Sendung zu wiederholen. Doch »die ARD wird diese Sendung, die bis heute als eine der spektakulärsten der Fernsehgeschichte gilt, nie mehr im bundesweiten oder gar Abendprogramm senden.« So schreibt keine, die etwas zu bereuen hat.[74]

Zur Sache selbst erklärt Schwarzer, sie habe sich damals vorgenommen, in dieses Gespräch »nicht als Journalistin«, sondern »als Frau« zu gehen. Das sei »das Geheimnis der Brisanz und des Erfolgs der Sendung: mein Ernst in dieser Begegnung, mit dem sich Millionen Frauen identifizieren.« Während der Sendung sei dann Vilar bemerkenswert ruhig geblieben. Nur einmal habe sie sie fast aus der Reserve gelockt, »nämlich als ich sage: ›Sie sind nicht nur eine Sexistin, Sie sind auch eine Faschistin.‹ Ich spiele damit auf die Parallelen Sexismus/Rassismus an. Im Nachhinein frage ich mich übrigens, ob Vilar vor der Sendung eine gute Portion Tranquilizer geschluckt hatte – ganz so wirkte sie.«[75] Noch heute ist Schwarzer offenbar davon überzeugt, dass sie im Recht war, dass es in Ordnung geht, Opfer mit Tätern gleichzusetzen. Nur schade, dass Esther Vilar scheinbar nichts gespürt hat.

Der Mythos vom Patriarchat

Aber nun zum eigentlichen, zum inhaltlichen Problem. Was sich auf einer medialen Oberfläche als Disput zwischen einer Frauenanwältin und einer Männerfreundin darstellte, drehte sich ja tatsächlich um eine wichtige Frage: Können Frauen grundsätzlich als Unterdrückte gelten? Vilars Gegenpolemik richtete sich gegen die feministische Behauptung, alle Frauen würden von allen Männern unterdrückt. Die Theorie dazu war die sogenannte Patriarchatstheorie, deren Anhängerin Schwarzer war und ist.

Der Begriff Patriarchat beschreibt, ursprünglich aus der Kirchensprache kommend, die Herrschaft des Patriarchen über seine Sippe und Gemeinde, später auch über die Gemeinschaft. Kennzeichnend für Patriarchate sind die Erbfolge und Namensgebung nach der Linie des Vaters, der Wohnsitz beim Vater oder der Herkunftsfamilie des Vaters, die Identifikation kultureller Leistungen mit den Tätigkeiten des Mannes (Priesteramt!), männliche Gottesbilder und die Kontrolle der weiblichen Sexualität im Interesse der Sicherung der Abstammung. Der Siebzigerjahre-Feminismus griff das Konzept auf und generalisierte es. Machte es zu einem universellen Prinzip. Analog zum Marxismus, in dem die Klassenlage Sein und Bewusstsein bestimmt, entschieden sich die Feministinnen für das Patriarchat als alles beherrschenden Mechanismus, wobei das Patriarchat die Klassenzugehörigkeit ausstechen sollte. Bei Schwarzer heißt es etwa heute noch in ihrer Autobiographie: »Die Themen Liebe, Sexualität und Gewalt sowie das Tabu der weiblichen Lust sind universell für Frauen, unabhängig von Klasse oder Rasse (sic!).«[76] Im Patriarchat sind Frauen also grundsätzlich schlechter gestellt als Männer, egal, zu welcher Kultur, Ethnie oder sozialen Schicht sie zählen.

Zur Patriarchatsthese gehört die Matriarchatsthese, eine Vorstellung, die in der Vergangenheit immer wieder von den verschiedensten Ideologen aufgewärmt wurde. Von Marxisten, Nationalsozialisten, Lebensreformern, New Agelern und von Feministinnen. Matriarchatstheoretiker pflegen zu glauben, dass es in allen Kulturen auch Phasen gab, in denen das Geschlechterverhältnis umgedreht war: Frauen entschieden über Erbfolge, Namensgebung, Wohnsitz, dominierten die Kulturpraktiken. Damit verbanden sich Utopien von einem Paralleluniversum mit anderen Regeln, wo zum Beispiel die Vernunft weniger wichtig wäre als das Gefühl, Gewalt weniger wichtig als Liebe, überhaupt alles viel besser. Das Dumme daran: Es hat sich bislang kein Matriarchat finden lassen. Das Beste, was entdeckt werden konnte, sind egalitäre Formen des Zusammenlebens in einigen paganen Kulturen, wo es auch mal zu matrilinearer Erbfolge kam – eine wirkliche Frauenherrschaft im modernen Sinne jedoch existierte nie.

Seis drum, im Siebzigerjahre-Feminismus spielte die Patriarchats-/Matriarchatsideologie eine entscheidende Rolle. Schwarzer war felsenfest davon überzeugt. In ihrem »Kleinen Unterschied« schwärmt sie: »Vor unserer Zeitrechnung existierten z. B. im Mittelmeerraum mehrere barbarische und hochzivilisierte Völker mit Phasen absoluter Frauenmacht.

In diesen Matriarchaten war … einfach alles umgekehrt. Die Männer waren kleiner als die Frauen und neigten zu Fettansatz. Sie machten die Hausarbeit und versorgten vom ersten Tag nach der Geburt an die Kinder. … Sie hatten keusch in die Ehe zu gehen und strikte Treue zu geloben. Die Frauen bestimmten Sexualmoral und entschieden allein über Abtreibung und Verhütung. … Sie führten Krieg und die öffentlichen Geschäfte.« Nur in einem, entscheidenden Punkt waren die Matriarchate selbstredend besser: »Die Frauenherrschaft produzierte keine männliche Prostitution.«[77]

Die Folgen dieses Gedankenmodells auf die feministische Programmatik waren gewaltig. Die Patriarchats-/Matriarchatsideologie erhob einen umfassenden Erklärungsanspruch, sie wurde zur perfekten Komplexitätsreduktion. Alles war letztlich auf ein Prinzip zurückzuführen. Sämtliche Gräueltaten in der Geschichte und Gegenwart, sämtliches Unrecht und Unbehagen hatte hier seine Erklärung. Das Patriarchat entzog sich individueller Einflussnahme und individueller Wahrnehmung, Mann-Frau-Beziehungen seien – unabhängig vom Willen des einzelnen Individuums – qua Funktion in dieser Gesellschaft Herrschaftsverhältnisse. Frauen sind unterlegen, Männer überlegen. Gewiss, auch die Patriarchatsthese war keine Erfindung des deutschen Feminismus oder gar Alice Schwarzers. Sie hat sie von Kate Millett übernommen. Doch dass sie daran festhielt, dass heute im öffentlichen Bewusstsein mit der alles überragenden Medienfeministin Schwarzer immer noch die Patriarchatsthese kursiert, das ist schon erklärungsbedürftig. Denn die internationale Feminismusdiskussion ist längst viel weiter.

Nach heutigem Stand werden die Geschlechterverhältnisse nicht mehr auf eine allgemeine Frauenunterdrückung reduziert.

Die Entwicklung ging weg vom Patriarchatsdenken hin zum relationalen Denken, wonach die Geschlechter voneinander abhängig sind (manche nennen das »Gendertheorie«, nach dem englischen Wort »gender«, womit das soziale Geschlecht bezeichnet wird). Zwar wird immer noch von einem *historisch gewachsenen* dualen Prinzip gesprochen, das sich zu einem bestimmten Zeitpunkt durchgesetzt habe – eine Geschlechterordnung, die sich auf die beiden »Genus-Gruppen« Mann/Frau bezieht und die auf der Heterosexualität beruht. Aber Feministinnen denken im Allgemeinen nicht mehr an eine eindeutige Machtverteilung zugunsten der Männer, sondern an zwei Pole, die aufeinander verweisen. Geschlecht ist immer noch ein wesentlicher Faktor bei der sozialen Schichtung, jedoch wirkt es sich nicht *notgedrungen* und *immer* einseitig aus.

Der Unterschied ist tatsächlich entscheidend: Von Patriarchatsfeministinnen wird angenommen, Geschlecht wirke immer und in allen Lebensbereichen von oben nach unten, die Herrschaftsdynamik gehöre substantiell zur Geschlechterordnung dazu. Vulgärfeministisch heißt das: Männer sind Schweine. Dagegen die andere Position: Die Geschlechter sind aneinander gekettet, weil das eine sich über das andere definiert. Darin steckt jedoch nicht von Haus aus eine Wertung. In anderen Worten: Männer sind Nicht-Frauen und Frauen sind Nicht-Männer, mehr auch nicht. Die Relationalität oder das Aufeinander-Bezogensein transportiert noch keine Hierarchie, kein oben und unten. Beziehung ja, aber nicht automatisch Unterdrückung.

Diese scheinbar kleine theoretische Wendung hatte weitreichende Auswirkungen. Wenn nicht das Machtgefälle, sondern die wechselseitige Abhängigkeit der Ausgangspunkt ist, dann lassen sich Frauen auch nicht pauschal als Opfer, Männer nicht pauschal als Täter definieren. Die Statusunterschiede sind in diesem Denken etwas Nachträgliches, sie kommen und gehen, sind kein strukturbildendes Prinzip. Es ist denkbar, dass Frauen gleichzeitig Nachteile und Vorteile haben, je nach Situation. Ein Beispiel aus der Praxis: In unserer Gesellschaft entscheiden sich Frauen häufiger für Pflegeberufe und Männer für technische Berufe, was sich nicht zuletzt im Portemonnaie auswirkt. In der Patriarchatstheorie wird das damit erklärt, dass die sogenannten Frauenberufe grundsätzlich schlechter bezahlt werden, weil sie eben mehrheitlich von Frauen ausgeübt werden und Frauen immer benachteiligt werden. In der relationalen oder »Gendertheorie« dagegen wäre die Erklärung: Die Frauenberufe haben sich aufgrund der polaren Geschlechterrollen herausgebildet. Sie werden schlechter bezahlt, nicht weil sie Frauenberufe sind, sondern weil es eine zusätzliche Dimension gibt (zum Beispiel die kapitalistische), die Pflegeberufe schlechter stellt. Es wäre grundsätzlich auch das Gegenteil denkbar: eine Besserstellung der Pflegeberufe, obwohl sie von Frauen bevorzugt werden.

Kehren wir zurück zur Vilar-Schwarzer-Kontroverse. Abgesehen von allen möglichen Abseitigkeiten, die Vilar vertrat (zum Beispiel, dass Frauen dümmer seien als Männer), hat sie auf einen richtigen Punkt hingewiesen: Frauen können auch profitieren von ihrem Geschlecht, beispielsweise im bürgerlichen Familienrecht oder in der Arbeitswelt. Sie können Männern gegen deren Willen ein Kind »anhängen«, sich daraufhin Jahre lang finanzieren lassen (heute nicht mehr so wie 1975), sie müssen ihre Biographie weniger auf die Erwerbstätigkeit ausrichten als Männer, sie müssen (hierzulande) nicht mit der Waffe in den Krieg ziehen und, ja, sie haben eine höhere Lebenserwartung. Was Vilars Diskussionsbeitrag ganz unaufgeregt hätte zeigen können, war, es gibt kein absolutes Maß für Unterdrückung. Einer Patriarchatsfeministin, die noch das Blockdenken jener Zeit pflegt, die keine Grautöne erkennt, erscheint dieser Gedanke jedoch unerhört.

Schwarzer hat sich auch später immer wieder mit Frauen duelliert. Doch kein Fernsehauftritt reichte mehr an die Brisanz der Schwarzer-Vilar-Diskussion heran. Es wird auch das letzte Mal gewesen sein, dass sie sich mit einer ebenbürtigen Frau maß. Die bekannteste Neuauflage war die mit Verona Feldbusch (heutige Pooth), Ex-Frau von Dieter Bohlen und ehemalige Miss »American Dream«, die mit ihrem Hauptschulabschluss und einer liebenswürdigen Naivität kokettierte. Die Presse titelte »Brain meets Body«, und sehr viel mehr ist darüber auch nicht zu sagen.

»Emma« und die Abkopplung des deutschen Feminismus

Im Jahr 1977 brachte Alice Schwarzer zusammen mit anderen Frauen die »Emma« heraus. Die Zeitschrift war ein Riesencoup. Die Startauflage von 200 000 Exemplaren verkaufte sich aus dem Stand. Anstatt sich wie andere feministische Postillen auf gräulichem Altpapier mit dem Charme des Selbstgemachten an die Freundinnen der Bewegung zu wenden, war »Emma« ein professionell gemachtes Publikumsmagazin, das alle Themen konsequent vom Frauenstandpunkt aus beleuchtete. »Wir werden uns in jeder Situation – ob nun § 218, Wirtschaftspolitik oder Mode – fragen: Was heißt das für uns Frauen?«[78] Ihrem Anspruch gemäß deckte sie ein breites Spektrum ab von Sport über Politik bis Kultur. Bestimmte

Elemente blieben von Anfang an gleich, der »Pascha« des Monats etwa, oder das Editorial von Schwarzer, die Karikatur, die Porträts vorbildlicher Frauen und Leistungsträgerinnen. Dazu erschienen Schwerpunkthefte, die wichtige Themen, die gerade erst ins allgemeine Bewusstsein traten, oft frühzeitig in den Mittelpunkt stellten. Ein immer noch gelungenes und, wie ich finde, notwendiges Konzept. Der Verzicht auf die üblichen Werbeanzeigen hatte dazu noch die wohltuende Wirkung, dass nicht, wie in klassischen Frauenzeitschriften, jeder Text unter dem Verdacht des Gefälligkeitsjournalismus steht. Der Erfolg gab Schwarzer Recht. Andere feministische Zeitschriften wie die »Schwarze Botin« oder die »Courage« konnten mit der »Emma« nie mithalten.

»Emma« hat einen wesentlichen Anteil an Schwarzers dominanter Position in der deutschen Frauenbewegung. Nicht nur, weil sie als Herausgeberin und Chefredakteurin nun ein eigenes Organ bekam, das für die allgemeinen Medien zum Referenzpunkt wurde, sondern auch, weil sie damit einen quasi offiziellen Status im deutschen Feminismus einnahm. Vielleicht nicht den der Vorsitzenden, aber zumindest den der Generalsekretärin. Während andere Feministinnen nach einer engagierten Phase in anderen Berufen landeten, sich in Verbänden, Behörden oder Parteien verloren, in Sozialeinrichtungen und Universitäten Kärrnerarbeit leisteten oder als Öko-Feministinnen in die esoterische Ecke abdrifteten, wurde Schwarzer durch »Emma« bekannter und bekannter. Sie wurde zur einzigen offiziellen Berufsfeministin in Deutschland. Im Ergebnis wurde der »Emma«-Feminismus zum öffentlichen, zum Mainstream-Feminismus.

Es wurde viel geschrieben über Schwarzers Führungsstil bei »Emma« und die Enttäuschung ihrer Weggefährtinnen, die sich vor dem kommerziellen Unternehmen mit einem offenbar konventionellen Betriebsklima erschreckten. Auch die gescheiterte Übergabe der Chefredaktion von Alice Schwarzer an die jüngere Fernsehjournalistin Lisa Ortgies wurde in der Öffentlichkeit aufgeregt verfolgt. Mir geht es hier jedoch nicht darum, ob Alice Schwarzer als Feministin eine bessere Chefin und Unternehmerin oder eine schlechtere als andere war. Es geht mir um ihre inhaltlichen Positionen. Welche Themen wurden in »Emma« behandelt, welcher Feminismus vertreten und in der Gesellschaft verbreitet? Am Beispiel eines Sonderheftes zum Thema Essstörung aus dem Jahr 1984/1985 möchte ich die feministische Ausrichtung der »Emma« analysieren und klären, welche Art von Feminismus die Fachzeitschrift für Frauenemanzipation vertritt.

»Emma« übernahm das Thema Essstörung, wie viele andere, aus der amerikanischen feministischen Literatur. Das aktuelle Buch dazu, aus dem auch zwei Seiten abgedruckt wurden, war Susan Brownmillers »Weiblichkeit«, ihr zweiter Titel nach »Gegen unseren Willen«, der 1975 die feministische Anti-Vergewaltigungskampagne losgetreten hatte. In »Weiblichkeit« beschrieb die New Yorker Journalistin damals die grassierende Obsession amerikanischer Frauen mit den Themen Schlankheit, Schönheit, Modebewusstsein. Brownmiller führte dabei den Schönheitswahn auf den neuen ökonomischen Konkurrenzkampf in der Gesellschaft zurück, der sich in den achtziger Jahren gesamtgesellschaftlich und eben auch unter Frauen auswirkte. An bekannten Beispielen zeigte sie auf, dass besonders die gesellschaftliche Elite von einem Schlankheitswahn ergriffen worden sei. Nicht umsonst gebe es in der amerikanischen Oberschicht die Redewendung: »Man kann nie zu dünn oder zu reich sein«. Schlankheit sei ein Synonym für Kultiviertheit,

Leistungsfähigkeit und Erfolg geworden, dem sich niemand, auch die Autorin selbst nicht, entziehen könne. »Aber ich bin viel zu konkurrenzbewusst, um ruhig mit anzusehen, wie meine Taille wächst, während andere ihre Schlankheit wie eine olympische Medaille zur Schau tragen«, gesteht Brownmiller. Trotzdem bedauert sie den Verlust des »natürlichen Looks« der feministischen Mitstreiterinnen ihrer Generation. Mittlerweile trauten sich die wenigsten Feministinnen noch mit flachen Schuhen und Overall in die Öffentlichkeit. Trotzdem sieht sie für die Entwicklung keine Alternative. Und dann folgt ein bemerkenswerter Satz: »Von Frauen zu verlangen, dass sie im Namen der Befreiung ihre Lippenstifte fortwerfen und ihre Nägel kurz feilen sollten, warf den Schatten der Repression auf die Frauenbewegung.«[79] Hier wird bei einer echten Hardlinerin des amerikanischen Patriarchatsfeminismus ein Selbstreflexionsprozess erkennbar. Brownmiller überdachte und revidierte eigene Ansichten. Brownmiller trauerte um die flachen Absätze, doch sie sah ein: Der »Ändere dich gefälligst«-Feminismus hatte ausgedient.

Am Beispiel desselben Themas lässt sich ein Vergleich mit der »Emma«-Herausgeberin ziehen. Unter der Überschrift »Dünne machen!« kommentiert Alice Schwarzer in demselben Heft mit drastischen Worten das zeitgenössische Phänomen. 300 000 bis 400 000 deutsche Frauen litten unter der »Freß- und Kotzsucht«, würden krank und verrückt, funktionierten nicht mehr. Doch viele nähmen den Diätwahn nicht einmal mehr wahr. Kaum eine Frau werde noch stutzig, wenn die »Brigitte« Petersilie mit geraspelten Radieschen als Hauptmahlzeit empfehle, wenn Modells mit Hüften gezeigt würden, die eigentlich Taillen sein sollten. »Man stelle sich eines dieser schlanken Wesen in der körperlichen Auseinandersetzung mit einem ordentlich ernährten Mann vor – hoffnungslos«, flickt sie etwas bemüht das Gewaltthema ein. Wer dünn ist, kann sich anscheinend noch schlechter gegen gewalttätige Männer wehren.

Abnehmen, das sei nur eine Ablenkung vom Hausfrauenleben und Ersatzhandlung für das wahre Leben. Frauen übernähmen das Schlankheitsideal nur, weil sie die Schwächeren seien und weil sie »nach dem Gesetz des Starken streben«. Das Gesetz der Starken, die »Ideologie der Herrschenden«, das ist die »Männergesellschaft«, die will »dass wir Frauen uns dünne machen. In jeder Beziehung.« Und dann kommt Schwarzers Ohrwurm, die Patriarchatstheorie: »Unsere Körper, Terrain männlicher Normen, männlicher Gewalt, männlicher Besitznahme, sind seit Jahrtausenden enteignet, kolonialisiert vom Patriarchat« und so weiter.[80]

Der Vergleich der Positionen der amerikanischen und der deutschen Frauenbewegung zeigt deutlich: Eine hat sich bewegt, die andere nicht. Schon in den mittleren achtziger Jahren hat sich der Schwarzer-Feminismus offenbar von der internationalen Diskussion gelöst, um in einer bestimmten historischen Position zu verharren. Während Brownmiller weiter dachte und nicht mehr das Patriarchat, sondern die Gesellschaft und ihren Konkurrenzdruck für schädliche Entwicklungen verantwortlich machte, traf bei Schwarzer nach wie vor das gute alte Patriarchat alle Schuld. Während Brownmiller Verständnis aufbrachte für die Malaisen ihrer Zeitgenossinnen, also liberaler wurde, unterstellte Schwarzer ganz in altlinker Manier den Frauen, die hungerten, »falsches Bewusstsein«, weil sie sich dem »Gesetz des Stärkeren« unterwürfen. Während Brownmiller den Wandel der Zeit zur Kenntnis nahm und verstand, dass feministische Umerziehung zum Scheitern verurteilt ist, glaubte Schwarzer immer noch, Frauen müssten sich gefälligst ändern. Egal, welche »Emma« der letzten 35 Jahre wir heute in die Hand nehmen, sie variiert noch immer dieselbe Melodie. Motiv: Weibliches Elend, Durchführung: weibliches Fehlverhalten, Auflösung: männliche Verschwörung.

Legen wir eine heutige »Emma« daneben, die Winterausgabe 2011. In ihrem Editorial geht es um die Präimplantationsdiagnostik (PID). Jedes Argument dagegen führt Schwarzer auf eine Verschwörung christlich-fundamentalistischer Kreise zurück, die sich »in Wahrheit« gegen das allgemeine Recht auf Abtreibung richte. Und dann poltert sie: »Selektion. Stehen wir wieder mal an der Rampe von Auschwitz wg. ›Babycaust‹ (Kardinal Meisner)?« Wen sie mit »wir« meint, wird nicht klar, es standen ja in erster Linie Juden an der Rampe, Frauen und Männer übrigens. Aber irgendwie hängt alles zusammen in der großen patriarchalen Verschwörung.[81]

Die Motive »weibliches Elend«, »falsches Bewusstsein« und »männliche Verschwörung« werden in der aktuellen Ausgabe vom Winter 2011 in beinahe jedem Text durchexerziert. Im Artikel über die »Macchiato-Mütter«, eine Spezies von privilegierten Berliner Frauen, die statt Karriere zu machen, lieber Latte Macchiato schlürfend ihre Zeit an Spielplätzen verplempern, schreibt eine Autorin, die Frauen wüssten gar nicht, was sie täten. Die (bösen) Ehemänner und Kindsväter seien schon auf dem Sprung, und dann träfen die (dummen) Frauen mit Mitte vierzig auf einen Arbeitsmarkt und ein Unterhaltsrecht, die sie unmittelbar ins gesellschaftliche Aus beförderten.

Schließlich ein besonders viel sagender Essay einer englischen Autorin zur Übersexualisierung junger Frauen wie Charlotte Roche. »Dieses Wesen ist Welten vom feministischen Ideal entfernt.« Und dann kommt's: »Wenn die moderne Frau nicht länger ihren Schmerz und ihr Opferdasein verleugnete, würde sie sich in allen Dingen anders entscheiden als jetzt. Die Dinge, die uns verletzen, würden niemals ›auch Spaß machen‹ können. Wir würden keine albernen Schuhe mehr tragen oder einen Blog über unser Sexleben schreiben. Vor allem aber würden wir der Verlockung widerstehen, Karikaturen unserer selbst zu sein.« Darum geht es also heute immer noch in der »Emma« – sich den Schmerz und das Opferdasein als Frau bewusst zu machen. Dinge, die eigentlich böse sind, nicht als Spaß zu erleben. Eine Botschaft direkt aus den frühen siebziger Jahren, einer Zeit, als Frauen übrigens noch »moderne Pioniere und Frauenikonen waren – nicht hübsche Larven, sondern komplexe Persönlichkeiten«.[82] Der Zeitverzug des »Emma«-Feminismus lässt sich nicht schöner formulieren. Welche junge Frau könnte sich mit derartigen Schmähungen gegen die eigene Generation abfinden, ohne die »komplexen« Persönlichkeiten von früher für einen verbiesterten Alt-Feminismus in Haft zu nehmen?

Schwarzers Absage an die Mütter

Zurück in die späten siebziger Jahre. Die feministische Szene hatte sich in verschiedene Strömungen verlaufen. Eine Wunde, die schon im 19. Jahrhundert schwelte und die auch den französischen Feminismus von Anfang an beschäftigte, riss erneut und mit noch größerer Dringlichkeit auf: Wie reagieren auf die Zumutungen eines modernen Lebens? Das alte Dilemma. Die weiblichen Lebensläufe hatten sich dramatisch verändert, Selbstverständlichkeiten waren verloren gegangen, neue

Anforderungen an die weibliche Biographie verlangten nach Lösungen. Die einen antworteten darauf, die Frauen müssten eben mitgehen mit den allgemeinen Veränderungen. Das bedeute vor allem, auf Kinder verzichten oder sie frühzeitig in aushäusige Betreuung geben, sich in die Arbeitswelt integrieren und alles, was hemmt, mit Rationalismus besiegen. Nach dem Motto: Wir tun es den Männern gleich und entreißen ihnen eines Tages die Macht. Auch beim Militär. Schwarzer drang auf die Einziehung von Frauen bei der Bundeswehr mit dem Argument, dann würde sich das Militär schon bessern. Wozu ihre Gegenspielerin Helke Sander amüsiert meinte: »Als könne man auf der Ebene von Putzfrauen einen Konzern übernehmen, um mit ihm dann etwas ganz anderes zu produzieren.«[83] Schwarzer jedoch hielt dem von Beauvoir inspirierten universalistischen »Ändere dich gefälligst«-Standpunkt im Feminismus fest die Treue. Nicht die Umstände sollten sich zuerst ändern, sondern die Frauen und damit irgendwann notgedrungen auch der Mann.

Doch eine Fraktion im deutschen Feminismus fühlte sich damit nicht angesprochen und griff auf den Mütterlichkeitsfeminismus der bürgerlichen Frauenbewegung zurück. Das Konzept der »Geistigen Mütterlichkeit« im 19. Jahrhundert war, wie beschrieben, eine Art Selbstverteidigungsstrategie von Feministinnen gewesen. Sie bejahten die angeblich weiblichen Tugenden, aber zogen daraus den cleveren Schluss, dass diese angeblich weiblichen Eigenschaften sie nicht nur für die Erziehung eigener Kinder, sondern ganz allgemein für die Heilung der Gesellschaft prädestinierten, weshalb sie auf mehr gesellschaftliche Einflussmöglichkeiten drangen. Die neuen Mütterfeministinnen in den späten siebziger Jahren argumentierten ganz ähnlich. Die Gegenspielerinnen von

Alice Schwarzer bauten aus dem Matriarchatsmythos eine Utopie, gespickt mit Mythen über die natürlichen und verlorengegangenen Qualitäten der Frau. Und folgerten daraus, dass Frauen bereitstünden für die Heilung der Welt. Sei es die Umweltzerstörung, Krieg oder allgemein Gewalt, alles werde sich unter weiblichem Vorzeichen bessern. Männer müssten endlich einsehen, meinte Helke Sander, dass diese »feministische Strategie« überlegen sei. Und die bestehe nicht in erster Linie im politischen Kampf, sondern in der Arbeit am einzelnen »Liebesverhältnis«.[84]

In dem Glauben, Frauen seien Gebärerinnen und Schöpferinnen und deshalb auch näher bei »Mutter Erde«, engagierte sich ein Teil der auch »spiritueller« oder »Öko-Feminismus« genannten Richtung in der Umweltbewegung und bei den Grünen. Ein romantischer und innerlicher Teil dieser Richtung traf sich nicht nur in Selbsterfahrungsgruppen und Bildungszentren, sondern auch auf sogenannten Kraftplätzen in der Natur. Ich habe einmal einen solchen Kraftplatz besucht: ein Birkenwäldchen im Moor im Westen von München. An den Ästen hatten Frauen blutrot gefärbte Hühnereier befestigt, sodass sich darunter ein Kreis bildete. In diesem Kreis praktizierten sie ihre Rituale, Tanz, Trommeln, Beten, Menstruations- oder Initiationsriten, Sonnwendfeiern, Mondfeste, Walpurgisnächte. Männer störten nur die Kreise.

Die feministische Spiritualität feierte fröhliche Urstände. Mit der neu entdeckten Frauengeschichte wuchs das Interesse an der historischen Hexenverfolgung, an Hebammen, Heilkundigen und Ritualpraxis. Frauen entdeckten in sich die »weise Frau«, vor allem auf dem Gebiet der Naturheilkunde, der Ernährung, Psychotherapie und Kunst. Ein Text aus der »Courage«, einem Konkurrenzblatt zu »Emma«, befasste sich im Jahr 1979 mit »Hexenkräften gegen Regierungsgewalt«. Die Spiritualistinnen (auch die hatten ihre Vorbilder in den USA und in Großbritannien) lehnten konventionelle politische Aktivitäten ganz ab. Sie glaubten, als »Granatapfel«-Frauen, als »Göttinnen« im Gefolge von Artemis politisch zu handeln. Es gab Vereinigungen, die sich einem Diana-Kult widmeten. Die »Courage«-Autorin spöttelte: »Die Verlagerung der Verehrung von einer männlichen auf eine weibliche Gottheit scheint mir nur eine sehr geringfügige Änderung zu sein.«[85]

Strittig war, ob Spiritualistinnen mit Männern leben sollten. Die britischen »Granatapfel«-Frauen hielten das für erlaubt. Solange die Männer begriffen, dass sie »nicht Schöpfer, sondern Geschöpfe« seien. »Wenn eine Frau genug Energie hat für eine persönliche oder politische Beziehung mit einem Mann, der seine Rolle als ›Sohn‹ akzeptiert, ist das in Ordnung«, ließen sie vernehmen. Allerdings seien Männer Mutationen, männliche Kinder stammten nur von Müttern, die während der Schwangerschaft zu wenig oder das Falsche gegessen hätten. Das sollten die Frauen künftig besser im Auge behalten.[86]

Die neue Natürlichkeits- und Weiblichkeitseuphorie ging besonders in Westdeutschland mit einem wieder aufgeblühten Mütterlichkeitskult einher. Auslöser waren nicht nur die demographischen Veränderungen in Richtung Ein-Kind-Familie, sondern auch die schon weiter oben beschriebene Politisierung der Erziehung im ehemaligen Nazideutschland. Dazu kam der Psychoboom, in dessen Kontext Eltern sich ihrer eigenen Kindheit erinnerten und Reformideen bei der Erziehung aufgriffen. Eine der Neuerungen war auch die »sanfte Geburt« als Reaktion auf die Technisierung von Schwangerschaft und Entbindung oder das »Rooming in« als Antwort auf die damals noch übliche Trennung von Mutter und Kind gleich nach der Geburt.

Zivilisationskritik, Zweifel an den Errungenschaften der Moderne, Angst vor Krieg und Umweltzerstörung, Sehnsucht nach einem alternativen Lebensstil, all das sollte in der feministischen Szene zu einer Aufwertung von Weiblichkeit führen, ein Ansatz, den wir ähnlich schon bei den Französinnen als »Werde, die du bist«-Feminismus identifiziert haben. Frauen sollten sich als Mütter und geborene Heilerinnen (wieder-) entdecken. Das konnte bedeuten: Rückzug aufs Land, selbst angebautes Gemüse im Garten, jahrelanges Stillen auf Verlangen, bewusster Verzicht auf Karriere im Interesse des Kindeswohls, aber auch des eigenen »ganzheitlichen« Lebensgefühls und der Rettung der Welt.

Für Schwarzers universalistischen Feminismus waren das natürlich dicke Brocken. In allen Schriften bis heute reagiert sie verärgert und abwertend auf diese Tendenzen, die doch von Anfang an in der Frauenbewegung mitliefen, wie wir gesehen haben: »Ich glaube, in keinem Land der Welt wurde damals in Frauenzentren so viel gestrickt und gestillt wie in der Bundesrepublik. ... Schließlich waren die eifernden neuen Mütter ja auch die Töchter der Mutterkreuz-Trägerinnen«, meint sie höhnisch über ihre Gegenspielerinnen.[87]

Schwarzer selbst gehörte als 1942 geborene auch nicht mehr zu der Generation, die mit dem neuen alternativen Lebensgefühl hätte viel anfangen können. Sie hatte sich selbst gegen ein Kind entschieden und behauptet bis heute, anders wäre sie auch nie dort hingekommen, wo sie heute steht. Und lesbisch war sie auch. Während diese persönlichen Umstände als Motive im Hintergrund gewirkt haben mögen, gab jedoch vor allem ihre Interpretation des Feminismus den Ausschlag für ihre unversöhnliche Position gegen die wieder auferstandenen Differenzfeministinnen. Ihre Variante von Feminismus war einfach inkompatibel mit den Sirenengesängen der Mütterlichkeit.

Ihre Bücher »Der ›kleine Unterschied‹«, »Der große Unterschied«, oder »Die Antwort« widmen den Müttern erstaunlich wenig Platz. Sexualität, Gewalt, Erwerbschancen waren ihr wichtigere Anliegen. In den Fallgeschichten im »Kleinen Unterschied« zitiert sie Frauen, die ihre Mutterschaft als »Falle« empfänden, die sich ihrer ambivalenten Gefühle gegenüber ihren Kindern schämten oder die sich nur wegen der Kinder gezwungen sähen, bei ihren Männern zu bleiben, was sie und die Kinder mit Krankheit und Leid bezahlen müssten. »Alle drei Kinder sind heute verhaltensgestört. Der Jüngste stottert«, erzählt eine.[88] Eine Hausfrau und Mutter von vieren gibt zu, dass sie sehr an ihren Kindern hänge, aber über den »Mutterinstinkt« nur lachen könne. Sie kümmere sich um ihre Kinder, weil das eben ihre Aufgabe als Frau sei. Schwarzer diagnostiziert bei ihr ein »Hausfrauensyndrom« und Verinnerlichung von Unterdrückungsmechanismen. »Der Punkt, an dem Frau S. ins Müttergenesungsheim fuhr, ist der, an dem andere Frauen manchmal Amok laufen.«[89]

Die Mutterschaft, so Schwarzer ganz in der Diktion ihres Über-Ichs Simone de Beauvoir, ist eine Fessel der Frauen, verurteilt sie dazu, ihr Leben lang für andere zu kochen, zu putzen, zu waschen und zu trösten. In Kollektiverziehung gerieten Kinder viel besser, behauptet sie wie die alten Achtundsechzigerinnen, das zeige auch die Kibbuz-Bewegung in Israel. (Die Kibbuzim sind allerdings inzwischen von der Idee der Trennung von Eltern und Kind wieder abgekommen.) Wie schon de Beauvoir gesagt habe, sei der Mutterinstinkt nichts als eine Erfindung des Patriarchats, weil man mit der Schönheit des Geschirrspülens die Frauen eben nicht dazu brächte, Gratisarbeit zu leisten. (Soweit wie Firestone, die von technischen Lösungen der Schwangerschaft außerhalb des weiblichen Körpers träumte, ging Schwarzer allerdings nicht.)

Diese Art zu denken erscheint uns heute als wesentliches Element des deutschen Mainstream-Feminismus à la Schwarzer. Kind oder Karriere, entscheide dich, scheint er den Frauen zuzurufen. In ihrem aktuellsten Buch »Die Antwort«, in dem sie noch einmal ihre Position verdeutlicht hat, begründet Schwarzer diesen Standpunkt mit ihrer eigenen Kindheitsgeschichte, dem Aufwachsen mit einem fürsorglichen Großvater und einer irgendwie abhandengekommenen Mutter. Deshalb habe sie den »Mütterkitsch« noch nie verstanden. »Denn auch Männer können Kinder großziehen, und auch Frauen sollten raus in die Welt, statt mit ihren überschüssigen Energien ihre Familie zu drangsalieren.«[90] Endlich erkenne auch Deutschland, dass Mutterschaftsurlaub eine Falle sei, die einjährige Elternzeit besser auf beide Eltern verteilt würde und Krippen ausgebaut werden müssten.[91] Sonst sinke die Geburtenrate weiter, was sie fälschlicherweise für ein Ergebnis (oder Erfolg?) der Frauenbewegung hält. (Umgekehrt wird eher ein Schuh draus: der Rückgang der Kinderzahl und die Frauenbewegung sind Symptome desselben Wertewandels.) »Mütterlichkeit«, bei Schwarzer immer in Anführungszeichen gesetzt, bedeutet ihr ganz einfach viel Arbeit; Gratisarbeit für Männer, für Kinder, ja für die ganze Gesellschaft. Wer sich nicht ausbeuten lassen will, sollte verzichten.

Doch ist das wirklich die einzig denkbare feministische Position? Offensichtlich nicht, denn von Anfang an gab es andere feministische Lösungsvorschläge.

Kampf gegen den Hausfrauenlohn

Einige Feministinnen bestanden Mitte der siebziger Jahre darauf, dass die ökonomischen Verhältnisse verändert werden müssten, nicht die Menschen. Eine wichtige Erkenntnis der frühen Frauenforschung war nämlich, dass die Rolle der Hausfrau und Mutter ein tragendes Fundament des Industriekapitalismus sei. Das Leitbild der bürgerlichen Hausfrau, das sich über die ganze Gesellschaft verbreiten konnte, entstand nicht etwa zur Versklavung der Frau. Die »Liebesarbeit« der Frau sollte vielmehr übergeordneten Zwecken dienen: Herstellung von Nahrungsmitteln und anderen Dingen des täglichen Bedarfs (was damals solche Tätigkeiten wie Seifekochen oder Nähen mit einschloss), optimale Vorbereitung des Nachwuchses für Schule, Arbeit, Militär und die bürgerliche Gesellschaft sowie die Schaffung einer wärmenden, kultivierten und liebevollen Gegenwelt zur harten Arbeitswelt der Männer. Das Seifekochen entfällt inzwischen, dafür kam die wichtige Aufgabe des Konsumierens hinzu. Sind das wirklich alles Sklavendienste?, fragten sich einige Feministinnen.

Studien wiesen schon in den siebziger Jahren eine andere Richtung. Das radikale Gegenmodell zu Schwarzers Rezept »Alle Frauen an die Werkbank« war die Aufwertung der Hausarbeit. Die englische Soziologin Ann Oakley legte in ihrer »Soziologie der Hausarbeit« aus dem Jahr 1974 dar, was genau Frauen an der Hausarbeit störte: die Eintönigkeit, die Verzettelung, die Hetze und die Einsamkeit – alles Probleme, die auch Fließbandarbeiterinnen hatten. Andererseits schätzten Hausfrauen ihre Selbstständigkeit, die Selbstbestimmung der Standards, die sie erfüllen wollten, die persönliche Verantwortung – Vorteile, die am Fließband nicht realisiert werden können. Sie fand heraus, dass je höher die Identifikation mit ihrer Rolle, je ausgebildeter ihr Ehrgeiz bei den Standards der Haushaltsführung, umso zufriedener war die Hausfrau. Aber auch Kontakt zu anderen, soziale Anerkennung und vor allem »eigenes Geld« trügen zur Zufriedenheit bei. Daraus ergab sich eine provokante Frage: Ist es die Frau, die sich vom Haushalt emanzipieren muss, oder muss die Gesellschaft sich von ihrer Privilegierung der aushäusigen Arbeit emanzipieren?

Die eigentliche Achillesferse der Hausfrauenarbeit ist die fehlende Bezahlung in einer Gesellschaft, die Geld als Währung für Anerkennung betrachtet. Die deutschen Feministinnen Silvia Kontos und Karin Walser behaupteten auf Grundlage der marxistischen Theorie, dass diese buchstäblich lebenswichtige Arbeit für den Kapitalismus nur deshalb marginalisiert sei, weil sie nicht bezahlt werde. So gesehen würden Frauen wirtschaftlich ausgebeutet, denn sie bildeten das Fundament der kapitalistischen Wertsteigerung. Das legte nahe, einen Lohn für Hausarbeit zu fordern. Feministinnen setzten sich an den Taschenrechner und kalkulierten, welche finanzielle Vorleistung Hausfrauen für die Volkswirtschaft erbrächten. Aus diesen nicht nur in der BRD, sondern auch in England und den USA errechneten Zahlen wurde ermittelt, dass beispielsweise in der Bundesrepublik 45 bis 50 Millionen Stunden Gratisarbeit verrichtet würden, fast so viel wie bezahlte Arbeit. Addiere man die geleistete Berufsarbeit von Frauen, so komme man zu dem Ergebnis, dass zwei Drittel der gesamtgesellschaftlichen Arbeit von Frauen, aber nur ein Drittel von Männern geleistet würden. 1977 veröffentlichte die »Courage«, das Konkurrenzprodukt zu Schwarzers »Emma«, ein Manifest, mit dem die Feministinnen den »Reichtum« zurückverlangten, und zwar rückwirkend und sofort und vollständig: »Wir fordern vom Staat Lohn für Hausarbeit für alle Frauen und bezahlten Urlaub.«[92]

Eine andere, nicht ganz so radikale Reformidee war, staatlich bezahlte Tagesmütter zu bestellen. Schon 1970 hatte die damalige Familienministerin einen »rationalen« Umgang mit der gesellschaftlichen Aufgabe der Erziehungsarbeit gefordert. Zu den politischen Maßnahmen gehörten neben der Einführung von »Kindergeld«, dem Recht auf Beurlaubung, wenn ein Kind erkrankt ist, und dem Familienlastenausgleich das staatlich geförderte »Tagesmütter-Projekt«, dem sich als Sprachrohr auch die Frauenzeitschrift »Brigitte« verschrieb. Die Idee, die schon in anderen Ländern erfolgreich war, bestand darin, die frühkindliche Erziehung zu professionalisieren, indem sogenannte Tagesmütter eine formale Ausbildung, mehr gesellschaftliche Anerkennung und angemessene Bezahlung erhielten. Dieser Vorstoß ist, wie wir heute wissen, im Ansatz stecken geblieben. Die westdeutsche Gesellschaft war dafür nicht bereit. Sowohl bei Fachleuten, die sich weigerten, die internationale Forschungslage zum Thema Fremdbetreuung bei Kindern zur Kenntnis zu nehmen, als auch in der allgemeinen Öffentlichkeit stieß die Idee auf Widerstand. Die Kindererziehung ein stückweit zu professionalisieren wurde als Misstrauen gegenüber Müttern und Eingriff in die Privatsphäre aufgefasst. Außerdem interessierten sich Männer nicht für den Beruf des Tagespflegers, die gesellschaftliche Anerkennung blieb aus, weshalb die aktuellen Zahlen von »Tagesmüttern« bzw. Betreuern bis heute weit unter dem Bedarf liegen. Was wäre wohl geschehen, wenn sich Alice Schwarzer damals in dieses Thema genauso beherzt gestürzt hätte wie in die Abtreibungs- oder die Pornographiediskussion?

Die Frage ist müßig, Schwarzer war strikt gegen derartige Reformideen. Das Tagesmütter-Projekt würde ihrer Ansicht nach nur dazu beitragen, dass die Kindererziehung »wieder einmal ausschließlich in privaten Frauenhänden« läge. Zwar könnten Tagesmütter bei fehlenden Krippen- und Kindergartenplätzen für berufstätige Mütter kurzfristig hilfreich sein, doch die Maßnahme werde »als Bumerang« auf die Frauen zurückschlagen. Mit demselben Argument lehnte Schwarzer den Hausfrauenlohn ab, da er die Autonomiebestrebungen von Frauen behindern und sie erneut an ihre Pflichten »fesseln« würde. Die gleichermaßen von den Konservativen wie von den Linken und Strömungen in der Frauenbewegung befürwortete Maßnahme führe zu nichts anderem als zur Stärkung des »Systems«. »Das System wird unerschüttert ein Taschengeld ausschütten. Ehemänner werden Frauen noch weniger als zuvor im Haushalt helfen und noch stärker ihre Berufstätigkeit zu verhindern suchen.«[93] Für Schwarzer blieb es dabei: Trotz Doppelbelastung und schlechterer Qualifikation »fördert absolut jede Berufstätigkeit die Unabhängigkeit der Frau«.[94] Besser, sie ist vom Arbeitsmarkt, von unberechenbaren Weltkonjunkturen, Finanzmärkten und mobbenden Kollegen abhängig als von der krisensicheren Arbeit in der Familie.

Die Frage, ob Tagesmütter und Hausfrauenlohn die Geschlechterordnung wirklich verändert oder doch eher zementiert hätten, ist schwer zu beantworten. Die Ideen umzusetzen wäre vielleicht einen Versuch wert gewesen. An diesem Punkt wird jedenfalls deutlich, wie widersprüchlich die Zielsetzungen im Siebzigerjahre-Feminismus aussahen und wo sich Schwarzer darin positionierte. Für die einen ging es um die Unterminierung des kapitalistischen Systems, für andere um eine ganzheitliche, friedvolle Lebensform, für die dritten um den Kampf gegen das Patriarchat. Schwarzer war überzeugt von der Idee, Frauen müssten sich eines »Systems« erwehren, das die Abhängigkeit und Unterwerfung der Frauen zu seinem Daseinszweck erhoben habe, das Frauen mit kleinen Kindern dazu zwinge, »sich in ungewollten Ehen zu prostituieren«, weshalb die Unabhängigkeit vom Mann das oberste Ziel war. Immer wieder erwies sich der Schwarzer-Feminismus als eine Richtung, die in erster Linie den Frauen die Veränderung zumutete, nicht der Gesellschaft. Frauen sollten ihre Bedürfnisse nach Nähe und Fürsorge unterdrücken zum Zwecke eines höheren Zieles, der Zerschlagung des Patriarchats. Die Sehnsüchte der Frauen dürfen nach Schwarzer nur in eine Richtung gehen, nach außen, in die Berufswelt, in die soziale Anerkennung oder »Transzendenz«, wie es de Beauvoir genannt hat. Die gegenläufigen Sehnsüchte nach familiärem und zwischenmenschlichem Engagement, Sorge für die Nächsten, Bindung und »Immanenz« seien hingegen zu unterdrücken, weil sie der Patriarchatsideologie in die Hände spielten.

Und überall lauert Gewalt

Bei aller Ernsthaftigkeit, die das Problem verdient, ist jedoch die Gewaltfrage zum eigentlichen neuralgischen Punkt im feministischen Verständnis der Generationen geworden. Sie hat meines Erachtens am meisten zur Unversöhnlichkeit in den Reihen der Frauenbewegung und zwischen den Geschlechtern beigetragen.

Auch bei diesem Thema übernahm Schwarzer Impulse der amerikanischen Frauenbewegung. Eine der Stichwortgeberinnen war die bereits erwähnte Kate Millett, die schon 1970 das Patriarchat mit Gewalt in Verbindung brachte. So wie andere totalitäre Ideologien, der Rassismus oder der Kolonialismus, stütze sich auch die Männerherrschaft auf Gewaltmaßnahmen zur Einschüchterung der Unterdrückten. Selbst wo die körperliche Überlegenheit keine Rolle spiele, beim Gebrauch von Waffen, werde die Frau durch Erziehung dazu gebracht, sich nicht zu verteidigen.[95] Später war es vor allem eine der prominentesten amerikanischen Feministinnen, die schon erwähnte New Yorker Journalistin Susan Brownmiller, die 1975 mit ihrem Buch »Gegen unseren Willen« (»Against our Will«) die Tonlage vorgab. Darin behauptete sie, dass Vergewaltigung kein irrationales, triebhaftes Verbrechen, sondern ein bewusster, feindseliger und gewalttätiger Akt der Demütigung sei, eine Tat, die einschüchtern und Angst verbreiten soll. In der gegenwärtigen Kultur herrsche eine Atmosphäre, die Gewalthandlungen vor allem bei jungen Männern fördere. Dahinter steckten akzeptierte Rollenbilder wie die des erfolgreichen Verführers oder des richtigen Kerls, »der sich nimmt, was er will, wenn er will«. Das Recht, um den Körper einer Frau zu kämpfen, ja, ihn sogar zu kaufen, lege für Männer die Schlussfolgerung nahe, dass sie sich auch ohne viel Drumherum und ohne Geldtransfer das Gewünschte nehmen dürften.

Brownmiller spricht vom »Krieg« der Geschlechter, seitdem es die Menschheit gibt. Die Frauenbewegung führe nun den ersten »Vergeltungsschlag«, indem sie Frauen dazu bringe, ihre Scham zu überwinden, offen über ihre Vergewaltigungen zu reden, Selbsterfahrungsgruppen zu initiieren, Krisenzentren und Notfalltelefone einzurichten und Rechtsbeistand zu gewähren.[96] Private Vorsichtsmaßnahmen, zum Beispiel dunkle Orte zu vermeiden, seien keine Lösung, so würden Frauen nur ihr Gefühl, bedroht zu sein, verstärken und nie die gleiche persönliche Freiheit erreichen wie sie Männer genössen. Sie blieben auch immer zu einer passiven Rolle in einer Grauzone von unfreiwilligem Sex verurteilt. Brownmiller, die selbst eine Vergewaltigung durchgemacht hatte, rief deshalb zu gezielten Tritten unter die Gürtellinie auf. »Wie seltsam, mit der vollen Kraft einer plötzlichen Einsicht zu begreifen, dass genau diese körperliche Verwundbarkeit der Grund ist, warum Männer psychische Unterdrückung, besonders von Pantoffelhelden, in Anspielungen und Begriffe wie Entmannung, Kastration etc. kleiden.«[97]

Alice Schwarzer stellte im selben Duktus bereits im »Kleinen Unterschied« die Gewaltfrage ins Zentrum des alltäglichen sexuellen Geschehens zwischen Frau und Mann. Die Themen sexuelle Belästigung, Vergewaltigung und Pornographie sollten vor allem ab den frühen achtziger Jahren ihr wichtigstes Agitationsfeld werden. So fasste sie ihre bis heute unveränderten Positionen zusammen: Gewalt ist unlösbar verknüpft mit Sexualität und Liebe, sie wird meist nicht von Fremden, sondern von Vertrauten verübt. »Sie trifft uns da, wo wir uns sicher zu Hause glauben.« Die männliche »Sexualpolitik« sei die härteste »Bastion«, die »schärfste Waffe« des Patriarchats. Mit anderen Worten, der Feind liegt im eigenen Bett.

Nun gehört es zu den großen Verdiensten der Frauenbewegung, immer wieder darauf hingewiesen zu haben, dass Gewalt gegen Frauen und Kinder kein Vaterrecht oder Kavaliersdelikt ist. Nicht umsonst hat sich die Rechtslage in den letzten hundert Jahren stark verändert. Das Reichsstrafgesetzbuch von 1871 betrachtete »Notzucht« und »unzüchtige Handlungen« noch als Straftaten gegen die Sittlichkeit. 1974, also noch vor den feministischen Kampfschriften in der BRD, kam es zum Perspektivwechsel – nun galt nicht mehr die gesellschaftliche Moral als das schützenswerte Gut, sondern das sexuelle Selbstbestimmungsrecht des Individuums. Das unterscheidet auch die frühe Sittlichkeitsbewegung von den Anti-Gewalt-Kampagnen der siebziger und achtziger Jahre. Nicht mehr unsittliches Verhalten, sondern das Recht auf Selbstbestimmung zu sexuellen Handlungen steht nunmehr im Mittelpunkt.

Ein starkes feministisches Argument war die erschreckend hohe Zahl der Gewalttaten gegen Frauen. Eine Bevölkerungsbefragung in Deutschland ergab, dass 14,5 Prozent aller Frauen mindestens einmal im Leben Opfer eines sexuellen Übergriffes werden. Repräsentative Studien in den USA fanden heraus, dass 15 bis 25 Prozent aller Frauen im Laufe ihres Lebens mindestens einmal vergewaltigt werden. Die Mehrzahl der Gewaltverbrechen betrifft Kinder und Jugendliche. In den USA werden 96 Prozent der Vergewaltigungen an Kindern und Jugendlichen von Männern verübt. 86 Prozent der Opfer sind weiblich, wobei der relative Anteil der weiblichen Opfer mit dem Alter ansteigt. Auch andere Zahlen sind unstrittig: Die überwältigende Mehrheit der Vergewaltigungen geht von bekannten Männern aus, von flüchtigen Bekannten, aber auch vom eigenen Mann. Schwarzer schloss allerdings daraus: »Je besser eine Frau einen Mann kennt, umso gefährlicher ist er also.« Auch andere körperliche Misshandlungen, sogar die extremsten Gewalttaten wie Mord und Totschlag, gingen mehrheitlich vom eigenen Partner aus. »Das kommt vom Hass«, glaubt sie.[98]

Die Frauenbewegung hat also in einen eminent wichtigen Diskurs eingegriffen, auch wenn sie dabei die Opferzahlen maßlos übertrieb. Schwarzer rechnete vor, jede zweite Frau werde ein Opfer von Vergewaltigung. Vielleicht auch »nur« jede Dritte. »Entscheidend ist, dass die Sexualgewalt allgegenwärtig ist und alle Frauen jederzeit zum Opfer machen kann.«[99]

Im deutschen Strafrecht wurden die bis dahin getrennten Tatbestände der Vergewaltigung und der sexuellen Nötigung 1997 unter einem einzigen Tatbestand zusammengefasst und inhaltlich beträchtlich erweitert. Der Gesetzgeber hat die Strafbarkeit geschlechtsneutral auf »eine andere Person« (erstmals damit auch auf Männer als Tatopfer) und insbesondere auf das Erzwingen des ehelichen (nicht mehr nur des außerehelichen) Beischlafs erweitert. Seit 1997 ist Vergewaltigung auch in der Ehe strafbar. Dass eine veränderte Rechtskultur große Wirkung entfaltet, zeigt auch das Beispiel Schweden: Seitdem dort juristisch die strengste Definition von sexueller Gewalt angewendet wird, sind die Zahlen der angezeigten Taten auf das Vierfache des europäischen Durchschnitts gestiegen.

Die Gewaltdiskussion ist also wichtig. Genauso wichtig ist jedoch, wie darüber diskutiert wird. Schwarzer ging so weit zu sagen, jede Frau sei letztlich betroffen, denn das Damoklesschwert der Vergewaltigung schwebe nun einmal über jeder einzelnen Frau – »von der Geisel bis zur Ehefrau. Diese Bedrohung raubt jeder Frau nicht nur die äußere Freiheit, sondern auch die innere, im Büro wie im Bett – denn mit überwältigender Wahrscheinlichkeit arbeitet, feiert oder lebt sie mit ihrem eigenen Vergewaltiger.«[100] Es sind solche Sätze, die selbst Feministinnen heute schwer erträglich finden, da sie das Bild des »Opferfeminismus« geprägt haben. Der Vergewaltigungsdiskurs hat, so ihr Einwand, nicht die Männer eingeschüchtert, sondern in erster Linie die Frauen, die lernen sollten, hinter jeder Krawatte einen Vergewaltiger zu suchen.

Ein großes Problem des Schwarzerschen Diskussionsstils ist ihr häufiger Gebrauch des Befangenheitsvorwurfs. Wer sich gegen ihre Kollektivschuldthese wehrt, dem kommt Schwarzer mit einem allfälligen Psycho-Trick: Die Frauen, die sich nicht ängstlich fühlten, die nicht hinter jeder Tür den bösen schwarzen Mann vermuteten, die sich (noch) keine Sorgen machten innerhalb und außerhalb ihrer eigenen vier Wände, die stünden auf der Seite der Täter, weil sie mit ihrer »anbiedernden Identifikation mit dem Aggressor« eine klassische Reaktion aller Opfer zeigten. Das ist Küchenpsychologie vom Feinsten. Das Konzept »Identifikation mit dem Aggressor« hatte eigentlich einen ganz anderen Hintergrund. Damit sollte erklärt werden, warum Opfer von realer Gewalt, zum Beispiel Geiseln oder auch KZ-Häftlinge, sich mit ihren Peinigern identifizierten. Eine Erklärung dafür war, dass sie sich so vor dem Trauma schützten beziehungsweise glaubten, durch Kooperation mit dem Angreifer davonzukommen. Es ist also ein individualpsychologisches Konzept für den Umgang mit traumatisierten Menschen. Was Schwarzer daraus macht, ist ein Generalverdacht gegen alle Frauen, die sich nicht von ihrer Vergewaltigungshysterie anstecken lassen. Sie hebelt jeglichen Widerspruch aus. Du bist kein Opfer? Du weißt es bloß nicht! Oder du bist etwas viel Schlimmeres – eine Kollaborateurin.

Ein grundsätzlicher Einwand gegen die apokalyptische Idee des universellen weiblichen Opfertums ist die Frage der Bewertung sexueller Übergriffe. Wir müssen nicht so weit gehen wie die Kulturwissenschaftlerin Mithu Sanyal, die sagt, »Vergewaltigung« sei ein diskursives Konstrukt. Damit beschreibt sie den an sich richtigen Sachverhalt, dass die Deutung einer Vergewaltigung abhängig ist von der Kultur, in der sie stattfindet. Eine Kultur, die Vergewaltigung zur permanenten Bedrohung erklärt, zu einem typischen Frauenschicksal, zu einem Kriegsmittel gegen das weibliche Geschlecht, verwandelt Frauen in eine »bedrohte Art«. »Die Botschaft lautet:

Pass auf, Vergewaltigung lauert überall und du kannst nichts dagegen tun.« Sanyal, die weit entfernt von einer Rechtfertigung von Gewalt ist, weist darauf hin, dass Vergewaltigungsdefinition und Geschlechternormen in einem engen Verhältnis stehen. Sie erinnert daran, dass seit dem 18. Jahrhundert Frauen als sexuell inaktiv und wehrlos, Männer dagegen als Eroberer und Überwältiger gesehen werden. »Frauen lernten, dass sie sich wehren müssen, damit der Mann sie nicht für eine Schlampe hält.« So entstanden unterschiedliche Spielräume im sexuellen Handeln, deren Verletzung durch Grenzüberschreitung in den Spielregeln schon immer mit angelegt waren. Auch religiöse Traditionen wirkten im Vergewaltigungsmythos weiter. Das Christentum legte lange Zeit nahe, dass vergewaltigte Frauen besser sterben oder sich ins Kloster zurückziehen sollten, als ihr Leben normal weiter zu leben. In der psychologisierten Welt übernimmt die Traumatheorie die Rolle der christlichen Moral. Eine Frau, die vergewaltigt worden ist, muss lebenslänglich leiden, muss mit Selbstmordgedanken und Essstörungen reagieren, sonst ist ihre Erfahrung schlichtweg nicht glaubhaft.[101] Die konstruktivistische Sicht von Vergewaltigung, zu der die Wissenschaftlerin in der jungen feministischen Zeitschrift »Missy Magazine« Stellung genommen hat, birgt natürlich ein immenses Beschwichtigungspotential. Und sie hat den großen Nachteil, dass Vergewaltigungsopfern damit nicht geholfen ist, wenn ihnen eine Kulturwissenschaftlerin vorrechnet, dass Vergewaltigung auch eine sozial konstruierte Komponente hat. Das individuelle Leiden des Opfers lässt sich nicht allein durch kognitive Überzeugungsarbeit aus der Welt schaffen.

Dennoch ist die feministische Kritik an der Sakralisierung des sexuellen Selbstbestimmungsrechts berechtigt. Kinder,

Frauen und Männer können auf viele verschiedene Weisen in ihrer Würde verletzt werden. Dass die sexuelle Verletzung dieser Würde so in den Mittelpunkt des Patriarchatsfeminismus gestellt wurde, muss einem nicht gefallen. Das fanden auch amerikanische Feministinnen, die bereits in den neunziger Jahren dafür eintraten, die Dramatisierung der Sexualität zwischen Frau und Mann zu beenden. Katie Roiphe schrieb damals, die »Date-rape«-Politik, die sich vor allem an amerikanischen Universitäten durchgesetzt hatte, also die Warnung vor den potentiellen Gefahren eines harmlosen Flirts, schade den Frauen mehr als den potentiellen Vergewaltigern. Auf die Thesen von Brownmiller gemünzt, Vergewaltigung sei nichts anderes als der Versuch der Männer, die Frauen einzuschüchtern, bezeichnete Roiphe die feministische Gewaltdebatte als Hysterie. So würden die realen Probleme der Frauen aus den Augen verloren. Während Ehefrauen in der Realität geschlagen würden, während Mütter in der Realität Tagesbetreuung für ihre Kinder bräuchten, beschäftigten sich bestimmte Feministinnen lieber mit einem fiktiven pauschalen Vergewaltigungsvorwurf.

Tatsächlich war in den achtziger Jahren in den USA die feministische Gewaltpolitik omnipräsent. Nachtmärsche gegen sexuelle Belästigung wurden veranstaltet, Frauenzentren geöffnet, Vergewaltigungs-Hotlines eingerichtet, Selbsthilfegruppen gegründet, zusätzliche Lichtanlagen installiert und bewachte Frauenparkplätze gebaut. All das, meinte Roiphe, leiste nur einem neuen Puritanismus Vorschub und betrüge damit die Frauenbewegung um ihre Früchte, denn es bevormunde und infantilisiere Frauen und bringe ihnen das Gegenteil von sexueller Freiheit. Der Vorwurf der neuen Prüderie traf die älteren Feministinnen, die für die Sensibilisierung in

Sachen sexueller Gewalt gekämpft hatten, natürlich ins Mark und provozierte hitzige Gefechte zwischen den feministischen Lagern und Generationen.

Eine der zentralen Figuren in diesem Streit wurde Naomi Wolf. Die 1962 geborene Aktivistin und Autorin führte mit ihrem Buch »Fire with Fire« (»Die Stärke der Frauen: Gegen den falsch verstandenen Feminismus«) die sogenannte »dritte Welle« im amerikanischen Feminismus an, die jedoch offensichtlich zu schwach war, um im deutschen Mainstream viel mehr als ein leises Gekräusel an der Oberfläche auszulösen. Ein Grund dafür ist vielleicht, dass die Anti-Vergewaltigungs- und Anti-Porno-Kampagne in den USA sehr viel wirkmächtiger war als in Europa und merkwürdige Blüten wie das »politisch-korrekte Date« hervorbrachte, über das sich alsbald alle Welt mokierte. Danach waren bei der Anbahnung einer Beziehung ganz bestimmte Regeln einzuhalten, wann, wo, wer, wen berühren, küssen et cetera darf, damit sich die Frau jederzeit gegen Sex entscheiden konnte.

Diese Reglementierung der sexuellen Beziehungen konnte sich in Europa und in Deutschland nie in dem Ausmaß wie in den USA etablieren, deshalb hat sich auch die Gegenkampagne der Jungfeministinnen gegen diese Form von Überwachungsfeminismus hier nicht in demselben Maß verbreitet. Ein weiterer Grund, warum die »dritte Welle« hier nicht ankam, war die Provinzialität des deutschen Feminismus, der nicht genügend Frauen mobilisierte, die sich hätten in feministische Auseinandersetzungen stürzen können. Bevor wir uns mit der Geschichte der »Dritten Welle« beschäftigen, jedoch noch ein paar Worte zu einem weiteren Markenzeichen des Schwarzer-Feminismus – der PorNo-Kampagne.

Die PorNo-Kampagne

In der Pornographiedebatte verbinden sich die Themen Gewalt und Sexualität aufs Trefflichste. Sie ist nicht nur ein weiteres Kapitel in der Geschichte des feministischen Sittlichkeitskampfes, sondern auch ein Unterkapitel in der noch viel längeren Geschichte der Angst der Menschen vor dem Bild. Im Glauben, dass Bilder direkter wirken als Sprache, gibt es seit jeher eine Scheu vor dem, was Bilder mit uns anrichten können. Schwarzers und »Emmas« Bildersturm begann mit einer Klage gegen den »Stern« im Jahr 1978 vor Gericht und vor dem Presserat wegen herabwürdigender Darstellungen von Frauen. Hintergrund war – egal, ob es um Autos, um Gesundheit oder um Urlaub ging, jedes zweite Titelthema verschaffte den Blattmachern damals ein Alibi dafür, nackte Hintern und Brüste zu zeigen. Im Kampf gegen diese Unart griff Schwarzer die amerikanische Sexismus-Theorie auf, wonach die Abbildung unbekleideter, scheinbar williger Frauen als schlüpfrige Verkaufsstrategie mit der Aufstachelung zum Hass gegen Juden und andere Minderheiten gleichzusetzen sei. Den Prozess verlor sie, trotzdem fühlte sie sich als »moralische« Siegerin, denn der Richter habe ihr im Prinzip Recht gegeben. Eines schönen Tages werde es vielleicht ein Gesetz gegen die Diskriminierung der Frauen geben, das der »wahren Stellung der Frau in der Gesellschaft zu einer angemessenen bildlichen Darstellung« verhelfe. Die Formulierung ist spannend: Was genau wohl dem Richter als »wahre Stellung der Frau« in der Gesellschaft vorgeschwebt hat? Schwarzer behauptet natürlich bis heute steif und fest, in ihrem Kampf gegen würdelose Bilder von Frauen gehe es nicht um Sittlichkeit, sondern um Menschenwürde. Aber das haben auch die

Sittlichkeitskämpferinnen und -kämpfer um 1900 über sich gesagt.

Richtig ins Rollen kam die PorNo-Kampagne dann in den achtziger Jahren. Das einschlägige Buch dazu war Andrea Dworkins »Pornography – Men Possessing Women« aus dem Jahr 1981. Dworkin, geboren 1946 und eine der wichtigsten amerikanischen Feministinnen, begründete ihre Haltung mit ihrer Biographie als geschlagene Ehefrau, Vergewaltigungsopfer und ehemalige Prostituierte. Sie und die gleichaltrige Catharine MacKinnon behaupteten, Pornographie sei ein wesentliches Element des Patriarchats zur Degradierung der Frau und zum Machterhalt des Mannes. Pornographie spiegele – und das ist entscheidend! - ein reales Bild der Frau in der Gesellschaft. Sie basiere auf Männererfahrungen und Männerphantasien, die darum kreisten, Frauen zum Objekt zu machen und sie zu benutzen. Die Ideologie der Pornographie laufe auf den Gebrauch der Frau zum Zwecke des männlichen Konsums hinaus. Da Dworkin und MacKinnon die Penetration als inhärent gewaltsam betrachteten, waren sie sogar davon überzeugt, dass jede Darstellung des Geschlechtsverkehrs bereits eine Gewaltdarstellung sei. Ganz zu schweigen von jenen Pornographievarianten, in denen Frauen Schmerzen zugefügt würden, in denen sie offensichtlich sadistische Spiele genössen.

Eine weitere Grundannahme der Porno-Gegnerinnen lautet, dass alle Männer und Frauen von ihr betroffen seien, weil sie »zwangspornographisiert« würden, wie sich eine Mitstreiterin Alice Schwarzers in der »Emma« ausgedrückt hat.[102] Popkultur und Internet haben in den letzten Jahrzehnten den Zugang zu pornographischem Bildmaterial exponentiell gesteigert. Mit über vier Millionen Porno-Websites laufe gerade das größte Menschheitsexperiment aller Zeiten, fürchtet die Porno-Kritik. Niemand könne absehen, was passiere, wenn sich Jugendliche frühzeitig an oftmals Gewalt verherrlichende Darstellungen der Sexualität gewöhnten. Schwarzer und ihre Mitstreiterinnen beziehen deshalb auch Phänomene der Popkultur, wie etwa die sexistischen Texte von Rappern wie Bushido oder Sido, in ihren Abwehrkampf mit ein.

Ein zentrales Argument der PorNo-Kampagne ist, dass Pornographie zur Gewalt gegen Frauen anstachele. Ob das stimmt, wird schon lange diskutiert, mal gehen die Meinungen in die eine, mal in die andere Richtung. Immer wieder zieht Schwarzer in diesem Zusammenhang einen Vergleich zum Rassismus und Antisemitismus, es gebe angeblich unwiderlegbare Zusammenhänge zwischen Hassphantasien und Gewaltausübung gegenüber Minderheiten. Auch das ist jedoch eine äußerst fragwürdige Diskussion, die mit Menschenbildern zu tun hat, also etwa wie beeinflussbar wir sind oder wie frei in unseren Entscheidungen. Eine Zeitlang galt als sicher, dass unbewusste Werbebotschaften die Menschen willenlos machten und dazu manipulierten, bestimmte Produkte zu kaufen, analog dazu wird auch bei der Pornographiedebatte argumentiert, es gebe eine unbewusste Kraft im Mann, die ihn dazu treibe, filmische Darstellungen in die Realität umzusetzen. Daran bestehen jedoch große Zweifel. Selbst bei Kindern und Jugendlichen, die viele Gewaltspiele und -videos konsumieren, ist der Zusammenhang mit realen Gewalthandlungen nach wie vor nicht eindeutig bewiesen. Erst recht nicht bei Erwachsenen. Schwarzer bezieht sich bei ihrer Einschätzung unter anderem auf die Studien eines Stuttgarter Psychologieinstituts, dessen Leiter inzwischen der Hochstapelei verdächtig ist. Er trug wohl zu Unrecht den Professorentitel. Seine Studien, die rauf und runter durch die Medienlandschaft zitiert wurden, stehen womöglich ebenfalls auf tönernen Füßen.

Das andere, grundsätzliche Argument gegen Pornographie lautet, es würdige die Frauen herab, mache sie zum Objekt. Das Paradebeispiel, an dem Alice Schwarzer diese Überzeugung verifizieren wollte, waren angeblich pornographische Modeaufnahmen des Fotografen Helmut Newton. Der Rechtsstreit zwischen Newton und Schwarzer gehört rückblickend ähnlich wie die Auseinandersetzung mit Esther Vilar zu den wichtigen öffentlichkeitswirksamen Momenten in ihrer Karriere als Deutschlands Vorzeige-Feministin.

In seinen Modefotos bebilderte Newton eine schwarze Welt mit offensichtlichen Versatzstücken der Sado-Maso-Kultur. Eines seiner bekanntesten Bilder, »Siegfried«, zeigt zum Beispiel eine gefesselte Nackte in Stilettos, über der eine zähnefletschende Dogge mit einem nietenbesetzten Halsband kauert. Das Motiv ruft Assoziationen hervor mit Foltermethoden, bei denen Frauen von Tieren vergewaltigt werden. Auf einem anderen Bild ist die nackte Grace Jones in Ketten zu sehen, eine Inszenierung, die an Sklaverei erinnern kann. Schwarzer setzte sich 1993 in ihrer »Emma« mit 19 Newton-Bildern auseinander, was zu einem Urheberrechtsstreit mit dem Fotografen führte, den die Feministin verlor. Schwarzer schrieb, Newtons Fotografie sei nicht nur sexistisch und rassistisch, sondern auch faschistisch. Wieder (das ist nun schon fast eine Obsession) belegte sie einen deutschen Juden mit dem größtmöglichen moralischen Verdikt. Newton, erklärte sie, sei als Mann und Jude gleichzeitig potenzieller Täter und potenzielles Opfer. Er habe sich offensichtlich auf die Täterseite geschlagen.[103] Auch hier ist sie in meinen Augen weit über das erträgliche Maß an Polemik hinausgegangen. Erstens war

Newton tatsächlich Opfer (er musste 1938 vor den Nazis aus Berlin fliehen), während von einer realen männlichen Täterschaft nichts bekannt ist. Zweitens ist die Analogie zwischen der Ermordung von fünf bis sechs Millionen Juden mit der freiwilligen Abbildung von bezahlten Models, wenn auch in extrem unerfreulichen Kulissen und Posen, abwegig und geschmacklos. Selbst wenn die Modefotos uns unangenehm an die Leni-Riefenstahl-Ästhetik der dreißiger Jahre erinnern, selbst wenn sie »Herrenmenschentum« ausdrücken, beging Schwarzer hier wieder einen ihrer Kategorienfehler, indem sie einen möglicherweise fehlgeleiteten Kunstwillen mit realen Taten gleichsetzte. Sie betätigte sich übrigens, wie schon bei Esther Vilar, auch wieder als Psychologin, indem sie Newton attestierte, er hätte sich lieber mit seinen biographischen Abgründen beschäftigen sollen, statt sie zu bebildern.[104]

Die Pornographiekampagne war nach der Vergewaltigungsdebatte so etwas wie eine Sollbruchstelle der feministischen Szene. Vor allem junge Frauen, die in einer bebilderten Medienwelt großgeworden und im Umgang mit Medien frühzeitig sozialisiert worden sind, konnten Schwarzer auf diesem Weg nicht mehr folgen. Die Gleichung Bild ist gleich Wirklichkeit, Phantasie ist gleich Tat, will für sie so nicht aufgehen. Sie werfen Schwarzer nicht nur manipulativen Gebrauch von Studien und Beispielen aus der Pornographie vor. Sie fragen sich auch, ob Pornographie tatsächlich inhärent frauenfeindlich und gewalttätig sein muss. Immerhin gebe es auch Pornos von Frauen für Frauen, was Schwarzer für einen Widerspruch in sich hält. Mit ihrem Porno-Verdikt verhindere sie einen unverkrampften weiblichen Zugang zur Sexualität. Nicht alle Frauen stünden schließlich auf Blümchensex. Sexualität sei nun einmal von Haus aus mit Schuld, Geheimnis, Rollenspielen, Fetischismus, mit symbolischer Gewalt, dem Wechsel von Aktivität und Passivität verknüpft. Davon dürfe der Feminismus keine Spiegeltheorie der gesellschaftlichen Verhältnisse zwischen Frau und Mann ableiten.

Darüber hinaus setzte sich Schwarzer mit ihrer PorNo-Kampagne auch dem Vorwurf der Zensur aus. Kritiker von Dworkin, MacKinnon oder Schwarzer fürchten, die feministischen Bemühungen, Pornographie verbieten zu lassen, führen zur Zensur. Damit würden aber auch Frauenpornos oder Homosexuellenpornos verboten. Der Kampf gegen sexuelle Unterdrückung dürfe nicht zum Kampf gegen sexuelle Liberalität ausarten. Aus dieser Position hat sich ein Pro-Porno-Feminismus formiert. Auch wenn vieles an der Pornoindustrie bedenklich sei, wollen sich die Befürworterinnen kein falsches Bewusstsein unterstellen lassen, wenn sie behaupten, Pornographie sei nicht grundsätzlich abscheulich. Feminismus müsse Frauen die größtmögliche Freiheit bei der Wahl ihrer sexuellen Präferenzen gewähren, dies schließe auch sadomasochistische Phantasien mit ein. Ihnen Kuschelerotik als genuin weibliche Spielart zu unterstellen, widerspreche dem emanzipatorischen Projekt. Manch eine fühlt sich geradezu an bürgerliche Verhältnisse erinnert, als Frauenohren zu empfindsam waren, als dass in ihrer Anwesenheit überhaupt nur über Sex geredet werden durfte. Die deutschen Jungfeministinnen Meredith Haaf, Susanne Klingner und Barbara Streidl beispielsweise forderten ganz im Gegenteil, es müsse mehr und bessere Pornos geben, mit denen Frauen ihr sexuelles Repertoire erweitern könnten. »Unsere Sexualität definieren wir und niemand anders. Nicht die Porno-Regisseure in der Mainstream-Industrie. Aber auch nicht Feministinnen, die uns erzählen, wie wir Lust empfinden, und was uns erniedrigt.«[105]

Oder, wie eine meiner Studentinnen in einer Seminararbeit geschrieben hat: »Da ich der Meinung bin, dass Frauen auch sexuelle Geschöpfe sind und auch sexuelle Fantasien haben und haben dürfen, würde ich mir wünschen, dass sich auch für Frauen noch wesentlich mehr und ›frauenfreundliche‹ Pornographie eröffnet. Ich bin der Meinung, dass man wegen der Schattenseiten die möglichen positiven Seiten der Sexualität und ihre Ausdrucksformen nicht verneinen sollte. Die Gefahren dabei, wie Vergewaltigung, Sexismus, sexuelle Belästigung, etc., darf man aber auch auf keinen Fall ignorieren.«[106]

Kopftuch ab!

Ein letzter und aktueller Punkt aus dem Angebot des Schwarzerschen Gesinnungsfeminismus, an dem sich die Geister scheiden, ist schließlich die Frage des Umgangs mit anderen Kulturen. Alice Schwarzer steht für eine Variante des Feminismus, die die Aufklärung und den Universalismus für sich beansprucht, wenn sie fordert, dass Frauen das Tragen von Burkas verboten werden solle. Schülerinnen sollen nicht einmal Kopftuch tragen dürfen, findet sie, und liegt damit auf einer Linie zum Beispiel mit Markus Söder von der CSU. Die Kopfbedeckung oder Verschleierung nennt sie einen »Skandal«, da hierdurch schon kleine Mädchen sexualisiert würden. Sexualisiert, weil sie Männer daran erinnerten, dass sich darunter ein weibliches Wesen verbirgt. Dagegen ruft Schwarzer den Staat zu Hilfe, der in väterlicher Fürsorge für seine Bürgerinnen entscheiden soll, was gut für sie ist. In einem Artikel in der »Frankfurter Allgemeinen Zeitung« machte sich die Feministin Standpunkte von Ländern wie Frankreich oder Belgien zu eigen, die im Kampf gegen die Vollverschleierung islamischer Frauen schon weit vorangegangen sind. Sie begrüßt die Initiative Frankreichs, Frauen, die eine Burka tragen, mit 150 Euro Buße und einem Zwangskurs in Staatsbürgerkunde zu bestrafen. In ganz Frankreich sind von diesem Gesetz offiziell höchstens 2000 Frauen betroffen, was bei 63 Millionen Einwohnern circa 0,000033 Prozent der Bevölkerung ausmacht. Dennoch ärgert Schwarzer insbesondere die Tatsache, dass ein Drittel der französischen Verschleierten Frauen sind, die zum Islam übergetreten sind. Mit anderen Worten, sie verhüllen sich freiwillig und offensichtlich aus religiösen Gründen, die Schwarzer jedoch nicht gelten lassen will. »Aber was ist nur los mit den Konvertitinnen, die in Ländern aufgewachsen sind, in denen ihre Vorfahrinnen die Gleichberechtigung – vom Wahlrecht bis zum Recht der Sichtbarkeit im öffentlichen Raum – so mühsam erstritten haben? Ihre Motive scheinen Angst vor Freiheit und Selbstverantwortung zu sein sowie weiblicher Masochismus – als Folge einer langen realen Unterdrückung und Demütigung des weiblichen Geschlechts«, schreibt sie. Die knappe Botschaft lautet auch hier: Frau, ändere dich gefälligst!

Schwarzer unterstellt in ihrem Kampf gegen das Kopftuch zweierlei: Erstens, wir mit unseren westlichen, aufgeklärten Werten sind die Norm, die anderen die Abweichung. Es besteht kein Zweifel daran, welche Kultur sie für die überlegene hält. Wer einmal die Freiheit schnuppern durfte, kann sich doch unmöglich wieder in Unfreiheit begeben. Zweitens, auch bei den Musliminnen bringt sie wieder ihren Vorwurf des falschen Bewusstseins an. Es könne keine bewusste und freie Entscheidung für die Verschleierung geben. Einerseits seien Kopftuch oder Tschador »Relikte der ländlichen, unaufgeklärten Bevölkerung« (also ähnlich wie die Lederhose und das Dirndl in den Alpenländern). Andererseits habe der politisierte Islam daraus eine Flagge gemacht und mit dem Ganzkörperschleier einen »totalen Sieg« errungen, obwohl der Schleier, so die Islamexpertin Schwarzer, eigentlich religiös unbegründet sei. Sie hängt damit einem normativen Religionsverständnis an, in dem nur eine Variante von Religion als legitim gilt. Im Widerspruch dazu lässt sie das Argument Religion aber ohnehin nicht gelten. »Denn es kann doch nicht sein, dass wir Texte, die aus religiösen oder machtpolitischen Interessen vor Jahrhunderten bzw. Jahrtausenden geschrieben wurden, im Rechtsstaat als Realität anerkennen – selbst wenn sie gegen die elementarsten Menschenrechte verstoßen.« Die Menschenrechtsorganisation Amnesty International hält allerdings, ganz im Gegenteil, das Burka-Verbot für eine Menschenrechtsverletzung.

Schwarzer und ihre konservativen Mitstreiter sind offenbar der Auffassung, dass eine lebendige Demokratie die Provokation der Verhüllung eines Spurenelementes der weiblichen Gesamtbevölkerung nicht ertragen kann. Mit ihrem Urteil, der Ganzkörperschleier habe in einer Demokratie »nichts zu suchen«, offenbart sie ein Demokratieverständnis, das sich auf die Hegemonie des Christentums geeinigt hat. Sie will schließlich Nonnen auch nicht den Habit vom Kopf reißen, und die Kopfbedeckung orthodoxer Jüdinnen und Juden interessiert sie auch nicht. Es ist also offensichtlich doch ein Kulturkampf, den Schwarzer führt. Auch wenn sie anderes behauptet, wenn sie zum Beispiel sagt, die Verschleierung sei »zutiefst menschenverachtend«, weil sie Frauen ihrer Bewegungsfreiheit und jeglicher Individualität beraube. Da fielen mir sofort etliche westliche Kleidungsstücke ein, die sicherlich die Bewegung hemmen und erst recht die Individualität. Doch darum geht es bei der Kopftuchdebatte offensichtlich nicht.

Aus feministischer Sicht ist vor allem die Frage wichtig, welche Meinung von Frauen sich in einem Kopftuch- oder Burka-Verbot artikuliert. Auch wenn es einige Musliminnen gibt, die ebenfalls ein Verhüllungsverbot fordern, so gibt es noch viel mehr Musliminnen, die sich weigern, sich als patriarchales Opfer definieren zu lassen. Die selbstbestimmt eine Kopfbedeckung oder Verschleierung tragen, die mit Kopfbedeckung studieren und sich als Feministinnen bezeichnen. Und die dank der von Schwarzer mit angeheizten Kopftuch- und Burka-Debatte ganz andere Gefühle beschleichen. In einem Porträt in der »Zeit« beklagte sich jüngst eine türkischstämmige Hamburger Lehrerin darüber, dass sie sich wegen ihres Kopftuchs offen diskriminiert fühle. Frauen wie sie würden auf der Straße bespuckt und auf Ämtern wie geistig Minderbemittelte behandelt. Über die weibliche Kopfbedeckung werde ein Stellvertreterkrieg geführt, der den Islam treffen will, aber die Frauen bestrafe.[107] Dank der Islamophobiker wie Alice Schwarzer.

So sieht das auch ein Teil der Feministinnen. Die Frauenbewegung macht sich, so die Kritik der britischen Philosophin Nina Power, mit der Kopftuch-Kritik zur Anwältin eines zweifelhaften westlichen Imperialismus. Wer Kopftuch und Burka als Symbole männlicher Unterdrückung attackiert, unterstellt automatisch, dass Frauen im Islam grundsätzlich keine eigenen Entscheidungen treffen können. Dann müsse allerdings logischerweise die männliche Unterdrückung bekämpft werden und nicht die kopftuchtragende Frau. Der Kopftuch-ab-Feminismus hat sich in einer logischen Falle verheddert. Legt eine gläubige Muslimin auf Geheiß einer Feministin ihren Schleier ab, beweist sie, dass sie ihn freiwillig und nicht aufgrund patriarchalen Zwangs trägt. Das würde bedeuten, die Muslimin trägt die Kopfbedeckung aus religiösen beziehungsweise traditionellen Motiven. Dann fragt sich allerdings, ob sich der Anti-Kopftuch-Furor nicht doch aus Islamophobie speist und nicht die Unterdrückung von Frauen bekämpfen will.

Deshalb glaubt auch der französische Philosoph Alain Badiou, dass das Kopftuch im Grunde eine Beleidigung der westlich-kapitalistischen Verfügungsansprüche über die Körper der Menschen sei. »Ein Mädchen muss schon zeigen, was sie zu bieten hat. Sie muss ihre Waren feilhalten. Sie muss zeigen, dass die Zirkulation von Frauen einem verallgemeinerten Modell folgt und nicht einem beschränkten Austausch. Welch ein Pech für bärtige Väter und Brüder! Lang lebe der globale Markt! Das verallgemeinerte Modell orientiert sich am Topmodel. Es galt einmal als selbstverständlich, dass es ein unantastbares Recht der Frau ist, sich einzig vor der Person ihrer Wahl auszuziehen. Doch nein. Es ist unabdingbar, in jedem Augenblick an das Ausziehen zu erinnern. Wer dabei zu verdecken versucht, was sie auf den Markt bringt, ist kein loyaler Marktteilnehmer.«[108]

Kapitel 5

Neues vom Ausguck

Wo sind die anderen?

Mit dem in den siebziger Jahren formulierten und seither nicht erneuerten Weltbild des »Emma«-Feminismus konfrontiert, wundert es nicht, dass sich seit Jahren immer wieder Frauen mit Gegenentwürfen melden: Allein in den letzten zehn Jahren waren das unter anderen Lisa Ortgies (»Heimspiel«), Susanne Gaschke (»Die Emanzipationsfalle«), Regine Zylka (»Das große Jein. Zwanzig Frauen reden über die Kinderfrage«), Anke Dürr und Claudia Voigt (»Die Unmöglichen. Mütter, die Karriere machen«), Iris Radisch (»Die Schule der Frauen«), Meredith Haaf, Susanne Klingner, Barbara Streidl (»Wir Alphamädchen«), Jana Hensel und Elisabeth Raether (»Neue deutsche Mädchen«) sowie Bascha Mika (»Die Feigheit der Frauen«). Sie alle haben sich mehr oder weniger intensiv an Alice Schwarzers Feminismus gerieben und versucht, einen anderen Zugang zu finden. Doch würde irgendjemandem auf der Straße, gefragt nach Namen bekannter deutscher Feministinnen, nur eine der durchaus erfolgreichen Autorinnen einfallen? Wohl eher nicht.

So gesehen hat Frauenministerin Kristina Schröder in ihrem Buch (»Danke, emanzipiert sind wir selber«) schon recht, wenn sie den ihr unheimlichen deutschen Feminismus in erster Linie mit Alice Schwarzer identifiziert. Man kann einiges gegen Kristina Schröders Frauen- und Familienpolitik haben – ihr Widerstand gegen eine Quote in den ökonomischen Spitzengremien und ihr Einsatz für ein Betreuungsgeld sind ärgerliche Bremsklötze –, aber in Alice Schwarzer bekämpft sie sicherlich keinen Popanz, wie etwa der »Spiegel« meinte. Das wichtigste deutsche Nachrichtenmagazin hat immerhin selbst allein in den ersten fünf Monaten des Jahres 2012 sieben Mal über Alice Schwarzer berichtet. Das spricht nicht gerade für ihre gesunkene Bedeutung. Im Gegenteil, damit ist die Frage, wer in Deutschland medial die Frauenbewegung repräsentiert, eigentlich schon beantwortet. Nicht zuletzt durch ihre langjährige Selbstvermarktung als Talkrunden- und Spielshow-Adabei seit »Was bin ich?« hat Schwarzer ab 1990 ihren Prominentenstatus in einem Maße ausgebaut, dass sie zum Markennamen des deutschen Feminismus wurde, ähnlich wie »Tempo« zum Synonym für Papiertaschentücher. Nicht umsonst hat sich Susan Sontag bei ihrer ersten Begegnung mit Schwarzer im Jahr 2002 auf der Leipziger Buchmesse gewundert: »Ich weiß von der wertvollen Arbeit, die sie (Alice Schwarzer) für die Frauenbewegung geleistet hat. Aber wenn ich höre, dass sie als Europas führende Feministin bezeichnet wird, dann frage ich mich, wo sind die anderen?« Um dann auf die vielfältige Szene amerikanischer feministischer Künstlerinnen, Schriftstellerinnen, Aktivistinnen und Wissenschaftlerinnen hinzuweisen.[1]

Alice Schwarzer sagt zu ihrer eigenen Übergröße in der deutschen Öffentlichkeit, dann müssten sich halt andere Frauen die Mühe machen und selbst etwas auf die Beine stellen. Doch so leicht ist das nicht, wie wir gesehen haben. Jeder neue Ansatz wird mit dem übermächtigen vermeintlichen Original Alice Schwarzer abgeglichen und im Zweifelsfall für zu leicht befunden. Und da ist sogar meistens etwas dran, denn die jüngeren mehr oder weniger feministischen Autorinnen versuchen gar nicht erst, sich mit dem aktuellen Diskussionsstand des internationalen Feminismus zu beschäftigen, sondern bleiben auf dem Niveau ihrer Alltagsprobleme und Befindlichkeiten. Das ist jedoch nicht nur Bequemlichkeit, das ist auch die Reaktion auf das Über-Ich Alice Schwarzer und ihren »Ändere dich gefälligst«-Feminismus.

Gegen die Schwarz-Weiß-Malerei des Siebzigerjahre-Gesinnungsfeminismus ist allerdings auch schwer anzukommen. Auch wenn es eigentlich eine banale Einsicht ist, dass es in der Moderne eine ambivalenzfreie Lebensgestaltung für Frauen nicht geben kann, so ist es doch sehr viel schwerer, eine solche Sowohl-als-auch-Position unter die Leute zu bringen. Frauen müssen aufgrund ihrer Geschichte und Sozialisation mit widersprüchlichen Anforderungen an ihre Lebensführung und ihre psychischen Kapazitäten zurechtkommen. Daraus ein medientaugliches feministisches Rezept zu machen, ist nun einmal sehr viel schwieriger, als zu fordern, die Frauen sollten sich ihre Ambivalenzen gefälligst abgewöhnen.

Das Frauenbild ohne Grautöne bei Alice Schwarzer ist meines Erachtens auch der Hauptgrund, warum die deutsche Frauenbewegung unterwegs die Frauen verloren hat – nicht Schwarzers persönliche Eigenschaften, die ihr die Kritiker ankreiden, nicht ihre dominante Persönlichkeit, ihre Machtstellung oder ihr forciertes Auftreten in der Öffentlichkeit. An einer Stelle in ihrer Autobiographie schreibt es Schwarzer sogar selbst: »Mein Problem sind die Frauen.«[2]

Sie meint das natürlich anders, sie findet, sie sei die Missverstandene, das erste Mobbingopfer des Feminismus. Das begann mit den Linken in den siebziger Jahren, die der Frauenunterdrückung nicht genügend Aufmerksamkeit geschenkt hätten, weil sie den Kapitalismus für das übergeordnete Problem hielten. Das ging weiter mit den Funktionärinnen und »Verwalterinnen« der Frauenbewegung, wie sie sich ausdrückt, die sich aus allem heraushielten und sich im »Kollektiv« versteckten. Das setzte sich fort mit den Antifeministinnen und Selbstverleugnerinnen. »Diese Karrierefrauen, die das hohe Lied der Hausfrau singen, um die Männer zu beruhigen. Diese Opfer-Verhöhnerinnen, denen selbst Schmerzliches passiert ist, was sie mit aller Macht verdrängen müssen. Diese in die Jahre Gekommenen, die vorgeben, auch die erniedrigendste Pornographie noch ›geil‹ zu finden, um sich bei den Männern anzubiedern. Diese Mittvierzigerinnen bzw. Mittfünfzigerinnen, die mich neuerdings so gerne als ›Alt-Feministin‹ titulieren, und doch längst schon selber in dem Alter sind, in dem ihr Marktwert in der Männerwelt gesunken ist. All diese peinlichen und längst zum Scheitern verurteilten Anbiederungsversuche bei den Männern …«[3] (Ist es nicht erstaunlich, wie Alice Schwarzer an dieser Stelle ihre eigene Sicht auf den »Marktwert von Frauen« offenbart?). Und es endet, last but not least, bei weiter denkenden Feministinnen. Auch die empfindet Schwarzer als ihre Gegnerinnen, weil sie angeblich den falschen Feminismus vertreten. Bei so viel Gegenverkehr kam ihr jedoch nie in den Sinn, dass sie selbst die Richtung wechseln könnte.

Auch wenn Schwarzer sicherlich einige Blessuren im Kampf mit Frauen davontragen musste, so ist ihr Frauenbild doch die Ursache und nicht die Folge des momentanen Elends des deutschen Feminismus. Sie hat sich, vermutlich aus biographischen Gründen und wegen ihrer Identifikation mit Simone de Beauvoirs Existentialismus, eine ebenso kühle wie hochmütige

Sicht auf das eigene Geschlecht zueigen gemacht. Diese Sicht findet ihren Ausdruck in der »Emma«, die seit ihrem Erscheinen Frauen in zwei Kategorien einteilt: die starken Frauen, die feministisch Vorbildlichen, Politikerinnen, Karrierefrauen, Spitzensportlerinnen, Islamkritikerinnen – und die schwachen Frauen, die vom falschen Bewusstsein Infizierten, die Opfer des Patriarchats: Prostituierte, Pornodarstellerinnen, verwöhnte Macchiato-Mütter, Essgestörte, Verschleierte, Vergewaltigungsopfer. Die einen haben die feministische Botschaft richtig verstanden – sie haben sich geändert und ihr Verhalten den Anforderungen eines modernen und westlichen Lebenszuschnitts angepasst –, die anderen haben sie nicht verstanden oder dienen als warnendes Beispiel. Die weibliche Mehrheit, die ganz normalen Frauen, die sich irgendwie mit den Widersprüchen des Lebens zu arrangieren versuchen, bleibt außen vor. »›Emma‹ generalisiert Frauen also auf sehr hohem Niveau. Es fehlt eine Frauen differenzierende Betrachtungsweise«, schreibt die Medienwissenschaftlerin Alexandra Kühte, die über dreißig Jahre »Emma« systematisch untersucht hat. Die meisten Frauen, die eher nicht zum Mond fliegen oder das muslimische Patriarchat bekämpfen, werden als Opfer verallgemeinert, genauso wie die meisten Männer als Täter, Vergewaltiger, Kindesmissbraucher, Freier, Pornokonsumenten oder sonstige Gewalttäter.[4]

»Emma« hat sich ganz auf die gut ausgebildeten, in der Arbeitswelt hoch integrierten »westlichen« Frauen eingestellt, die auch ihre Leserinnen sind. Doch wo bleiben die anderen Frauen, die entweder nicht so können oder nicht so wollen? Sie finden sich in der Kategorie »Opfer« oder »Kollaborateurinnen« wieder. Die Frauen, die nicht zur Wirtschaftswundergeneration gehören und sich nicht ohne höheren Bildungsabschluss nach oben arbeiten konnten wie Alice Schwarzer selbst, sind genauso wenig ihr Thema wie die Frauen, die ihre nicht-christliche Herkunft und Sozialisation nicht einfach abstreifen können oder wollen, um sich dem universalistischen Menschheitsideal anzugleichen. Die Aufteilung der Menschheit in gut und böse entspricht nicht nur dem Weltbild der »Emma«-Herausgeberin, die den rostigen Mechanismus »Patriarchatstheorie« seit über vierzig Jahren mit einigem Gerumpel am Laufen hält, sie macht es auch allen andersdenkenden Frauen so schwer, sich einen alternativen Feminismus vorzustellen.

Das Freund-Feind-Denken ist offensichtlich ein Erbe der politischen Sozialisation Alice Schwarzers. Als sie von Frankreich nach Deutschland zurückkehrte, geriet sie mitten hinein in die ideologischen Stellungskriege zwischen Linken und Rechten. Damals, in den siebziger Jahren, haben schon Elfjährige ihre Mitschüler in das Schema fortschrittlich und rückschrittlich gepresst, das weiß ich aus eigener Erfahrung. Wir können darüber diskutieren, ob die hochpolarisierende Phase des Siebzigerjahre-Feminismus für den Fortgang der Geschlechtergeschichte unbedingt notwendig war; ob der Patriarchatsmythos tatsächlich ein brauchbares Konstrukt zur Beförderung des allgemeinen Bewusstseins war; ob sich die Autonomie, also der Rückzug von den Männern, bewährt hat – es steht jedoch fest, das alles gehört zur politischen Folklore einer anderen Zeit, zur Zeit des Blockdenkens im Kalten Krieg. Hier die Aufgeklärten, die den Rest der Welt auf Spur bringen wollten, dort die Romantikerinnen, die sich in eine Welt weiblicher Werte träumten. Hier feministisches Bewusstsein, dort weibliche Identitätsarbeit. Hier die mit dem Erziehungsauftrag, dort die dröge Masse. Doch diese starre

Trennung ist längst veraltet. Der Gesinnungsfeminismus sagt den jüngeren Frauen überhaupt nichts mehr.

Das polarisierende Denken Schwarzers erstreckt sich auch auf die von ihr gerne sogenannten »akademischen Feministinnen«, also diejenigen, die reflektieren, die Feministinnen an Hochschulen, die in der Theoriediskussion mitmischen. In ihrer Autobiographie greift Schwarzer mit ihrer Intellektuellenschelte mächtig in die Tasten, beschwört »lebensferne« und »blutleere« Diskussionen und Texte und knüpft damit an eine gruselige deutsche Tradition an, in der das »Leben« in Opposition zum Geist oder Intellekt gestellt wurde. Was macht Alice Schwarzer so wütend? Da sie sich mit der theoretischen Weiterentwicklung des Feminismus nicht weiter auseinandersetzt, sondern nur Seitenhiebe auf »Soziologen-Kauderwelsch« austeilt, kann ihre Abneigung nicht an den Theorien selbst liegen. Vielmehr scheint sie jede feministische Weiterentwicklung als eine Art Majestätsbeleidigung aufzufassen. Das erklärt auch, warum ihr Archiv der Frauenbewegung im »FrauenMediaTurm«, für das sie gerade mit großem Medienrummel um staatliche Weiterfinanzierung stritt, zu ihrem persönlichen Denkmal wurde. Im Katalog des Archivs finden sich 147 Einträge zu Mary Wollstonecraft, 93 zu Rosa Luxemburg, 65 zu Kate Millett, 32 zu Susan Brownmiller und 1303 zu Alice Schwarzer. »Der MediaTurm ist eine Propagandamaschine für Schwarzer, so wie Schwarzer die beste Propagandistin des Turms ist«, folgerte die Publizistin Andrea Roedig im »Freitag«. Dazu gehört auch ein angesichts des deutschen Theorierückstands nicht nachvollziehbares Übergewicht bei deutschsprachigen Quellen, die dort gesammelt werden. Auch andere gemeinnützige Institutionen sind anfällig dafür, dass ihre Leiter oder Leiterinnen als Verkörperung der guten Sache autokratisch vor sich hin regieren und öffentliche Gelder zur Finanzierung ihrer kleinen Fürstentümer nutzen. Das Dilemma solcher Symbiosen ist jedoch, dass ohne den persönlichen Einsatz auch die Institution selbst zur Bedeutungslosigkeit zerfiele – welches andere Frauenarchiv hätte es denn zu so viel Aufmerksamkeit gebracht?, fragt sich Roedig.[5]

Wichtiger ist noch: Die lang andauernde Personalunion zwischen öffentlich wirksamer Frauenbewegung und Alice Schwarzer, ihre Blockadepolitik im FrauenMediaTurm, haben dazu geführt, dass nicht nur jede Frage zur Geschlechterordnung reflexhaft an sie gerichtet wird und so gut wie nie an Feministinnen anderer Couleur, sondern dass jede Kritik an der Symbolfigur Schwarzer sofort als antifeministischer Angriff gefeiert oder kritisiert und damit ihrer Seriosität entkleidet und als politisch unkorrekt abgeschmettert werden kann. Das ist das größte Dilemma der neuen Generation von Feministinnen hierzulande.

Die »dritte Welle«

In der amerikanischen Kultur ist der Machtkampf zwischen den Frauengenerationen längst zu einem Topos geworden. Filmisch schlug er sich zum Beispiel in der seit 2007 so erfolgreichen Anwaltsserie »Damages« nieder, in der sich Rose Byrne als junge Juristin und Glenn Close als die mächtige Kanzleibossin buchstäblich bis aufs Messer bekämpfen; aber auch im ebenfalls äußerst erfolgreichen Kinofilm »Der Teufel trägt Prada« mit Meryl Streep als Chefredakteurin und Chef-Diva und Anne Hathaway als deren gedemütigte Assistentin steht der Mutter-Tochter-Konflikt im Mittelpunkt. Die müttermordenden Frauen haben als dramatisches Motiv anscheinend die vätermordenden Söhne abgelöst, und es ist sicher kein Zufall, dass die Arbeitswelt den Kontext dieser Schaukämpfe abgibt.

Der feministische Generationenkonflikt setzte in den USA schon frühzeitig ein. Das ging so weit, dass Gloria Steinem, der die Radikalfeministinnen die Mainstreamhaltung und die Gründung der erfolgreichen Zeitschrift »Ms.« verübelten, eine Zusammenarbeit mit der CIA angedichtet wurde. Steinem hatte mit ihrer Popularität ein ähnliches Problem wie Schwarzer. Auch sie wurde gleichzeitig wegen ihrer Radikalität und wegen ihrer Massentauglichkeit bekämpft. Sie setzte in ihrer »Ms.« auf Ratgeberkolumnen, mit denen sie alle Frauen, auch die schlechter Gebildeten, ins feministische Boot holen wollte. Anders als ihre Gegnerinnen vermied sie zudem allzu pauschale Kritik an der Männerwelt und akzeptierte in ihrem Heft kommerzielle Anzeigen, was manch einer wie ein Ausverkauf des Feminismus vorkam. Der amerikanische Feminismus hat die inneren Kämpfe jedoch überlebt und ist gestärkt daraus hervorgegangen.

Der »cat fight« ist offenbar weniger verstörend als der »Zickenkrieg«. Es scheint immerhin ein Konsens darüber zu herrschen, dass sich noch jede Frauengeneration von ihren Vorgängerinnen abgegrenzt und versucht hat, den Feminismus neu zu erfinden. Rebecca Walker, die Tochter der afro-amerikanischen Literaturnobelpreisträgerin Alice Walker, erklärt heute trocken: »Wir verändern das Gesicht des Feminismus, wie es jede neue Generation tun wird, die einen neuen Erfahrungsschatz mit bringt, ein vollkommen neues Set an Referenzpunkten, und ein gänzlich neues Sortiment an Fragen.«[6]

Die Feministinnen der sogenannten »dritten Welle« waren hochprofessionelle und gebildete Frauen, die an den besten amerikanischen Universitäten studiert hatten und denen von Anfang an Diskussionsforen wie die »New York Times« zur Verfügung standen. Schon der Habitus der extrem selbstbewussten, gut gestylten und toughen jungen Frauen war eine Botschaft, die von einem neuen feministischen Selbstverständnis kündete. Mit der »Opfer-Theorie« vertrug sich ihr Erscheinungsbild jedenfalls nicht. Eine der bekanntesten Vertreterinnen, Naomi Wolf, verurteilte die Annahme einer universellen weiblichen Güte und Machtlosigkeit und eines männlichen Bösen denn auch rasch als kontraproduktiv und Reflex aus alten Zeiten. Andere sprangen ihr bei und warfen den Vorgängerinnen einen »neuen Viktorianismus« und »Heterophobie«, Angst vor dem anderen Geschlecht, vor. Sie stellten die These in den Raum, dass nicht der Antifeminismus der Männer, sondern der Feminismus der Frauen dafür verantwortlich sei, wenn die Frauenbewegung ihre Kundschaft verlöre. Mit ihrer abschreckenden Wortwahl und ihren überzogenen Behauptungen hätten sich die Siebzigerjahre-Aktivistinnen weit von den wirklichen weiblichen Belangen entfernt.

Camille Paglia, Professorin an der Kunsthochschule in Philadelphia, wurde zur schillerndsten Figur der neuen feministischen Phalanx. In ihrem Buch »Sexual Personae« (»Die Stärke der Frauen«) behauptete sie, dass Männer inhärent aggressiv seien, allerdings müsse das auch so sein, Sexualität sei nun einmal gefährlich, sie berge ein dämonisches Ungleichgewicht, das Feministinnen nicht ändern könnten und auch nicht ändern sollten, wenn sie sich nicht gegen die »Natur« wenden wollten. Besser, man akzeptiere die Tatsachen und konzentriere sich auf die Stärken der Frauen. Darüber hinaus unterstellte sie der Ikone Kate Millett einen stalinistischen Führungsstil und bezeichnete andere bekannte Feministinnen als scheinheilig, arrogant und geistig minderbemittelt. Die offizielle Frauenbewegung rekrutiere sich aus verstörten und marginalisierten Frauen, aus politisch korrekten Diven. Die alte Garde zeigte sich dem verbalen Schlagabtausch indes gewachsen und blies unverzüglich zum Gegenangriff. Paglia sei so wenig Feministin wie Hitler ein verfolgter Jude, ihr Buch »Sexual Personae« eine Apologie männlicher Gewalt.

Ein wunder Punkt im Kampf um den feministischen Paradigmenwechsel war auch in den USA der Eindruck der Jungen, die Alten spielten sich als Identitätspolizei auf. Sie wollten bestimmen, was korrekt und unkorrekt ist, sei es bei der Theoriebildung, sei es im Bett. Die Unterstellung eines falschen Bewusstseins hat also auch in den USA den Keil zwischen die Generationen getrieben. Die Älteren seien kompromisslos, als Frauen rigide, ihr Feminismus asexuell oder gar anti-sexuell. Die Gegenpolemik lautete: Die Jungfeministinnen kreisten nur um ihren Nabel, sie seien undiszipliniert, unpolitisch, verwöhnt und hemmungslos.

In Deutschland wurde dieser Kampf zwischen »zweiter« und »dritter Welle« kaum hörbar in Seminarräumen und Frauenzentren geführt. Vielleicht, weil aggressives Auftreten bei Frauen hierzulande kulturell noch weniger akzeptiert ist. Die jungen Feministinnen, denen gerade die polarisierende und zur Überspitzung neigende Art Alice Schwarzers ein Gräuel ist, üben sich daher in vornehmer Zurückhaltung. Sie veröffentlichen ein schöngeistiges Buch und schreiben auch mal einen offenen Brief, wie im Jahr 2000, in dem nur sehr vorsichtig und nach mehrfachen rituellen Verbeugungen vor Alice Schwarzer schließlich deren feministischer Ansatz kritisiert wurde. Ein Autorinnenkollektiv von sieben jüngeren Frauen forderte in dem Schreiben die Modernisierung des deutschen Feminismus: Er müsse bei den Stärken der Frauen ansetzen, anstatt sie schwach zu reden, sich politisch und ideologisch für alle Frauen öffnen. So wichtig Errungenschaften wie das neue Vergewaltigungsrecht, die partielle Neuregelung des Paragraphen 218 und der Kampf um veränderte Leitbilder für Männer und Frauen gewesen seien, so hätten doch viele Frauen die Erfahrung gemacht, »dass die Fronten zwischen den Geschlechtern, zwischen Gewinnern und Verliererinnen nie so eindeutig waren, wie die Frauenbewegung zuweilen glauben machen wollte«. Vorsichtiger hätten die glorreichen Sieben ihre Kritik am Patriarchatsfeminismus nicht formulieren können. Außerdem habe nur eine privilegierte Minorität der Frauen von den Entwicklungen der letzten Jahrzehnte profitiert, die geringfügig beschäftigte und alleinerziehende Frau, die von ihrem Gehalt nicht mehr leben kann, habe nie den Spielraum bei der Lebensgestaltung gefunden, der ihr vom Feminismus abverlangt werde. Frauen würden sich im Übrigen nicht als Kollektiv verstehen und schon gar nicht als kollektiv unterdrückt. Im Gegenteil, viele junge Männer unterstützten die Frauen bei ihren Emanzipationsbemühungen. Die feministischen Kämpfe heute würden weniger im öffentlichen Forum, sondern am Arbeitsplatz und in der Beziehung ausgetragen. Mit einem Prostitutionsverbot, wie es Schwarzer wünscht, könnten sie nicht viel anfangen. Und schließlich: Es dürfe in einem modernen Verständnis von Feminismus nicht mehr darum gehen, »autoritär zu entscheiden, was politisch erwünscht und feministisch korrekt ist.«[7] Das ist nichts anderes als der Ruf nach dem Ende des »Ändere dich gefälligst«-Feminismus. Ob diese in den »SPD-Informationen« versteckte

Wunschliste bei Alice Schwarzer jedoch je angekommen ist? Wenn ja hat sie jedenfalls keine Wirkung. Denn hierzulande fehlt eine wichtige Voraussetzung der »dritten Welle«, die offene feminine Streitkultur.

Was sich ändern muss

Ein zweiter Hinderungsgrund für die Entfaltung einer »dritten Welle« ist die fehlende theoretische Verankerung des öffentlichen Diskurses. Deshalb wäre mein erster Wunsch an die Zukunft des deutschen Feminismus nach Alice Schwarzer:

MEHR THEORIE WAGEN!

Denn Voraussetzung der amerikanischen und britischen »dritten Welle« war die Reflexion, die von der Etablierung der Gender-Studiengänge an den Universitäten getragen wurde. Die Trennung von Theorie und Praxis ist es denn auch, die den deutschen Feminismus so uninteressant und international unbedeutend macht. Da Schwarzer glaubt, dass nach de Beauvoir das Rad nicht mehr neu erfunden werden müsse, ist der Bedarf an Weiterentwicklungen scheinbar schon gedeckt. Und wenn es gar nicht mehr vermeidbar ist, dann vereinnahmt die Schwarzer die neue Begrifflichkeit einfach und erklärt sie zum alten Hut.

Zwei Beispiele: Schwarzer übersetzt den Schlüsselsatz von de Beauvoir, wonach das Geschlecht in der sozialen Welt erst entsteht, mit »doing gender«. Sie übernimmt scheinbar einen zentralen Begriff der neueren Theoriediskussion und behauptet, das habe alles schon bei ihrer Übermutter de Beauvoir gestanden. Doch das ist falsch. Die Gendertheorie versteht unter »doing gender« eben gerade nicht, dass Geschlecht eine sozial erworbene Eigenschaft sei, wie das de Beauvoir postulierte, sie versteht darunter vielmehr einen »performativen Akt«. Das heißt: Frausein und Mannsein wird nur auf einer äußeren, einer Verhaltensebene in einer aktuellen Situation manifest und greifbar. Die Gendertheorie hat sich damit tatsächlich weiter entfernt von Schwarzers Vorstellungen, als das auf den ersten Blick den Anschein haben mag. Sie hat die Geschlechter flexibilisiert und individualisiert. Während Frauen bei Schwarzer mit bestimmten guten oder schlechten Eigenschaften behaftet sind oder werden – nicht selten mit schlechten –, erweist sich in der Doing-Gender-Überlegung das Geschlecht erst ad hoc, beispielsweise durch Kleidung, Körperhaltung, Sprechweise, Interaktion. Ein konkreter Vergleich: In Schwarzers Feminismus sitzen Männer breitbeinig da, weil sie damit ihre patriarchale Dominanz signalisieren wollen. Das breitbeinige Dasitzen wird als machistisch gewertet. Nach der Gendertheorie sitzen Männer breitbeinig da, weil sie durch Beobachtung in ihrer Kultur gelernt haben, dass sie, wenn sie als richtige Männer gelten wollen, breitbeinig dasitzen sollten. Durch diesen feinen Schwenk wird der Blick auf die Menschen freier, sie können sich in einem gewissen Spielraum bewegen, sind nicht Opfer einer gesellschaftlich oktroyierten Rolle, wie das die Patriarchatstheorie früher meinte und werden nicht a priori bewertet.

Ein zweites Beispiel: Auch eine andere neuere Denkrichtung, die poststrukturalistische Dekonstruktion der Geschlechtsidentität im »akademischen Feminismus«, gibt Schwarzer in ihrem neuesten Buch falsch wieder. Sie behauptet, Theoretikerinnen wie die seit über zwei Jahrzehnten tonangebende amerikanische Wissenschaftlerin Judith Butler hätten den

Feminismus »politisch pervertiert«, indem sie das biologische Geschlecht und das soziale Geschlecht für irrelevant und beliebig austauschbar erklärten.[8] Nicht zuletzt durch diese Polemik gehört es fast schon zum Allgemeingut zu meinen, dass die neuen Feministinnen die Biologie abschaffen wollen. Das ist jedoch ein Missverständnis. Judith Butler und ihre Gefolgsleute sagen, dass es nicht auf der einen Seite ein natürliches, biologisches Geschlecht und auf der anderen Seite ein soziales oder kulturelles Geschlecht gibt, denn diese beiden Aspekte sind voneinander nicht trennbar. Die bahnbrechende Idee Butlers war: Auch das biologische Geschlecht ist kulturell. Konkret: Im »Schwarzer-Beauvoir-Feminismus« wird der Uterus als etwas gesehen, das im Patriarchat zum Vorwand genommen wurde, Frauen als schwächer, unreiner, weniger intelligent oder hysterisch wahrzunehmen. Die real existierende Körperlichkeit war also zuerst da, wirkte primär, die kulturelle Deutung sekundär, kam später hinzu. So sahen das übrigens auch die »Werde, die du bist«-Feministinnen. Zuerst war die Gebärfähigkeit da, dann die Diskriminierung der Frau. Der »Butler-Feminismus« geht einen entscheidenden Schritt weiter. Er bestreitet, dass es ein zuerst und ein danach gibt. Dadurch ändert sich die Denkrichtung: Nicht die Gebärmutter wurde betrachtet und dann gedeutet, sondern es musste überhaupt erst mal eine Kultur entschieden haben, bestimmte Organe als bedeutsam für die Geschlechtszugehörigkeit zu identifizieren, bevor sie die Gebärmutter zur Ursache weiblicher Beurteilungen erheben konnte. Das Denken in den binären Kategorien Natur/Kultur sei ebenfalls »nur« historisch. Schon die Annahme, dass sich das Geschlecht am biologischen Körper ablesen lasse, ist nach Butler keine universelle Selbstverständlichkeit, sondern eine kulturelle Übereinkunft. Denn auch ein Körper ist nicht zu allen Zeiten und in allen Kulturen dasselbe. Erst seit Descartes wird überhaupt zwischen Körper und Geist unterschieden. Deshalb behaupten die Gendertheoretikerinnen, dass sich die Geschlechtszugehörigkeit erst in der sozialen Interaktion erweist und nicht durch einen Blick zwischen die Beine oder ins Mikroskop. In Judith Butlers zugegebenermaßen äußerst mühsam zu entschlüsselnden Worten lautet das so: »Als sich ständig verschiebendes und kontextuelles Phänomen bezeichnet die Geschlechtsidentität nicht ein substantiell Seiendes, sondern einen Schnittpunkt zwischen kulturell und geschichtlich spezifischen Relationen.«[9]

Eine weitere Fortentwicklung der feministischen Theorie ist die veränderte Sicht der Machtfrage. Im Siebzigerjahre-Feminismus, der sich auf Moderne und Aufklärung beruft, besteht das Wesen des Patriarchats darin, dass sich Männer zum Subjekt aufschwingen und Frauen zum Objekt degradieren. Das war der Sündenfall. Er wirkt sich bis heute in der Terminologie aus, wenn Alice Schwarzer beispielsweise Prostitution mit der Begründung ablehnt, Frauen würden dadurch zum »Objekt« gemacht. Neue Theoretikerinnen wie Butler historisieren die Idee von der Subjekt-Objekt-Spaltung. Sie glauben nicht, dass die Lösung darin besteht, dass sich Frauen ebenfalls zu Subjekten erklärten, die dann ihrerseits andere (zum Beispiel Migrantinnen, die ihnen inzwischen den Haushalt machen, oder männliche Prostituierte) zu Objekten degradieren. Sie behaupten, die ganze Grundidee gehe auf eine bürgerliche Subjekttheorie zurück, sei also historisch gebunden an eine bestimmte historische Epoche mit einer spezifischen Art zu denken. Es brauche eine andere Aufrisslinie, um über Individuen und deren Beziehungen nachzudenken, die sich nicht in einem Herr(in)-Sklaven-Verhältnis erschöpft.

Nicht nur Alice Schwarzer, auch manche feministische Theoretikerin finden an dieser Wendung im Feminismus, die manche als Postfeminismus bezeichnen, keinen Gefallen. Sie entpolitisiere die Frauenfrage, lautet ihr Vorwurf. Was insoweit stimmt, als sich das Denken in Kollektiven und Hierarchien – hier Frau, da Mann – damit erledigt hat. Auf der politischen Bühne ist es tatsächlich viel einfacher, Ross und Reiter, Bösewicht und Opfer, klar zu benennen, anstatt sich mit »performativen Akten« herumzuschlagen. Das kann jedoch in meinen Augen kein Zurück in das alte Lagerdenken rechtfertigen. Der »Kalte Krieg« sowohl zwischen den Systemen wie zwischen den Geschlechtern hat sich erledigt. Denn, wie Butler schreibt, der alte Patriarchatsfeminismus ist nur eine Umkehrung dessen gewesen, was kritisiert werden sollte. »Der Versuch, den Feind in einer einzigen Gestalt zu identifizieren, ist nur ein Umkehr-Diskurs, der unkritisch die Strategie des Unterdrückers nachahmt, statt eine andere Begrifflichkeit bereitzustellen.«[10]

FEMINISMUS WEITER FASSEN!

Was also tun? Für die Butler-Anhängerinnen ist die eigentliche Zielscheibe heute nicht mehr das Patriarchat, sondern das »binäre« Denken in männlich/weiblich, schwarz/weiß. Das klingt erst einmal sehr theoretisch, hat aber durchaus praktische Konsequenzen, nicht nur für Intersexuelle, die von der Gesellschaft erst jetzt allmählich in ihren Selbstbestimmungsrechten bei der Suche nach einer Identität ernstgenommen werden. Junge Frauen, die sich mit Butler beschäftigen, versuchen sich auch in »queerem Verhalten« (abgeleitet von der »Queer«-Theorie, was im Deutschen mit schräg beziehungsweise schwul übersetzt wird). Die »Queer«-Theorien gehen davon aus, dass Menschen keine natürliche, objektive Identität als Frauen oder Männer, Schwule oder Lesben haben, sondern sich selbst definieren sollten, und dass diese Selbstdefinition die einzig gültige »Identitätserklärung« sei. Sie können sich mit dieser Überzeugung auf über hundert Jahre alte Vorstellungen berufen, etwa die des Sexualwissenschaftlers Magnus Hirschfeld, der auch schon vermutete, dass es biologisch keine klare Unterscheidung in zwei Geschlechter gibt.

Bis heute hat sich, trotz feinster Messverfahren, die Medizin immer noch auf keine klare Zuordnung der Geschlechter einigen können. Nicht nur gibt es Frauen und Männer, die anatomisch, hormonell und genetisch kein einheitliches Bild abgeben, da sie Merkmale von beiden Geschlechtern aufweisen. Auch sind die jeweiligen Einflussfaktoren wie Hormone und Gene nicht eindeutig nur auf die Geschlechtergenese festgelegt. Das Geschlecht ist von vielen Faktoren abhängig. So sollen zur Ausprägung des Genitaltraktes des Menschen Einflüsse von 19 verschiedenen Genen auf mehreren Chromosomen zusammenwirken. Nicht nur »die Geschlechtschromosomen« X und Y, sondern auch andere Chromosomen sind beteiligt, und Hormone wie Östrogen, Progesteron und Testosteron kommen in variablen Dosierungen bei Frauen und Männern vor. Deshalb spricht die Wissenschaft von einem Kontinuum zwischen den Polen »männlich« und »weiblich« und nicht von eindeutiger Zweigeschlechtlichkeit. Junge, oft lesbische Feministinnen machen dieses andere Geschlechterverständnis durch Happenings oder Performanzen deutlich, indem sie sich »verkehrt« kleiden oder einen Schnurrbart anmalen.

Während dieser Seitenarm der Gender-Bewegung vor allem für ein junges, akademisch geprägtes und großstädtisches Klientel attraktiv ist, wartet jedoch eine Mehrheit der Frauen und Männer auf feministische Lösungen ihrer handfesteren Probleme. Wie sehen die Lösungsversuche aus?

BEIDE (ODER ALLE) GESCHLECHTER EINBEZIEHEN!

Eine pragmatische Antwort gibt das sogenannte Gender-Mainstreaming – ein Unwort, das seine Herkunft aus der Bürokratie nicht verbergen kann. Diese Gleichstellungsstrategie wird vor allem mit der EU und ihren Bemühungen auf dem Gebiet der Geschlechtergerechtigkeit identifiziert. Das Konzept will beide Geschlechter gleich behandeln und nicht eines als das von Haus aus Unterdrückte und das andere als das Privilegierte. »Gender-Mainstreaming« hat das Ziel, in alle politischen und administrativen Entscheidungsprozesse die Frage einzubauen, wie das Leben der Menschen abhängig von ihrem Geschlecht und ihrer Lebenslage davon betroffen ist. Von Infrastrukturmaßnahmen bis hin zu Steuerregelungen, immer soll gefragt werden, welche unterschiedlichen Auswirkungen eine Entscheidung der öffentlichen Hand für Frauen und Männer in den unterschiedlichsten Situationen hat. Dieser Wahrnehmungsfilter wird als zusätzliche Säule der Geschlechterpolitik neben der Bewusstseinsbildung durch Normen und Leitbilder, Quotenregelungen und gezielter Förderung von Frauenverbänden betrachtet. Im Unterschied zur reinen Frauenförderung betreibt »Gender-Mainstreaming« nicht nur den Versuch des Ausgleichs, etwa durch Quoten in Führungspositionen, sondern auch eine Analyse der strukturellen Benachteiligungen, etwa, indem für bestimmte Karrierewege typisch männliche Leistungsbegriffe und Biographien identifiziert werden. Im Endeffekt sollen davon auch Männer profitieren, weil ihnen andere Lebensformen und Wahlmöglichkeiten eröffnet werden.

Ein Beispiel wäre der Mangel an Frauen in Führungspositionen. Neben den Initiativen zu einer Frauenquote für die Wirtschaft, zum Beispiel die »Berliner Erklärung« einer parteiübergreifenden Gruppe von deutschen Parlamentarierinnen oder der Forderung deutscher Journalistinnen, ein Drittel der Chefredakteursposten in den Medien mit Frauen zu besetzen, geht die Politik des »Gender-Mainstreaming« noch einen Schritt weiter und versucht, die informellen Karrierehindernisse auf dem Weg nach oben zu entschlüsseln und möglichst zu beseitigen. Eine Quote bringt schließlich nur etwas, wenn genügend interessierte Anwärterinnen für eine Beförderung infrage kommen. Noch winken viele Frauen dankend ab, wenn ihnen eine Karrierechance geboten wird. Anstatt sie dafür zu kritisieren, ist es notwendig, die für sie abschreckenden Bedingungen zu erkennen und zu beseitigen.

LEBENSLAGEN BERÜCKSICHTIGEN!

Ein weiterer aus der Theorieentwicklung abgeleiteter Schritt vorwärts in der feministischen Diskussion ist die Idee der Berücksichtigung von Lebenslagen. (Auch dafür gibt es ein scheußliches Fachwort, die sogenannte Intersektionalität. Warum schmückt sich der Feminismus nur so gerne mit soziologischem Wortgeklimper, dem kein Mensch folgen kann?) Wir erinnern uns – in der deutschen Frauenbewegung um 1900 war strittig, ob auch Arbeitertöchter studieren sollten, es reiche doch, wenn die Bürgerinnen an den Universitäten zugelassen würden. In England wurde das Frauenwahlrecht zunächst nach Alter und Familienstand vergeben. Von Beginn an wurden Frauen unter verschiedenen Kategorien gesehen und behandelt, selbst innerhalb der Bewegung. Ausgehend von den USA, wo sich vor allem Männer in der *Black-Consciousness*-Bewegung und weiße Frauen in der Frauenbewegung durchsetzen konnten, wird deshalb schon länger diskutiert, wie sich die verschiedenen Lebenslagen der Frauen auf ihre Entfaltungsmöglichkeiten auswirken. Dabei gibt es den Vorschlag, Klasse, Ethnie und Geschlecht als sich wechselseitig beeinflussende Kategorien zu betrachten oder noch weiter zu gehen und auch Faktoren wie Alter, Gesundheit, Aussehen, Sesshaftigkeit, Bildungsstand mit in die Analyse einzubeziehen. Wie ernst diese Überlegungen sind, zeigt zum Beispiel der feministische Kampf ums Abtreibungsrecht, der von Frauen mit Behinderungen ganz anders wahrgenommen wird, weil sie in der Vergangenheit mit Zwangssterilisierungen und Zwangsabtreibungen daran gehindert wurden, sich fortzupflanzen. Oder die Forderung nach freiem Zugang zu hormonellen Verhütungsmitteln, die einen schalen Geschmack vor dem historischen Hintergrund bekommt, dass die Pille einst an armen Frauen in der sogenannten Dritten Welt getestet wurde, damit sich die privilegierteren Frauen im Westen mit der Verhütung leichter tun.

Das macht deutlich, wie begrenzt anwendbar die alte Patriarchatstheorie ist, die postuliert hat, dass Frauen immer die Unterdrückten seien. Gegen dieses statische Modell stellt der Lebenslagen-Ansatz ein Prozessmodell: Ungleichbehandlung ist Ergebnis eines Zusammenspiels verschiedener Unterscheidungen, einer sozialen Identität, die aus verschiedenen

Schichten und Geschichten besteht. Ein praktisches und scheinbar harmloses Beispiel: In fortschrittlichen Ländern wie Dänemark gibt es oft nur eine Toilette für Männer und Frauen, im Interesse der Gleichbehandlung der Geschlechter. Hierzulande gibt es oft drei Toiletten: eine für Frauen (oft mit Wickeltisch ausgestattet), eine für Männer und eine für Behinderte, die offensichtlich nicht primär als Geschlechtswesen, sondern als körperlich Beeinträchtigte wahrgenommen werden, was eine Verdopplung der Diskriminierung bedeutet. Der Witz an dem dänischem Modell ist: Besondere Interessen wie Babywickeln, Händewaschen, Schminkmöglichkeit innerhalb der Klokabine, Platz für Rollstühle werden nicht an ein bestimmtes Geschlecht gekoppelt, die Geschlechterzuordnung wird als nachrangige Kategorie betrachtet.

Auch bei diesem Ansatz geht die übersichtliche Täter-Opfer-Perspektive verloren. Individuen können innerhalb eines Lebenslaufes ihren Status wechseln. Für mich gehört zu diesem Ansatz auch die lebensnahe Erkenntnis, dass sich der weibliche Status im Lauf einer Biographie radikal ändern kann. Von dem jungen, noch unfruchtbaren Kind über die fruchtbare Frau, die Frau, die keine Kinder will oder haben kann, die Frau ohne Gebärmutter oder ohne Eierstöcke, die Frau mit männlichen Geschlechtsmerkmalen, die Frau in den Wechseljahren, die Frau, die keinen heterosexuellen Sex will, aber Kinder haben möchte – all diese Variationen bilden schwerlich den Hintergrund eines kollektiven weiblichen Schicksals ab.

Es gilt also erstens, die geschlechtsspezifischen Festlegungen zu sprengen, zweitens, beide Geschlechter im Auge zu behalten, und drittens, den individuellen Lebenslagen gerecht zu werden. Das größte Versäumnis des Gesinnungsfeminismus war und ist die fehlende Bereitschaft, individuelle Unterschiede anzuerkennen. Der Patriarchatsmythos verhinderte, dass der Vielfalt individueller Lebenslagen Rechnung getragen werden konnte. Wenn sich Frauen verschleiern wollen, erscheint Alice Schwarzer das als ein Widerspruch, den sie nur mit falschem Bewusstsein oder Anbiederung an den Islam erklären kann. Immer dann, wenn sich Lebenslagen und ihre eigenen feministischen Interessen in die Quere kommen, wenn die realen Bedürfnisse dem Ideal widersprechen, greift sie zum selben Argumentationsmuster: falsches Bewusstsein oder Kollaboration. Der Vorwurf des falschen Bewusstseins trifft dabei immer nur die anderen, die dem feministischen Weltbild zu widersprechen scheinen.

Einer ihrer jüngeren Talkshow-Auftritte hat das wieder bestens illustriert. Diesmal ging es um Prostitution.[11] Teilnehmerin der Runde: Eine Professionelle, die selbstbewusst ihre Berufsentscheidung verteidigte, weil sie ihre Arbeit als vergleichsweise erträglich empfinde verglichen mit anderen typisch weiblichen Tätigkeiten, etwa an der Kasse von »Schlecker« zu sitzen. Für Schwarzer war diese Frau natürlich ein Ausbund falschen Bewusstseins – sie wisse nur nicht, wie unglücklich sie in Wirklichkeit sei … schließlich verkaufe sie als Hure nicht nur ihren Körper, sondern auch ihre Seele … wenn sie persönlich jetzt noch nicht leide, dann nur, weil sie unverschämtes Glück gehabt habe … aber all die anderen Prostituierten, die jetzt nicht im Studio säßen, seien nichts als Opfer zynischen Menschenhandels ... Neben Schwarzer auf der Couch saß eine Ehefrau, deren Mann zu Prostituierten ging. Sie war übermäßig erregt, ja geradezu aus dem Häuschen und wollte in ihrer Verletztheit alle bestrafen, die Freier, die Prostituierten, ein generelles Verbot müsse her. Da zeigte Schwarzer auf einmal Empathie, endlich hatte sie es mit einem veritablen Opfer zu tun, das sie für ihre Agenda brauchen konnte. Das falsche Bewusstsein der Ehefrau, die nicht in ihrer Ehe nach Ursachen sucht, sondern die Prostituierten für das Verhalten ihres Mannes zur Rechenschaft zieht, wurde nicht hinterfragt, im Gegenteil, Schwarzer machte ihr noch Komplimente für ihre Selbstgewissheit. Wir lernen: Feministisches Mitgefühl verdient nur, wer sich Schwarzer als Opfer anbietet.

Wenn der Schwarzer-Feminismus sich in einem Punkt wesentlich vom Feminismus der »dritten Welle« unterscheidet, dann ist das der: Er gesteht Frauen nur dann ein rationales Verhalten zu, wenn es im Sinne des Feminismus ist. Das ist ein Denkfehler. Was Frauen tun und wollen, ist nicht nur Ergebnis ihrer Lage im Patriarchat, und auch nicht ihrer »Natur«, wie die »Werde, die du bist«- Feministinnen sagen – es ist in erster Linie Ergebnis ihrer historisch ererbten und sozial erworbenen Präferenzen. Die Forderung der Freiheit und Unabhängigkeit war seit der Aufklärung ein Grundelement bürgerlicher Freiheitsbewegungen, zu denen auch die Frauenbewegung gehört. Doch daneben hatten die modernen Menschen immer auch ganz gegenläufige Sehnsüchte – nach Stabilität, Tradition, Nähe, Bindung, Sicherheit, Verlässlichkeit, Anerkennung.

Werte wie Unabhängigkeit, Autonomie, Entscheidungsfreiheit kommen nie ohne den Verlust dieser anderen Werte, die dem Gefühlshaushalt des modernen Menschen ebenfalls wichtig sind. Die Einsicht in die Notwendigkeit, einen Beruf zu lernen und sich ökonomisch unabhängig zu machen, hinterlässt nun einmal bei vielen Frauen eine Leerstelle, eine unerfüllte Sehnsucht nach Versorgung und einem einfachen Lebensmodell. Frauen haben verstanden, dass sie den typisch weiblichen Verhaltenserwartungen nicht entsprechen sollten, wenn sie Karriere in einem DAX-Unternehmen oder in der Politik machen wollen, gleichzeitig müssen sie die Kosten dafür tragen und sich anhören, dass sie »vermännlichen«, als Frauen reizlos oder gar kastrierend wirken. Die einseitige Forderung des Schwarzer-Feminismus – »Ändere dich gefälligst« – löst deshalb nicht nur einen möglicherweise notwendigen Bewusstseinswandel aus; er zieht auch einen Verlust an Anerkennung nach sich. Aber vor allem führt er zum Entscheidungsdruck zwischen den beiden Seelen, die in aller Regel in ein und derselben Brust wohnen. Die eine will tough und karriereorientiert sein, die andere weich und »feminin«. Diese Widersprüchlichkeiten sind im psychischen Haushalt des modernen Menschen vermutlich angelegt. So wie ein Kleinkind in einer entscheidenden Entwicklungsphase hin- und hergerissen ist zwischen dem Wunsch nach Anerkennung für die eigene Größe und Autonomie und dem gegenläufigen Wunsch nach Sicherheit und Geborgenheit, weshalb es im einen Moment zu Größenwahn auftrumpft und im anderen wieder ganz klein wird, so bleiben diese beiden Pole auf der psychischen Ebene ein Leben lang in unterschiedlichem Verhältnis bestimmend. Ein zeitgemäßer Feminismus muss sich auf die Unwägbarkeit der menschlichen Psyche einstellen.

Rebecca Walker drückt das so aus: »Wir sind dabei nach Identitäten zu suchen, die Ambiguität und unsere multiplen

Persönlichkeiten gewährleisten; wir wollen mehr einschließen als ausschließen, mehr erkunden als definieren, mehr suchen als ankommen.«[12] Das heißt nichts anderes, als das Spannungsverhältnis zwischen Widersprüchen auszuhalten und mit dem Paradox zu leben. Für die Protagonistinnen der »dritten Welle« darf es kein Entweder-Oder-Denken im Feminismus geben. Eine Frau kann sich als »Germany's next Topmodel« bewerben und gleichzeitig Feministin sein. Nicht um undercover herauszufinden, wie sich die Vermarktung des weiblichen Körpers im Patriarchat anfühlt wie zu Gloria Steinems Zeiten, sondern um beiden Kräften gleichzeitig nachzugeben, der Gefahr und der Verlockung des kommerziellen Schönheitsideals. »Wenn du beim Sex geohrfeigt werden willst, heiraten und BMW fahren oder frauenfeindliche Hip-Hop-Musik hören willst, bist du noch nicht automatisch eine Verräterin«, lautet das Credo der Frauen, die auf der »dritten Welle« surfen. Das deutsche »Missy-Magazine« versucht es mit folgender Botschaft: »In einer Welt, die nicht korrekt ist, sind alle Versuche, korrekt zu leben, ohnehin zum Scheitern verurteilt.«[13]

So können Feministinnen überlegen, wie die Arbeitswelt zu reformieren sei oder ob der Kapitalismus grundsätzlich abgeschafft werden muss, sie können überlegen, welche Quoten sinnvoll sind und welche Gesetze in die Wege zu leiten wären – am Ende lässt sich immer nur ein Teil der Bedürfnisse befriedigen, nur ein Teil der Frauen zufriedenstellen. Der andere Teil wird den Verlust, den der Fortschritt mit sich bringt, beklagen.

Deshalb können auch Ansätze, die sich auf die gerechte Verteilung der ökonomischen Arbeit konzentrierten – beide Geschlechter arbeiten abwechselnd halbtags –, immer nur einen Aspekt befriedigen. Nicht nur macht die Arbeit allein noch lange nicht emanzipiert, was sich nicht zuletzt in der DDR gezeigt hat. Die Arbeit neu und gleich auf beide Geschlechter zu verteilen, ist zwar eine schöne Idee und unbedingt unterstützenswert, aber auch nahe an Karl Valentin. Der hatte ja ebenfalls eine Einteilung der Welt vor Augen: den Montag den Radfahrern, den Dienstag den Fußgängern … Bevor solche paradiesischen Zustände eingeführt werden, unter denen alle gleichzeitig oder nacheinander zum Zuge kommen, muss der Mainstream-Feminismus in Deutschland sein Frauenbild reformieren. Ein verordneter Feminismus, der anderen vorschreibt, wie sie richtig leben und lieben, bleibt auch nach fast zweihundert Jahren erfolgloser Versuche unfruchtbar. Auf meine Frage in einer Vorlesung, welche Art von Leben die jungen Mädchen in ihrer Zukunft auf sich zukommen sähen, antwortete mir eine Studentin offen: Sie verstehe schon die Argumente für ein autonomes Leben. Doch kein autonomes Leben anzustreben sei doch auch schön. Sie könne sich durchaus vorstellen, durch Ehe und Mutterschaft die Komplexität der Anforderungen an ihre Lebensführung auf ein beherrschbares Maß zu reduzieren. Soll diese junge Frau aus dem Feminismus ausgeschlossen werden? Auch ihr Bedürfnis gehört zur weiblichen Entscheidungsfreiheit.

Alice Schwarzer gibt sich ja gerne volkstümlich, präsentiert sich und den Feminismus sehr erfolgreich in allen möglichen Fernsehformaten und bunten Zusammenhängen. Dem Mainstream die Angst vor dem Feminismus zu nehmen, ist ihr jedoch nicht gelungen. Das klappt erst, wenn sie selbst ihr Misstrauen gegen die weibliche Entscheidungsfreiheit ablegt.

DIE FRAUEN DORT GEWINNEN, WO SIE HISTORISCH STEHEN!

Welches Konzept trägt den deutschen Feminismus nun in die Zukunft? Eine Alternative muss her zum »Ändere dich gefälligst«-Feminismus, aber auch zum »Werde, die du bist«-Standpunkt. Beide Positionen treten mit Zumutungen an Frauen heran, die der historischen Erfahrung und Sozialisation von Frauen (und Männern) nicht gerecht werden können. Die Sehnsucht nach einem aufgeklärten und universellen Menschentum und die Sehnsucht nach einer angeblich ursprünglichen weiblichen Identität gehören zusammen, sie sind in die Moderne eingeschrieben.

Aus der einen Haltung erwuchs die an die Frühzeit der Frauenbewegung erinnernde Forderung, alle Arbeiten und Aufgaben, auch die militärischen, unter Frauen und Männern gleich zu verteilen, denn im Grunde gebe es keine Frauen und Männer, sondern nur menschliche Individuen. Aus der anderen Haltung entstand die Idee, dass es ein verborgenes und marginalisiertes weibliches Wesen gebe, ohne das die Welt unvollständig bleiben müsse. Diese beiden Tendenzen halten die Frauenbewegung von Anfang an in Atem. Wenn der Feminismus die Frauen vor die Wahl zwischen der einen und der anderen Haltung stellt, wird er meines Erachtens immer scheitern.

Die bürgerliche Aufteilung der Welt in zwei Sphären, der Menschheit in zwei polare Geschlechterkulturen, war der Geburtsfehler des Feminismus. Er führte zwangsläufig zum Verlust auf beiden Seiten. Je nachdem, wo dieser Verlust gespürt wurde, auf der Seite der Gleichheitsvorstellungen oder auf der Seite der Wünsche nach geschlechtlicher Eigenart, wurde das Heil im gegensätzlichen Prinzip gesucht. Die feministische Identitätspolitik ist ein blinder Passagier des modernen universalistischen Feminismus.

Eine salomonische Lösung des geschichtlichen feministischen Dilemmas seit der Moderne wird es nicht geben. Die bekannte amerikanische Politikwissenschaftlerin und Feministin Nancy Fraser sagt deshalb, im Feminismus gehe es darum, für die Ausschöpfung aller Möglichkeiten zu kämpfen, ohne dass daraus eine Vorfestlegung auf eine feministische Norm wird. Gleichzeitig müsse man an der Veränderung der Verhältnisse arbeiten und nicht an der Veränderung der Bedürfnisse. Aus ihrer Sicht hängen die Geschlechterfragen ohnehin untrennbar mit der sozialen Frage zusammen. In der Phase des sozialdemokratisch ausgerichteten Kapitalismus seien die Frauen aufgebrochen, um ihren gerechten Anteil einzufordern. Mit der neoliberalen Wende hätten sie begonnen, sich in ihre privaten Identitätsprobleme zurückzuziehen, womit sie ungewollt zu einer Verschärfung der sozialen Probleme besonders für Frauen in der globalisierten Ökonomie beigetragen hätten.[14]

Die Aufgabe der Frauenbewegung wäre es demnach, eine geschlechtergerechte Gesellschaft zu schaffen, in der Frauen und Männer ganz schlicht die sein können, die sie momentan sein wollen und in der sie im besten Fall vergessen können, dass sie neben ihren anderen sozialen und körperlichen Merkmalen auch noch ein Geschlecht haben.

Ich glaube, die deutsche Frauenbewegung hat die Frauen verloren, weil sie sich von dem Feminismus, der ihnen in der Talkshow entgegen brüllt, gar nicht mehr gemeint fühlen. Weil sie übersehen, dass Alice Schwarzer nur medial herausragt, aber in Wahrheit auf den Schultern vieler Vorkämpferinnen steht und inzwischen – zumindest im internationalen Vergleich – längst nicht mehr den Feminismus verkörpert. Und weil sie sich vormachen lassen, es gebe nur zwei Möglichkeiten, feministisch bewusst zu sein: Entweder ich ändere mich und schlucke meine ambivalenten Gefühle gegenüber einer weitgehend von Männern vorgebahnten, aufgeklärten und rationalen Lebensführung herunter. Oder ich suche in mir den vermeintlich weiblichen Kern, wodurch ich wiederum den Anschluss an die allgemeinen emanzipatorischen Errungenschaften wie entlohnte Arbeit und Anerkennung im öffentlichen Leben aufs Spiel setze.

Die Wahl zwischen Skylla und Charybdis war und ist keine Entscheidung, die einen zufriedenstellen könnte. Es stimmt eben nicht, was die Frauenministerin Kristina Schröder predigt: dass sich ja schließlich jede Frau entscheiden könne zu leben, wie sie wolle. Denn erstens sind die strukturellen Voraussetzungen dafür noch längst nicht gegeben, und zweitens fehlen uns die psychischen Voraussetzungen für eine ambivalenzfreie Entweder-Oder-Entscheidung.

Für meine persönliche Bilanz würde das bedeuten: In jungen Jahren, als ich in den frühen Achtzigern in der Lokalredaktion das »Mausi« war und in der Sportredaktion nur über Wasserski und Segelkunstflug schreiben durfte, gab es für mich keine Alternative zur kompromisslosen weiblichen Anpassungsleistung in einer männlich dominierten Berufswelt. Ich sympathisierte ganz klar mit Alice Schwarzers heroischem Feminismus als universalistische Rechtsbewegung und war überzeugt, dass es eines schönen Tages keinen Unterschied mehr geben wird zwischen den Geschlechtern. Doch der in den neunziger Jahren wieder neu einsetzende Kulturkampf der Geschlechter belehrte mich eines Besseren. Inzwischen scheint es keinen Radio- oder Fernsehsender mehr zu geben, der sein Unterhaltungsprogramm nicht aus der Grabbelkiste der Geschlechterstereotype – typisch Frau, typisch Mann – bestreitet. Die globalisierte Welt mit ihren ausufernden Anforderungen an die individuelle Lebensführung hat es offenbar mit sich gebracht, dass sich Frauen und Männer wieder künstlich abgrenzen und hinter ihre frisch lackierten identitätsstiftenden Zäune zurückziehen wollen. Das ist bedauerlich und verschleiert auf nur scheinbar spielerisch-ironische Weise, wie groß die sozialen, ethnischen und geschlechtsspezifischen Differenzlinien in der Gesellschaft tatsächlich sind.

Ein Umerziehungsprogramm wird dem Feminismus jedoch nach über 150 Jahren erfolgloser Versuche sicher nicht gelingen. Die Yale-Professorin und Philosophin Seyla Benhabib hat einmal bezogen auf das Kopftuchverbot geschrieben: »Es muss nicht nur das Recht von Mädchen und Frauen verteidigt werden, Kopftuch zu tragen, sondern auch ihr Recht, es nicht zu tragen.«[15] In Abwandlung davon muss der Feminismus das Recht von Mädchen und Frauen verteidigen, sich emanzipieren zu wollen, genauso wie ihr Recht, sich nicht emanzipieren zu wollen.

Danksagung

Ich danke meinem Mann für sein Da-Sein, Karen Guddas von DVA für ihre wertvollen Anmerkungen, meiner Agentin Rebekka Göpfert für ihr Vertrauen, meinen Studentinnen und Studenten, die mit mir im Wintersemester 2010/2011 über den deutschen Feminismus diskutiert haben, für ihr Engagement und nicht zuletzt Christa Geissler in memoriam für den geglückten feministischen Generationendialog.

Anmerkungen

Vorwort: Das Geisterschiff

1 Alice Schwarzer, Die Antwort, Köln 2007.
2 Alice Schwarzer im Interview mit dem »Spiegel«, Heft 37 (2011), S. 160.
3 So im Interview mit Katrin Bauerfeind am 12.10.2011, Arte.
4 Barbara Holland-Cunz, Die alte neue Frauenfrage, Frankfurt/M. 2003, S. 7.

Kapitel 1: Die große Flaute

1 Angela McRobbie, The Aftermath of Feminism. Gender, Culture and Social Change, Los Angeles u.a. 2009 (dt. Top Girls. Feminismus und der Aufstieg des neoliberalen Geschlechterregimes, Wiesbaden 2011).
2 Nina Power, Die eindimensionale Frau, Berlin 2011.
3 Julia C. Becker/Janet K. Swim, Seeing the Unseen: Attention to Daily Encounters With Sexism as Way to Reduce Sexist Beliefs, in: »Psychology of Women Quarterly«, Heft 35 (2011), S. 227–242.
4 www.antifeminismus.ch.
5 Vgl. »Süddeutsche Zeitung«, 19.3.2009, S. 6.
6 Angela McRobbie, Aftermath, S. 63.
7 Vgl. Marilyn Strathern, Gender: eine Frage des Vergleiches, in: Ulrike Davis-Sulikowski/Hildegard Diemberger/Andre Gingrich/Jörg Helbling (Hg.), Körper, Religion und Macht. Sozialanthropologie der Geschlechterbeziehungen, Frankfurt/New York 2001, S. 359–394.
8 Judith Butler, Gender Trouble. Feminism and the Subversion of Identity, New York 1990 (dt. Das Unbehagen der Geschlechter, Frankfurt/M. 1991, S. 21 u. 33).

9 Nina Power, Die eindimensionale Frau, S. 7.
10 Zitiert nach Sabine Hark, Dissidente Partizipation. Eine Diskursgeschichte des Feminismus, Frankfurt/M. 2005, S. 253.
11 Thea Dorn, Die neue F-Klasse. Wie die Zukunft von Frauen gemacht wird, München 2007, S. 35.
12 Ebd., S. 132.
13 www.stern.de/kultur/buecher/bestseller-schossgebete-roche-stichelt-gegen-schwarzer-1720371.html, 25.8.2011.
14 Meredith Haaf/Susanne Klingner/Barbara Streidl, Wir Alphamädchen. Warum Feminismus das Leben schöner macht, Hamburg 2008, S. 26.
15 Jana Hensel/Elisabeth Raether, Neue deutsche Mädchen, Reinbek 2008, S. 52.

Kapitel 2: Eine lange Reise

1 Helke Sander, Zusammenfassung zweier Vorträge vom 9.4.2011 in München (feminismus reloaded/Gasteig) und am 16.4.2011 in Karlsruhe (Frauenperspektiven/ZKM), auf www.helke-sander.de.
2 Kristina Schulz, Der lange Atem der Provokation. Die Frauenbewegung in der Bundesrepublik und in Frankreich, 1968–1976, Frankfurt/New York 2002.
3 Zitiert nach Angelika Schaser, Frauenbewegung in Deutschland 1815–1933, Darmstadt 2006, S. 41.
4 François Poullain de la Barre, Über die Gleichheit beider Geschlechter (1763), zitiert nach Ute Gerhard, Frauenbewegung und Feminismus. Eine Geschichte seit 1789, München 2009, S. 12.
5 Michaela Karl, »Wir fordern die Hälfte Welt!« Der Kampf der Suffragetten um das Frauenstimmrecht, Frankfurt/M. 2009, S. 122–126.
6 Zitiert nach Barbara Holland-Cunz, Die alte neue Frauenfrage, S. 19.
7 Ebd., S. 24.
8 Zitiert nach Ute Gerhard, Frauenbewegung und Feminismus, S. 16.

9 Abgedruckt in Ilse Lenz (Hg.), Die Neue Frauenbewegung in Deutschland. Abschied vom kleinen Unterschied. Eine Quellensammlung, Wiesbaden 2008, S. 59–63.
10 Vgl. Ute Gerhard, Frauenbewegung und Feminismus, S. 25.
11 Ute Gerhard, Die langen Wellen der Frauenbewegung – Traditionslinien und unerledigte Anliegen, in: Regina Becker-Schmidt/Gudrun-Axeli Knapp (Hg.), Das Geschlechterverhältnis als Gegenstand der Sozialwissenschaften, Frankfurt/New York 1995, S. 247–278, hier S. 252.
12 Reinhard Sieder, Sozialgeschichte der Familie, Frankfurt/M. 1987, S. 143.
13 Zitiert nach Ute Gerhard, Frauenbewegung und Feminismus, S. 62.
14 Siehe dazu auch Ute Gerhard, The Women's Movement in Germany in an International Context, in: Sylvia Paletschek/Bianka Pietrow-Ennker (Hg.), Women's Emancipation Movements in the Nineteenth Century. A European Perspective, Stanford 2004, S. 102–122.
15 Ebd., S. 119.
16 Angelika Schaser, Frauenbewegung in Deutschland, S. 55.
17 Vgl. Ute Gerhard, Frauenbewegung und Feminismus, S. 73.
18 Zitiert nach Angelika Schaser, Frauenbewegung in Deutschland, S. 69.
19 Ute Planert, Antifeminismus im Kaiserreich. Diskurs, soziale Formation und politische Mentalität. Kritische Studien zur Geschichtswissenschaft, Bd. 124, Göttingen 1998, S. 479.
20 Ebd., S. 279–280.
21 Ebd., S. 260.
22 Zitiert nach Barbara Holland-Cunz, Die alte neue Frauenfrage, S. 50.
23 Ebd.
24 Ebd., S. 52.
25 Ebd., S. 53.
26 Vgl. Sybille Buske, Fräulein Mutter und ihr Bastard. Eine Geschichte der Unehelichkeit in Deutschland 1900–1970, Göttingen 2004, S. 60.

27 Irene Stoehr, Staatsfeminismus und Lebensform. Frauenpolitik im Generationenkonflikt der Weimarer Republik, in: Dagmar Reese/Eve Rosenhaft/Carola Sachse/Tilla Siegel (Hg.), Rationale Beziehungen? Geschlechterverhältnisse im Rationalisierungsprozess, Frankfurt/M. 1993, S. 105–141.
28 Uta G. Poiger, Beauty, Business and German International Relations, in: »WerkstattGeschichte«, Heft 45 (2007), S. 53–71.
29 Ebd., S. 62.
30 Cornelie Usborne, Wise Women, Wise Men and Abortion in the Weimar Republic: Gender, Class and Medicine, in: Lynn Abrams/Elizabeth Harvey, Gender Relations in German History, Power, Agency and Experience from the Sixteenth to the Twentieth Century, Durham 1997, S. 143–176.

Kapitel 3: Mann über Bord

1 Zitiert nach Miriam Gebhardt, Geschlechtergeschichte, in: H-Soz-u-Kult, 18.10.2006, http://hsozkult.geschichte.hu-berlin.de/forum/id=824&type=diskussionen.
2 Der sogenannte Historikerinnenstreit wurde Anfang der neunziger Jahre zunächst zwischen Claudia Koonz und Gisela Bock geführt. Vgl. Christina Thürmer-Rohr, Mittäterschaft von Frauen, in: Ruth Becker/Beate Kortendiek (Hg.), Handbuch für Frauen- und Geschlechterforschung, Teil 1, Wiesbaden 2008, S. 88–93.
3 Susan Omran, Frauenbewegung und »Judenfrage«. Diskurse um Rasse und Geschlecht nach 1900, Frankfurt/M. 2000, S. 436–478, hier 470–473.
4 Zitiert nach Angelika Schaser, Frauenbewegung in Deutschland, S. 112.
5 Zitiert nach ebd., S. 113–114.
6 Ebd., S. 121.
7 Zitiert nach Ulla Wischermann/Susanne Rauscher/Ute Gerhard (Hg.), Klassikerinnen feministischer Theorie, Bd. II (1920–1985), Königstein/Taunus 2010, S. 36 u. 43–44.

8 Regina Becker-Schmidt/Gudrun-Axeli Knapp, Feministische Theorien zur Einführung, Hamburg 2000, S. 122.
9 Simone de Beauvoir, Das andere Geschlecht. Sitte und Sexus der Frau, Reinbek 1992, S. 179.
10 Ebd., S. 180.
11 Ebd., S. 389.
12 Simone de Beauvoir, Der Lauf der Dinge, Reinbek 1998, S. 184.
13 Reg.nr. 1002, Deutsches Tagebucharchiv Emmendingen. Ich danke Alexandra Hassler für die Überlassung der Quelle.
14 Vgl. Merith Niehuss, Familie und Geschlechterbeziehungen von der Zwischenkriegszeit bis in die Nachkriegszeit, in: Anselm Doering-Manteuffel (Hg.), Strukturmerkmale der deutschen Geschichte des 20. Jahrhunderts, München 2006, S. 147–166, hier S. 148.
15 Angelika Schaser, Frauen im Aufbruch, S. 108. Siehe auch, »Emma«-Dossier Mai/Juni 2001, »So fing es an – 30 Jahre Frauenbewegung«, online unter www.emma.de/ressorts/artikel/neue-frauenbewegung-ausland/dossier-11/.
16 Als eine minutiöse Rekonstruktion anhand von zeitgenössischen Quellen kann herangezogen werden: Ilse Lenz (Hg.), Die Neue Frauenbewegung in Deutschland.
17 Ebd., S. 74.
18 Anselm Doering-Manteuffel, Strukturmerkmale deutscher Geschichte, S. 563.
19 Eva-Maria Silies, Liebe, Lust und Last. Die Pille als weibliche Generationserfahrung in der Bundesrepublik 1960–1980, Göttingen 2010.
20 Merith Niehuss, Familie und Geschlechterbeziehungen, S. 35.
21 Zitiert nach Monika Mattes, Ambivalente Aufbrüche. Frauen, Familie und Arbeitsmarkt zwischen Konjunktur und Krise, in: Konrad Jarausch (Hg.), Das Ende der Zuversicht? Göttingen 2008, S. 215–228.
22 Ebd., S. 117.
23 Lotte F., Briefe an meine 2 Söhne 1964-1984, Deutsches Tagebucharchiv, Reg.nr. 746.

24 Dieter Staritz, Geschichte der DDR, Frankfurt/M. 1996, S. 231–232.
25 Michael Schwartz, Frauenpolitik im doppelten Deutschland. Die Bundesrepublik und die DDR in den 1970er Jahren, in: Christine Hikel/Nicole Kramer/Elisabeth Zellmer (Hg.), Lieschen Müller wird politisch. Geschlecht, Staat und Partizipation, München 2009, S. 27–40.
26 Rainer Geißler, Die Sozialstruktur Deutschlands. Zur gesellschaftlichen Entwicklung mit einer Bilanz zur Vereinigung, Wiesbaden 2006.
27 Hans-Dieter Schmidt, Erziehungsbedingungen in der DDR: Offizielle Programme, individuelle Praxis und die Rolle der Pädagogischen Psychologie und Entwicklungspsychologie, in: Gisela Trommsdorff: Sozialisation und Entwicklung von Kindern vor und nach der Vereinigung, Opladen 1996, S. 15–172, bes. 24–27.
28 Ebd., 25.
29 Heinz-Elmar Tenorth, Geschichte der Erziehung. Einführung in die Grundzüge ihrer neuzeitlichen Entwicklung, Weinheim/München 2000, S. 283.
30 Dorothee Wierling, Erzieher und Erzogene. Zu Generationenprofilen in der DDR der 60er Jahre, in: Axel Schildt/Detlef Siegfried/Karl Christian Lammers (Hg.), Dynamische Zeiten. Die 60er Jahre in den beiden deutschen Gesellschaften, Hamburg 2000, S. 624–641 sowie Ute Gerhard, Zur Geschichte der Geschlechterverhältnisse, in: Hartmut Kaelble/Jürgen Kocka/Hartmut Zwahr (Hg.), Sozialgeschichte der DDR, Stuttgart 1994, S. 388–403.
31 Heinz-Elmar Tenorth, Geschichte der Erziehung, 330–331.
32 Kristina Schulz, Der lange Atem der Provokation, S. 64.
33 Siehe Anthony D. Kauders, Drives in Dispute: The West German Student Movement, Psychoanalysis, and the Search for a New Emotional Order, 1967–1971, in: »Central European History«, Vol. 44/4 (2011), S. 711–731.
34 Helke Sander, versuch. die richtigen fragen zu finden, in: Ilse Lenz, Die Neue Frauenbewegung in Deutschland, S. 55–57.

35 Helke Sander am 13.9.1968, in: ebd., S. 59–63.
36 Elisabeth Zellmer, Töchter der Bewegung? Frauenbewegung und Feminismus der 1970er Jahre in München, München 2011.
37 Flugblatt des Frankfurter »Weiberrats«, abgedruckt in: Ilse Lenz, Die Neue Frauenbewegung in Deutschland, S. 65.
38 Selbstverständnis des Aktionsrats zur Befreiung der Frauen, in: ebd., S. 65–66.
39 Protokoll zum Plenum des Bundesfrauenkongresses am 12.3.1972, in: ebd., S. 88.
40 Gisela Bock, Feministische Wissenschaft, in: ebd., S. 218–220.
41 Betty Friedan, Der Weiblichkeitswahn oder die Selbstbefreiung der Frau. Ein Emanzipationskonzept, Hamburg 1970, S. 13.
42 Für eine kritische Biographie Friedans siehe Daniel Horowitz, Betty Friedan and the Making of the Feminine Mystique. The American Left, the Cold War, and Modern Feminism, Amherst 1998.
43 Stefanie Ehmsen, Der Marsch der Frauenbewegung durch die Institutionen. Die Vereinigten Staaten und die Bundesrepublik im Vergleich, Münster 2008.
44 Ebd., S. 261.
45 Ebd., S. 253.
46 Myra Marx Ferree, Equality and Autonomy: Feminist Politics in the United States and West Germany, in: Mary Fainsod Katzenstein/Carol McClurg Mueller (Hg.), Women's Movements of the United States and Western Europe. Consciousness, Political Opportunity, and Public Policy, Philadelphia 1987, S. 172–195.
47 Ebd., S. 262.
48 Zitiert nach ebd., S. 271.
49 Susanne Mayer, Unsere Glamourgirls, in: »Die Zeit«, Nr. 37, 4.9.2008, S. 57.
50 Ebd., S. 58.
51 Ute Gerhard, Frauenbewegung und Feminismus, S. 70.
52 Stefanie Ehmsen, Der Marsch der Frauenbewegung, S. 263.
53 Vgl. Daniel Horowitz, Betty Friedan and the Making of the Feminine Mystique.

54 Ebd., S. 77.
55 Jennifer Scanlon, Bad Girls Go Everywhere. The Life of Helen Gurley Brown, Oxford/New York 2009, S. 68.
56 Zitiert nach ebd., S. 72.
57 Ebd., S. 73.
58 Ebd., S. 77.
59 Ebd., S. 78.

Kapitel 4: Die apokalyptische Frau

1 Alice Schwarzer im Interview mit »Der Spiegel« vom 12.9.2011, S. 156–160, hier S. 160.
2 Ebd., S. 156–160.
3 Alice Schwarzer, Lebenslauf, Köln 2011, S. 10.
4 Ebd., S. 11–12.
5 Vgl. Bascha Mika, Alice Schwarzer. Eine kritische Biographie, Reinbek 1999, S. 32.
6 Alice Schwarzer, Lebenslauf, S. 13.
7 Ebd., S. 13.
8 Erika Schilling verstarb im August 2010, vgl. www.frauenzentrum-urania.de/erika-schilling.html.
9 Zitiert nach Jennifer Scanlon, Bad Girls Go Everywhere, S. 97.
10 Alice Schwarzer, Lebenslauf, S. 12.
11 Anna Dünnebier/Gert von Paczensky, Das bewegte Leben der Alice Schwarzer. Die Biographie, München 1999, S. 14–15.
12 Alice Schwarzer, Lebenslauf, S. 22.
13 Bascha Mika, Alice Schwarzer, S. 43.
14 Alice Schwarzer, Lebenslauf, S. 27.
15 Klaus-Dietmar Henke, Die amerikanische Besetzung Deutschlands, München 1995, S. 201.
16 Alice Schwarzer, Lebenslauf, S. 34.
17 Ebd., S. 37.
18 Ebd., S. 56–57.
19 Ebd., S. 70.

20 Ebd., S. 83.
21 Zitiert nach Bascha Mika, Alice Schwarzer, S. 67.
22 Alice Schwarzer, Lebenslauf, S. 121.
23 Ebd., S. 186.
24 Simone de Beauvoir/Alice Schwarzer, Weggefährtinnen im Gespräch, Köln 2007, S. 115.
25 Alice Schwarzer, Frauen im Aufbruch, in: »Emma«, Winter (2012), S. 105–107, hier S. 107.
26 Ebd., S. 119–120.
27 Ebd., S. 14.
28 Erstes Interview von 1972, in: ebd., S. 36.
29 Ebd., S. 37.
30 Ebd., S. 39.
31 Ebd., S. 40 u. 81.
32 Ebd., S. 42–43.
33 Ebd., S. 44.
34 Ebd., S. 85.
35 Alice Schwarzer, Lebenslauf, S. 219.
36 Alice Schwarzer, Simone de Beauvoir, S. 15.
37 Alice Schwarzer, Lebenslauf, S. 135.
38 Vgl. Michaela Karl, Die Geschichte der Frauenbewegung, Stuttgart 2011, S. 185–186.
39 Alice Schwarzer, Lebenslauf, S. 241.
40 Vgl. Kristina Schulz, Der lange Atem der Provokation, S. 168–173.
41 Vgl. ebd., S. 172.
42 Seit der Liberalisierung des Abtreibungsrechts in Deutschland gehen die Zahlen kontinuierlich zurück. Es ist mittlerweile erwiesen, dass das liberale Recht und die sexuelle Aufklärung die entscheidenden Faktoren beim Rückgang der Abtreibung sind. Die Zahl der Abtreibungen weltweit wird auf jährlich 42 Millionen geschätzt, was einer durchschnittlichen Abortrate von 29 je 1000 Frauen im Alter von 15 bis 44 Jahren entspricht. Mehr als die Hälfte der Abbrüche geschehen illegal in Ländern, die Abtreibung völlig verbieten oder nur unter sehr restriktiven Bedingungen zulassen. Ein großer Teil dieser illegalen Eingriffe wird unsach-

gemäß durchgeführt – mit katastrophalen Folgen für die Gesundheit der Frauen. Rund 47 000 Frauen sterben jährlich an den Folgen.

43 Alice Schwarzer, Lebenslauf, S. 243.
44 Ebd., S. 238.
45 Ebd., S. 246.
46 Ilse Lenz, Die Neue Frauenbewegung in Deutschland, S. 75.
47 Ebd., S. 87.
48 Protokoll zum Plenum des Bundesfrauenkongresses am 12. 3. 1972, in: Ilse Lenz, Die Neue Frauenbewegung in Deutschland, S. 88.
49 Ebd., S. 91–92.
50 Ebd., S. 100.
51 Sabine Hark, Dissidente Partizipation, S. 36.
52 Barbara Holland-Cunz, Die alte neue Frauenfrage, S. 143.
53 Vgl. Andreas Reckwitz, Das hybride Subjekt. Eine Theorie der Subjektkulturen von der bürgerlichen Moderne zur Postmoderne, Göttingen 2006 sowie Frank Biess, Die Sensibilisierung des Subjekts: Angst und »Neue Subjektivität« in den 1970er Jahren, in: »WerkstattGeschichte«, Heft 49 (2008), S. 51–72 und ders., »Jeder hat eine Chance.« Die Zivilschutzkampagnen der 1960er Jahre und die Angstgeschichte der Bundesrepublik, in: Bernd Greiner/Dierk Walter (Hg.), Die Politik der Angst im Kalten Krieg, Hamburg 2009, S. 61–93.
54 Alice Schwarzer, Der »kleine Unterschied« und seine großen Folgen. Frauen über sich – Beginn einer Befreiung, Frankfurt/M. 1975.
55 Ebd., S. 8.
56 Ebd., S. 114.
57 Shulamith Firestone, Die Dialektik der Geschlechter, in: Ulla Wischermann/Susanne Rauscher/Ute Gerhard (Hg.), Klassikerinnen, S. 111.
58 Barbara Holland-Cunz, Die alte neue Frauenfrage, S. 145.
59 Shulamith Firestone, Die Dialektik der Geschlechter, S. 116.
60 Ebd., S. 112.
61 Ebd., S. 113.

62 Kate Millett, Sexus und Herrschaft, in: Ulla Wischermann/Susanne Rauscher/Ute Gerhard (Hg.), Klassikerinnen, S. 128–129.
63 http://www.blogher.com/frame.php?url=http://www.uic.edu/orgs/cwluherstory/CWLUArchive/vaginalmyth.html.
64 Alice Schwarzer, Der »kleine Unterschied«, S. 208.
65 Vgl. Sybille Steinbacher, Wie der Sex nach Deutschland kam. Der Kampf um Sittlichkeit und Anstand in der frühen Bundesrepublik, München 2011, S. 245.
66 Zitiert nach ebd., S. 329.
67 Alice Schwarzer, Der »kleine Unterschied«, S. 203–204.
68 Befragungen zu sexuellen Themen sind grundsätzlich mit großer Vorsicht zu genießen. Die Zahl stammt aus Sybille Steinbacher, Wie der Sex nach Deutschland kam, S. 161.
69 Alice Schwarzer, Der große Unterschied. Gegen die Spaltung von Menschen in Männer und Frauen, Frankfurt 2002 (Erstauflage, 2000), S. 50.
70 »Emma«, Januar/Februar (2007), S. 17.
71 Ute Gerhard, Westdeutsche Frauenbewegung. Zwischen Autonomie und dem Recht auf Gleichheit, in: »Feministische Studien«, Heft 2 (1992), S. 35–55, hier S. 43.
72 Sybille Steinbacher, Wie der Sex nach Deutschland kam, S. 347.
73 Anna Dünnebier/Gert von Paczenski, Das bewegte Leben, S. 98.
74 Alice Schwarzer, Lebenslauf, S. 307–308.
75 Ebd., S. 309.
76 Ebd., S. 312.
77 Alice Schwarzer, Der »kleine Unterschied«, S. 186.
78 Alice Schwarzer in: »Emma«, Heft 2 (1977), zitiert nach Alexandra Kühte, Das Frauenbild der feministischen Zeitschrift EMMA. Eine Untersuchung über die Darstellung von Frauen und die Behandlung frauenspezifischer Themen, Berlin 2005, S. 273.
79 Susan Brownmiller, Spieglein, Spieglein an der Wand, wer ist die Dürrste im ganzen Land …?, in: »Emma«, Sonderband 4 (1984/85), S. 72–73.
80 Alice Schwarzer, Dünne machen!, in: ebd., S. 6–7.

81 Alice Schwarzer, Die PID und die Heiligkeit des Lebens, in: »Emma«, Winter (2011), S. 6–7.
82 Charlotte Raven, Was ist da bloß schief gelaufen?, in: ebd. S. 31.
83 Helke Sander, Über Beziehungen zwischen Liebesverhältnissen und Mittelstreckenraketen, in: Ilse Lenz, Die Neue Frauenbewegung in Deutschland, S. 377.
84 Ebd., S. 378.
85 Karen Lindsey, Spare Rib über feministischen Spiritualismus, in: »Courage«, Bd. 6 (1979), S. 28.
86 Ebd., S. 30.
87 Alice Schwarzer, Die Antwort, S. 97–98.
88 Alice Schwarzer, Der »kleine Unterschied«, S. 46.
89 Ebd., S. 108.
90 Alice Schwarzer, Die Antwort, München 2008 (erstmals Köln 2007), S. 88.
91 Ebd., S. 92.
92 Die Idee war bestechend, und selbst Schwarzer musste darauf eingehen, war allerdings strikt gegen das Konzept, da es zu einer zusätzlichen »Versklavung« der Frauen führen würde.
93 Alice Schwarzer, Der »kleine Unterschied«, S. 222–223.
94 Ebd., S. 224.
95 Kate Millett, Sexus und Herrschaft. Die Tyrannei des Mannes in unserer Gesellschaft, Reinbek 1985 (erstmals 1970), S. 65–68.
96 Susan Brownmiller, Gegen unseren Willen, in: Ulla Wischermann/Susanne Rauscher/Ute Gerhard, Klassikerinnen, S. 138–142.
97 Ebd.
98 Ebd.
99 Alice Schwarzer, Der große Unterschied, S. 81.
100 Ebd., S. 82.
101 Vergewaltigung gibt es nicht, in: »Missy Magazine«, 4 (2011), S. 46–50.
102 Chantal Louis, Ein großer Menschenversuch, in: »Emma«, Winter (2011), S. 82–88.
103 Alice Schwarzer, Der große Unterschied, S. 129.
104 Ebd., S. 130.

105 Meredith Haaf/Susanne Klingner/Barbara Streidl, Wir Alphamädchen, S. 106.
106 Susanne Läufle, Gibt es feministische Pornographie? Seminararbeit im Sommersemester 2009, Universität Konstanz.
107 www.zeit.de/2010/19/DOS-Kopftuch.
108 Alain Badiou, Behind the Scarfed Law, there is Fear, zitiert nach Nina Power, Die eindimensionale Frau, S. 26.

Kapitel 5: Neues vom Ausguck

1 http://www.aliceschwarzer.de/publikationen/aliceschwarzer-artikel-essays/ueber-frauen-und-die-welt/.
2 Alice Schwarzer, Lebenslauf, S. 328.
3 Ebd., S. 288–289.
4 Alexandra Kühte, Das Frauenbild der feministischen Zeitschrift EMMA, S. 275–276.
5 www.freitag.de/kultur/1207-gastkommentar-roedig.
6 Zitiert nach Deborah Siegel, Sisterhood Interrupted. From Radical Women to Grrls Gone Wild, New York 2007, S. 140.
7 Katja Husen u.a.: Feminismus neu denken. Ein Streitbrief an Alice Schwarzer, in: Ilse Lenz, Die Neue Frauenbewegung in Deutschland, S. 483–487.
8 Alice Schwarzer, Lebenslauf, S. 254–255.
9 Judith Butler, Das Unbehagen der Geschlechter, Frankfurt/M. 1991, S. 29.
10 Ebd., S. 33.
11 Menschen bei Maischberger, Sendung vom 12.3.2012.
12 Zitiert nach Deborah Siegel, Sisterhood Interrupted, S. 142–143.
13 »Missy Magazine«, 4 (2011), S. 60.
14 Nancy Fraser, Mapping the Feminist Imagination. From Redistribution to Recognition to Representation, in: Jude Brown (Hg.), The Future of Gender, Cambridge 2007, S. 17–34.
15 Seyla Benhabib, Kein Rückschritt, sondern Fortschritt, »Frankfurter Rundschau«, 5.6.2012.

Auswahlbibliographie

Elisabeth Badinter, Der Konflikt. Die Frau und die Mutter, München 2010.

Regina Becker-Schmidt/Gudrun-Axeli Knapp, Feministische Theorien zur Einführung, Hamburg 2000.

Simone de Beauvoir, Das andere Geschlecht. Sitte und Sexus der Frau, Reinbek 1992.

Simone de Beauvoir/Alice Schwarzer, Weggefährtinnen im Gespräch, Köln 2007.

Pierre Bourdieu, Die männliche Herrschaft, Frankfurt/M. 2005.

Jude Brown (Hg.), The Future of Gender, Cambridge 2007.

Judith Butler, Das Unbehagen der Geschlechter, Frankfurt/M. 1991.

Thea Dorn, Die neue F-Klasse. Wie die Zukunft von Frauen gemacht wird, München 2006.

Anna Dünnebier/Gert von Paczensky, Das bewegte Leben der Alice Schwarzer. Die Biographie, München 1999.

Ute Gerhard, Frauenbewegung und Feminismus. Eine Geschichte seit 1789, München 2009.

Ute Gerhard/Petra Pommerenke/Ulla Wischermann (Hg.), Klassikerinnen feministischer Theorie. Grundlagentexte Bd. I u. Bd. II (mit Susanne Rascher), Königstein 2008 u. 2010.

Meredith Haaf/Susanne Klingner/Barbara Streidl, Wir Alphamädchen. Warum Feminismus das Leben schöner macht, Hamburg 2008.

Sabine Hark, Dissidente Partizipation. Eine Diskursgeschichte des Feminismus, Frankfurt/M. 2005.

Jana Hensel/Elisabeth Raether, Neue deutsche Mädchen, Reinbek 2008.

Barbara Holland-Cunz, Die alte neue Frauenfrage, Frankfurt/M. 2003.

Michaela Karl, Die Geschichte der Frauenbewegung, Stuttgart 2011.

Michaela Karl, »Wir fordern die Hälfte der Welt!« Der Kampf der Suffragetten um das Frauenstimmrecht, Frankfurt/M. 2009.

Ilse Lenz (Hg.), Die Neue Frauenbewegung in Deutschland. Abschied vom kleinen Unterschied. Eine Quellensammlung, Wiesbaden 2008.
Jennifer Mather Saul, Feminism. Issues and Arguments, Oxford 2003.
Bascha Mika, Alice Schwarzer. Eine kritische Biographie, Reinbek 1999.
Bascha Mika, Die Feigheit der Frauen. Rollenfallen und Geiselmentalität. Eine Streitschrift wider den Selbstbetrug, München 2011.
Toril Moi, Simone de Beauvoir. The Making of an Intellectual Woman, Oxford 2008.
Ute Planert, Antifeminismus im Kaiserreich. Diskurs, soziale Formation und politische Mentalität. Kritische Studien zur Geschichtswissenschaft, Bd. 124, Göttingen 1998.
Catherine Redfern/Kristin Aune, Reclaiming the F Word: The New Feminist Movement, London/New York 2010.
Jennifer Scanlon, Bad Girls go everywhere. The Life of Helen Gurley Brown, Oxford 2009.
Angelika Schaser, Frauenbewegung in Deutschland 1848–1933, Darmstadt 2006.
Kristina Schulz, Der lange Atem der Provokation. Die Frauenbewegung in Frankreich und der Bundesrepublik 1968–1976, Frankfurt/M. 2002.
Alice Schwarzer, Der »kleine Unterschied« und seine großen Folgen. Frauen über sich – Beginn einer Befreiung, Frankfurt/M. 1975.
Alice Schwarzer, Der große Unterschied. Gegen die Spaltung von Menschen in Männer und Frauen, Frankfurt/M. 2002.
Alice Schwarzer, Die Antwort, München 2008.
Alice Schwarzer, Lebenslauf, Köln 2011.
Deborah Siegel, Sisterhood Interrupted. From Radical Women to Grrls Gone Wild, New York 2007.
Sybille Steinbacher, Wie der Sex nach Deutschland kam. Der Kampf um Sittlichkeit und Anstand in der frühen Bundesrepublik, München 2011.

Personenregister

Alice Schwarzer wird im gesamten Text genannt und wurde nicht in das Register aufgenommen.